Yvonne Fricke & Nicole von Wagner
Da kann ja jede kommen!

Yvonne Fricke
Nicole von Wagner

DA KANN JA JEDE KOMMEN!

Was wir von zwei Ladys
über Sex lernen können

blanvalet

Penguin Random House Verlagsgruppe FSC® N001967

1. Auflage 2022
Copyright © 2022 by Ladylike GbR, Yvonne Fricke und Nicole von Wagner
Copyright © 2022 by Blanvalet in der Penguin Random House Verlagsgruppe
GmbH, Neumarkter Straße 28, 81673 München
Redaktion: Angela Kuepper
Umschlaggestaltung und -motiv: www.buerosued.de
BL · Herstellung: sam
Satz: Vornehm Mediengestaltung GmbH, München
Druck und Bindung: GGP Media GmbH, Pößneck
Printed in Germany
ISBN 978-3-7645-0797-8

www.blanvalet.de

Warnung –
am Ende dieses Buches
wirst Du Dich mehr lieben
als je zuvor.
Bist Du dazu bereit?

INHALTSVERZEICHNIS

VORWORT

Carola, 56, aus Ismaning: Ich hatte meinen ersten Orgasmus mit 52 Jahren.

Thorsten, 38, aus Brühl: Bin ich krank, weil Sex mich überhaupt nicht interessiert?

Anneli, 45, aus Emden: Ich habe noch nie darüber gesprochen, was ich im Bett mag, und es hat auch noch nie jemand danach gefragt!

Sex ist ein Tabuthema. Man mag es kaum glauben – in einer Gesellschaft wie der unseren, die zu den freiesten weltweit gehört, wird die Sexualität weiterhin in die Schmuddelecke gestellt. Sexualität darf sich abstrakt zeigen, als bunte, kostümierte Parade zum Christopher Street Day zum Beispiel, Sex darf im Porno vorkommen oder möglichst steril als Andeutung im Hollywoodfilm. Aber als ein Thema, das man offen ansprechen kann, weil es jeden von uns angeht, hat er (noch) keinen Platz in unserer Gesellschaft. Dabei gibt es doch kaum etwas anderes, das uns alle so sehr eint. Wir sind durch Sex entstanden, und bei jedem von uns ist Sex auf die eine oder andere Art ein Thema, sogar bei denen, die keinen Sex haben. Und trotzdem sprechen wir sehr ungern offen darüber? Warum eigentlich?

Das haben wir, Yvonne und Nicole, uns schon immer gefragt.

Denn wir zwei reden extrem gerne über das Thema, und zwar mit Vorliebe auch über die unangenehmen Details. Mit Sex angeben kann schließlich jeder! Aber sich die Wahrheit zu sagen über Flauten im Bett, heiß gelaufene Sextoys und schiefgegangene Intimfrisuren, dazu braucht es belastbare Freundschaften und ein Gegenüber, das einem alles verzeiht.

Als wir erkannten, dass wir genau das gefunden hatten, war dies nicht nur der Kickstarter für unsere mittlerweile schon viele Jahre andauernde Freundschaft. Es war auch der Beginn des wunderbaren Podcasts »Ladylike«, der mittlerweile schon ein paar Jahre alt ist.

Wir sind Radiomacherinnen, die sich mehr oder weniger mit Ende dreißig zufällig über den Weg gelaufen sind und schnell gemerkt haben: Da hat ja jemand das gleiche Lieblingsthema – Sex! Bis wir uns getraut haben, in unserem Podcast mit ganz vielen Hörerinnen und Hörern darüber zu sprechen, hat es etwas gedauert. Es geht eben dann doch nicht so schnell, jede Menge Wenn und Aber aus dem Weg zu räumen: *Können wir das bringen? Wir müssen dann in der Öffentlichkeit total viel von uns preisgeben! Muss ich auch das mit der Penisring-Panne erzählen? Werden die Leute das überhaupt hören wollen?*

Zum Glück gaben wir uns im richtigen Augenblick auf all diese Fragen – sogar die mit der Penisring-Panne – die richtige Antwort: nämlich JA. Und so können wir jetzt allen, die erst heute als Leserinnen und Leser dieses Buches zu uns stoßen und noch keinen Podcast von uns gehört haben, zurufen: Willkommen in unserer Community! Wir sind sehr viele, wir sind sehr unterschiedlich, aber wir sind offen miteinander und unterstützen uns gegenseitig. Die »Ladylike«-Familie ist über die ganze Republik verteilt. Von überall her bekommen wir seit vielen Jahren sehr herzliche, sehr offene und manchmal

auch sehr erschütternde Mails. Wir versuchen, alles zu veröffentlichen. Warum? Weil wir glauben, dass es da draußen
unendlich viele Menschen mit ähnlichen Geschichten gibt. Es
schenkt einfach Kraft zu wissen, ich bin nicht allein. Ich bin
gar nicht so krass anders, es gibt viele von mir! Männer und
Frauen, die über Jahre hinweg geschwiegen haben, aber jetzt
keine Lust mehr haben, ihre Sexualität wie einen Makel zu
verstecken.

Klar bewerten wir auch. Aber wir lassen uns auch bewerten.
Eine von uns steht auf Männer, ist verheiratet und hat zwei
Kinder. Die andere steht auf Frauen und hat eine sehr bewegte
Sexvergangenheit.

NICOLE: Zum Glück bin ich die, die auf Männer
steht, und nicht die, die in ihrer bewegten Sexvergangenheit dafür gesorgt hat, dass bei einem
Sechser ihr ganzes Bett zusammenbricht.

> **YVONNE:** Dein Ernst, gleich am Anfang des Buches
> musst du diese Geschichte auspacken. Was sollen
> die Leserinnen und Leser jetzt von mir denken?

NICOLE: Na ja, dass du eben ein frauenverschlin-
gender Nimmersatt mit Übergewicht bist.

> **YVONNE:** Vielen Dank, liebe Freundin, ich werde glück-
> licherweise noch genügend Gelegenheiten in diesem
> Buch haben, deine sexuellen Geheimnisse zu lüften.

Sie lesen schon, wir lieben es, sehr direkt miteinander zu
kommunizieren, und werden in diesem Buch immer wieder

in einen kurzen Schlagabtausch wechseln, damit Sie uns und unsere Vorlieben noch besser kennenlernen. Wir sind nicht immer einer Meinung, aber es ist Platz für alle Meinungen unserer Community. Uns schreiben Teenager, die das erste Mal verliebt sind, Menschen, die mit 40 noch Jungfrau oder Jungmann sind, Männer, die sich im Rentenalter befinden und gerade erst entdeckt haben, dass sie eigentlich eine Frau sind, Professoren mit Frau und Kind, die seit ihrer Jugend heiße Dates auf dem Schwulenstrich suchen, Swingerpärchen, Singles, Asexuelle. Es gibt kaum eine Geschichte, die wir nicht gehört haben, und es ehrt uns jedes Mal, dass all diese Menschen Vertrauen in uns haben und uns ihr Geheimnis preisgeben, um es endlich loszuwerden und sich ein bisschen freier zu fühlen.

Dieses Buch ist nach unserem Podcast der nächste Schritt. Mit der Erlaubnis und dem Auftrag aller, die hier vorkommen, wollen wir erzählen, was dieses Land bewegt, erregt und abturnt. Und wir werden dabei so ehrlich sein wie immer. Also lasst das Buch nicht herumliegen, wenn ihr kleine Kinder im Haus habt, es sei denn, ihr seid bereit für interessante Aufklärungsgespräche à la: »Mami, was ist eigentlich ein Rudelbums?«

Los geht's.

1. KAPITEL

Sex

Sex (lat. *Sexus,* »Geschlecht«). Über was reden wir? Im Wörterbuch steht dazu ziemlich nüchtern: Sex ist die Ausübung von Sexualität. In den Mails aus unserer Community steht das, was Sex wirklich bedeutet. Was uns antreibt und abstößt, was uns gierig und geil macht und was uns peinlich berührt. Wir lassen daher unsere Community zu Wort kommen mit all ihren Erfahrungen und unglaublich ehrlichen Schilderungen:

Corinna (51) aus Brandenburg/Havel: Mein Mann schläft nicht mehr mit mir. Ich gebe mir die Schuld dafür. Eine Zeit lang war ich lustlos. Er hat dann regelrecht gebettelt und wurde von mir immer wieder abgewiesen. Jetzt fragt er nie mehr und berührt mich auch nicht mehr. Darunter leide ich.

Adeline (22) aus Berlin: Leute, ich bin so krass verliebt. Und zwar in meine beste Freundin. Also ehemals beste Freundin – jetzt feste Freundin! Letzte Woche hatte ich den Mut, es ihr zu gestehen, und es ist fantastisch. Wir sind seitdem gar nicht mehr aus der Kiste gekommen! Danke fürs Mutmachen.

Jens (48) aus Remagen: Meine Frau und ich sind glücklich. Wir haben regelmäßig (einmal die Woche) Sex. Ich liebe sie. Wir kennen uns seit 22 Jahren, aber sie kann nur kommen, wenn ich sie mit der Hand befriedige. Ist das normal?

Jolanda (32) aus Wismar: Mein Mann und ich träumen von einem Dreier mit einer anderen Frau. Bisher hält uns Folgendes davon ab: Mein Mann hat eine körperliche Behinderung (die ich jetzt mal nicht genauer benenne – Wismar ist klein!), und wir fragen uns, ob man so was in einem Vorgespräch thematisieren muss, damit die Frau nicht überrumpelt ist?!

Manuela (37) aus Wetzlar: Ich wurde sehr streng erzogen und habe mich in meiner Jugend nicht getraut, mich untenrum selbst zu berühren. Erst mein jetziger Ehemann hat mich dazu ermutigt. Heute befriedige ich mich regelmäßig selbst, vor allem, wenn ich auf der Arbeit viel Stress habe. Mein Mann findet das nicht nur gut, sondern auch sehr sexy, wenn ich ihm davon berichte. Wenn wir miteinander schlafen, fragt er mich danach, und ich erzähle ihm dann ganz genau, wie ich es getan habe.

Osman (37) aus Berlin: Ladys, ich lebe in Berlin und bin Arzt. Das Krankenhaus sage ich mal lieber nicht, aber weil ihr neulich darüber spracht, was Menschen alles für ihre sexuelle Befriedigung ge- und missbrauchen, hier eine kurze Zusammenfassung meiner letzten Wochenenddienste: zweimal Plastikflasche, einmal Liebeskugeln, einmal der Klassiker Zucchini und – Premiere – eine kleine lackierte Buddha-Figur aus Holz. All das habe ich im weitesten Sinne aus dem Darm von Patienten entfernt. Sie hatten es sich jeweils über den After zur sexuellen Stimulation eingeführt und dann die Kontrolle darüber verlo-

ren. Ein Kollege von mir hat neulich eine kleine zylindrische Metalldose für Espresso zurückgeholt. Fast alle Ärzte kennen das aus ihren Diensten. Es gibt nichts, was Menschen sich nicht einführen. Eigentlich müsste man die Röntgenbilder sammeln und ein Buch damit rausgeben. Manchmal weiß man gar nicht, ob man entsetzt sein soll oder sich totlachen. Natürlich bleiben wir immer ernst, denn die Patienten kommen ja auch erst, wenn sie zu Hause schon alles versucht haben, um diese Dinge alleine wieder herauszubekommen. Sie schämen sich und fühlen sich schlecht, da muss man sie nicht noch auslachen. Trotzdem fragen wir uns immer wieder: Wieso eigentlich? Was ist an einem Maiskolben, einer Flasche, einem Kerzenständer besser als an einem stinknormalen Sextoy?

YVONNE: Okay, okay, sortieren wir das Thema Sex. Diese Frage will tatsächlich beantwortet werden, aber fangen wir mal ganz vorne an. Die meisten Menschen haben Sex. Einige sehr viel, andere sehr wenig. Manche mit ständig wechselnden Partnern, andere mit einem einzigen Menschen ihr ganzes Leben lang, und wieder andere tun es ausschließlich mit sich selbst. Aber es gibt auch Ausnahmen. Einige wenige Menschen sind aus medizinischen Gründen ohne Trieb, andere zählen zu der etwas größeren Gruppe der sogenannten Asexuellen, die kein Verlangen nach Sex spüren, aber trotzdem manchmal welchen haben.

NICOLE: Zum Beispiel, um Kinder zu bekommen, oder aber, weil sie einem bestimmten gesellschaftlichen Druck nachgeben. Im April 2021 fand der erste internationale »Aktionstag der Asexualität« statt, der für Aufmerksamkeit rund um dieses Thema sorgen

sollte. Vielleicht gibt es ja bald Wissenschaftler, die
sich dahinterklemmen und Genaueres herausfinden.

> **YVONNE:** Ich finde das immer schwer vorstellbar, dass
> man so gar keine Lust verspürt! Nie geil wird, nicht,
> wenn man verliebt ist, nicht, wenn man einen Porno
> schaut, nicht, wenn einer oder eine nackt neben dir liegt.

NICOLE: Ich bin verheiratet, ich kann
mir das total gut vorstellen!

ASEXUALITÄT

Exakte Zahlen darüber, wie viele Menschen keinen natürlichen
Trieb haben, existieren noch nicht. Die Wissenschaft steht hier
noch am Anfang ihrer Forschungen. Aber klar ist auch, diese
Menschen befinden sich oft in ihrem Leben in der Situation,
sich dafür verteidigen zu müssen, dass sie keinen Sex wollen.
Denn der Geschlechtstrieb wird in unserer Gesellschaft stets
als natürlich vorhanden vorausgesetzt. Keinen Sex zu haben,
wird ebenso tabuisiert, wie ausgefallenen oder nicht der Norm
entsprechenden Sex zu haben.

*Sandra (46) aus Stuttgart: Könntet ihr bitte auch mal darüber
reden, dass nicht jeder Mensch Sex will? Ich zum Beispiel will
keinen Sex. Das wollte ich noch nie. Trotzdem habe ich es immer
wieder versucht. Ich hatte den ersten Sex mit 15 Jahren mit einem
Klassenkameraden. Ich war verliebt in ihn, aber ich war nicht
»scharf« auf ihn. Beim Sex habe ich überhaupt nichts gespürt,
und ich erinnere mich daran, dass es mir irgendwie merkwürdig*

vorkam, dass er dieses Erlebnis so unglaublich fand. Ich habe damals so getan, als hätte ich es auch ganz toll gefunden, und habe mir selbst gesagt: »*Das war nur, weil du noch jung bist – das wird besser.*« *Wurde es aber nicht. Ich habe seitdem mit neun Männern geschlafen und es einmal im Studium sogar mit einer Frau versucht, weil ich gehofft hatte, dann endlich würde der Funke überspringen. Das ist aber nicht passiert. Ich habe noch nie mit jemandem darüber gesprochen, weil ich immer das Gefühl hatte, das ist ein echt schlimmer Makel. Alle um mich herum haben Sex. Am Anfang (also etwa in den Jahren zwischen 15 und 20) haben sich meine Gedanken auch nur darum gedreht: Warum fühle ich nichts? Warum finde ich Sex nicht so geil wie alle anderen? Ist das mein Fehler, mache ich etwas verkehrt?*

Im Laufe meines Erwachsenenlebens hat sich aber ein anderes Problem aufgetan: Männer fordern in Zeiten der Emanzipation weibliche Befriedigung ein. Sie wollen, dass du Spaß im Bett hast und natürlich einen Orgasmus. Wisst ihr, nur weil ich keinen Spaß am Sex habe, kann ich mich trotzdem verlieben, und zwar heftig. Mit allem Drum und Dran. Verliebte Menschen haben Sex. Jeder Mann glaubt zwangsläufig, dass du ihn eigentlich gar nicht willst, wenn du nicht mit ihm schläfst, oder wenn du immer ganz trocken bist, wenn du es tust und dann keinen Orgasmus hast. Männer leiden darunter, mit so einer Frau zusammen zu sein, und du kannst ihnen so viel Liebe geben, wie du willst – wenn du keinen Orgasmus hast oder kein Interesse an Sex, fühlen sie sich nicht bestätigt. Ich möchte deshalb keine Beziehung mehr. Das alles, diese Erklärungen, Versteckspiele, Diskussionen, das macht mich fertig und traurig, und ich denke manchmal, dass ich vereinsame. Niemand weiß, wie es um mich steht, ich belüge alle Menschen in meiner Umgebung. Wenn Kollegen schon mal Bemerkungen machen in die Richtung, dass sie am Wochenende ihren Mann verführen oder so, dann lache ich mit und tue so, als wüsste ich ganz genau, worüber sie reden. Aber ich weiß es nicht. Ich erfinde Dates mit Männern, damit ich nicht allzu »komisch« wirke, und tue so, als wäre da was gelaufen. Tue so, als wäre ich ein normaler Single, der einfach nicht den Richtigen findet.

In Wahrheit ist es so, wenn ich mal einen Mann kennenlerne, den ich mag, stehe ich vor der Wahl: Stoße ich ihn vor den Kopf und sage, dass ich keinen Sex will, oder lüge ich ihn an, nutze Gleitcreme und tue so, als hätte ich einen Orgasmus und meinen Spaß gehabt? In keinem der beiden Fälle hätte ich eine realistische Chance auf eine vernünftige Beziehung! Bitte macht das auch Mal zum Thema. So etwas ist sehr belastend!

YVONNE: Absolut! Leider ist es ja so, dass der Sexualtrieb eigentlich immer als vorhanden vorausgesetzt wird. Deshalb wirkt es auf die allermeisten tatsächlich merkwürdig, wenn Menschen ihn nicht haben. Gar keine Lust zu haben, ist weiterhin ein Tabu.

NICOLE: Und es ist auch wichtig zu wissen, dass es da in unserer Gesellschaft eine noch nicht erforschte Menge an Menschen gibt, denen es so geht wie Sandra. Lustige sexuelle Anspielungen über bevorstehenden Wochenendsex im Kollegenkreis können für solche Menschen natürlich total verletzend sein.

Asexualität ist ein Begriff, der nur schwammig definiert ist, und es gibt Menschen in unserer Community, die sich zwar so fühlen, diese Kategorisierung aber ablehnen. Es handelt sich bei der Asexualität um ein Spektrum, eine Ausdrucksform der

Sexualität, nicht um eine Störung oder Krankheit, daher gibt
es auch keine Therapien. Wichtig für Betroffene ist aber Folgendes: Sucht euch Gleichgesinnte. Es gibt auch in Deutschland einige Vereine, die Kontakte und Hilfe anbieten. Nicht
jeder, der keinen ausgeprägten Trieb hat, braucht oder möchte
Hilfe. Aber wer, wie Sandra, dadurch sehr belastet ist, fürchtet
zu vereinsamen und sollte sich dringend beraten lassen. Sämtliche psychologischen Anlaufstellen können behilflich sein.
Jede Stadt hat kostenlose Krisenangebote, jede Kirche eine
Anlaufstelle, wo geschulte Berater und Therapeuten sofort
Unterstützung anbieten. Wir haben für unsere Community
Kontakt mit AktivistA aufgenommen. Dieser Verein wurde
für Menschen gegründet, die sich als asexuell empfinden, und
organisiert regelmäßige Treffen. AktivistA hat uns als weiteren Ansprechpartner vor allem das AVEN-Forum empfohlen.

Eine weitere Ausdrucksform der Sexualität ist die sogenannte Demisexualität. Demi ist französisch und bedeutet
»halb«. Diese Menschen geben an, dass sie nur bei ausgespro-
chener Nähe und Vertrauen zu einer bestimmten Person sexuelles Verlangen empfinden können. One-Night-Stands oder
rein sexuelle Beziehungen sind für sie nahezu unmöglich.

YVONNE: Geht mir genauso!

NICOLE: Klar, nur mit dem Unterschied, dass
du ausgesprochene Nähe und Vertrauen zu
nahezu jeder Frau empfunden hast, die während
des Studiums deinen Weg gekreuzt hat!

YVONNE: Da musste ich mich ausprobieren. Aber heutzutage will ich nur noch mit Menschen schlafen, die ich liebe.

NICOLE: Menschen? Mehrzahl? Ehrlich? Wenn das deine Freundin liest, wirst du nie wieder mit jemandem schlafen!

> **YVONNE:** Wahrscheinlich wahr! Okay, das waren Asexualität und Demisexualität. Lass uns mal zum Gegenteil kommen und darüber reden, was die breite Masse der Deutschen im Bett treibt oder eben nicht treibt.

NICOLE: Ich habe mal gelesen, dass etwa die Hälfte aller deutschen Paare nur etwa dreimal im Monat Sex hat. Und das, obwohl die Leute immer behaupten, dass sie es ständig tun!

> **YVONNE:** Also, ich muss zugeben, dass mich das etwas beruhigt. Ich finde auch, wenn es echt stressig im Alltag wird, dann fällt der Sex manchmal etwas hintenüber, auch wenn man es eigentlich tun will. Gut. Wir halten fest: Viele tun es seltener, als sie vorgeben. Aber *wie* tun es die Deutschen?

GUTER SEX – SCHLECHTER SEX

Die meisten Umfragen der letzten Jahre liefern ähnliche Ergebnisse. Die Deutschen wünschen sich fünf Mal wöchentlich Sex, und zwar für jeweils etwa 30 Minuten. Das empfindet eine Mehrheit der Befragten als ideal. Die Realität sieht anders aus. Die meisten haben deutlich seltener, nämlich nur etwa fünf Mal im Monat Sex, und das für je drei bis dreizehn Minuten. Es gibt auch Umfragen, wonach etwa die Hälfte aller deutschen Paare sogar nur etwa dreimal im Monat Sex hat.

Eine weitere Kluft zwischen Anspruch und Realität tut sich bei der Art und Weise auf, wie wir Deutschen es treiben. Etwa 30 Prozent der Deutschen haben mehrheitlich Sex in der Missionarsstellung, auch ventro-ventrale Kopulation genannt. Nur sehr wenige Säugetiere paaren sich von Gesicht zu Gesicht. Der Mensch tut es, und zwar sowohl heterosexuelle als auch homosexuelle Paare, und das, obwohl der Missionarsstellung ein extrem schlechter Ruf vorauseilt: langweilig, einfallslos, total von gestern, Blümchensex, Alte-Leute-Sex und was es nicht sonst noch alles für Verunglimpfungen gibt.

NICOLE: Das ist fies. Ich mag die Missionars-stellung. Es ist einfach unglaublich gemüt-lich, auf dem Rücken zu liegen ...

YVONNE: ... und es sich besorgen zu lassen!

NICOLE: Machen Frau + Frau das auch? Über homo-sexuelle Männer habe ich oft gehört, dass die Mis-sionarsstellung genauso gang und gäbe ist und der Part, der penetriert, oben ist, aber bei zwei Frauen?

YVONNE: Wann wirst du endlich lernen, dass zwei Frauen das gleiche Spektrum an Sexualpraktiken offensteht wie heterosexuellen Frauen? Wir kön-nen *alles*, und zwar mit Fingern, Zungen, Lippen, Brüsten, Kitzlern, Umschnall-Penissen ...

NICOLE: Ist ja gut! Also bist du auch ein Fan der Missionarsstellung?

YVONNE: Total. Ich liebe sie!

NICOLE: Ich auch. Man ist sich nah und kann dem anderen ins Gesicht gucken, wenn er zum Höhepunkt kommt, das ist ein riesengroßer Vorteil. Viele Frauen kommen ja auch ganz gut in dieser Stellung. Der Venushügel des Mannes ist in der Nähe, man kann die Klitoris von innen *und* außen oder, besser gesagt, von vorne und hinten bearbeiten. Das hilft.

YVONNE: Und der, der oben ist, macht die ganze Arbeit! Wie kann man so was nicht gut finden?

Aus unserer Community sind es vor allem heterosexuelle Männer ab 40, die sich über fantasielosen Sex beklagen. Sie wünschen sich eine aktive Partnerin, die ihre sexuellen Wünsche formuliert und tätig wird. Obwohl jeder dritte Deutsche überwiegend in der Missionarsstellung Sex hat, wünschen sich diese Männer von ihren Partnerinnen mehr Oralsex, ausgefallene Sexstellungen und sehr häufig auch Sex an ungewöhnlichen Orten.

Gerhard (57) aus Pforzheim: Ich liebe meine Partnerin. Wir kennen uns seit der Ausbildung und haben immer noch Freude aneinander. Allerdings wünsche ich mir, dass sie sexuell wieder etwas aktiver und interessierter wird, so wie früher. Da hat sie mich oft überrascht. Heute tun wir es eigentlich oft nach Schema F. Das dauert fünf Minuten, danach nimmt sie sich ein Buch und ich das Handy. Ich wünsche mir aber, dass ich sie wieder in der Dusche nehme oder sie mich einfach mal nachts damit weckt, dass sie mich oral befriedigt. Früher haben wir es auch mal auf dem Sofa getan oder auf dem Tisch. Ein Kollege von mir geht mit seiner Frau regelmäßig in den Swingerclub. Wenn er mir manchmal erzählt, was da abgeht, denke ich, dass ich das auch gerne hätte. Seine Frau ist mittlerweile weniger aktiv als er, sie trinkt dann lieber ein Glas Sekt am Tresen, während er andere Frauen vögelt. Für beide ist das in Ordnung, und es klingt für mich so, als wären sie sehr glücklich damit! Das muss es ja gar nicht mal unbedingt sein, aber ich würde gerne wieder etwas mehr Aufregung spüren. Indem wir Neues ausprobieren, zum Beispiel Spielzeuge nutzen, uns fesseln oder auch einmal Analverkehr haben.

Zu den Spielzeugen kommen wir später in diesem Kapitel. Der Wunsch danach ist bei vielen Menschen groß, und viele nutzen auch bereits Sextoys. Aber zurück zu den sexuellen Wünschen und Wahrheiten. Während vor allem Männer ab 40 ihr Sexleben verbessern möchten, hören wir von jüngeren Hörern und Hörerinnen oft, dass sie bereits sehr viel ausprobieren, dabei aber oft merken, dass Sex nicht unbedingt besser wird, je abgefahrener er ist.

> **YVONNE:** Ja, das ist echt spannend. Ich war in den Neunzigern kurz nach der Wende im Osten echt so was wie ein Freak – eine lesbische junge Frau, die dazu steht. Das gab es fast gar nicht. Ich hatte kaum Vorbilder oder Gleichgesinnte. Und heutzutage?

NICOLE: Da schreiben uns schon die Teenager, dass sie sich ohne Scheu in ihrer sexuellen Orientierung ausprobieren. Dass Mädchen mit Mädchen knutschen, ist mittlerweile so normal, wie ein Brot zu essen.

YVONNE: Und dabei bleibt es ja nicht. Auch unsere ganz jungen Hörer schreiben uns, dass sie alle möglichen sexuellen Praktiken ausprobieren, um herauszufinden, was sie mögen, darunter auch kinky Stuff, Rollen- und Fesselspiele, Lack, Leder. Alle möglichen Fantasien werden ausprobiert, und wenn es Spaß macht, auch öfter ausgelebt. Das finde ich beeindruckend. Man braucht ja auch ein gewisses Selbstbewusstsein, um solche Wünsche bei potenziellen Partnern und Partnerinnen anzubringen.

NICOLE: In dem Alter hätte ich mich nicht mal getraut zu fragen, ob ich mich mal umdrehen darf!

YVONNE: Süß!

Wir raten immer allen, die sich an uns wenden: Probiert euch aus. Schämt euch für nichts, seid kreativ, aber hört am Ende auf euer Bauchgefühl. Wenn ihr gemeinsam mit eurem Partner, eurer Partnerin feststellt, dass ihr durchschnittlichen Sex mögt, alle beide dabei gut kommen könnt und glücklich damit seid, muss euch das nicht unangenehm sein. Sex ist kein Leistungssport. Niemand erwartet eine Performance wie im Porno. Sex sollte ausgeglichen und glücklich machen. Nichts anderes zählt.

Andersherum, wenn ihr unglücklich seid mit dem, was zwischen euch und dem Partner los ist, dann redet miteinander. Was könnt ihr tun, um einen Kompromiss zu finden, mit dem beide glücklich sind und der euch als Paar weiterbringt? Sprecht über Ziele, aber verabredet auch Zwischenschritte, um auf dem Weg immer wieder überprüfen zu können, wie gut es läuft. Und damit kommen wir zu der dritten großen Gruppe, die sich an uns wendet. Wir hatten die jungen Leute, die sehr viel ausprobieren, wir hatten die Männer ab 40, die sich oft mehr im Bett wünschen, und es gibt die Frauen ab 35, die uns schreiben, dass ihnen die Lust abhandengekommen ist und sie hart darum kämpfen, ihre Beziehungen aufrechtzuerhalten.

Corinna (39) aus Erfurt: Mein Mann und ich versuchen uns gerade wiederzufinden. Wir hatten harte Jahre als Ehepaar. Wir sind früh Eltern geworden, hatten unsere Jobs, haben ein Haus gebaut und uns irgendwie dabei verloren. In den letzten Jahren haben wir viel organisiert. Ich würde sagen: Wir sind ein super Team, aber kein super Paar mehr. Wenn wir Zeit für uns haben, dann sitzen wir vor dem Fernseher oder lesen oder spielen auf den Handys. Im Bett herrscht Flaute, oder wie mein Mann neulich ziemlich fies bemerkte: Weihnachten ist öfter! Vor fast zwei Wochen habe ich ihn beim Onanieren in der Dusche erwischt. Er hat mich erst gar nicht bemerkt, dann war er geschockt. Ich war so sauer auf ihn und fühlte mich irgendwie auch betrogen, wie er dastand, total aufgegeilt und an sich herumreibend. Wir haben uns dann tagelang darüber gestritten und uns irgendwann gesagt: Wir müssen etwas ändern. Entweder wir gehen in die Eheberatung, oder wir versuchen, selbst das Ruder rumzureißen. Wir haben uns für Letzteres entschieden. Das ist nicht leicht. Ich versuche, mich zu überwinden, mit ihm zu schlafen, wenn er will. Das war sogar einmal sehr schön, ein anderes Mal habe ich nur gedacht: Mensch, werd fertig! Ich gebe mir Mühe, ihn nicht sofort anzumeckern, wenn er nach Hause kommt, und rede wieder mehr mit ihm, vielleicht auch mal Karten spielen statt Fernsehen, aber ich bin mir nicht sicher, ob das klappt. Im Moment spüre ich da noch kein Feuer, noch nicht einmal Glut.

*Soll ich trotzdem weiter durchhalten? Kann das Gefühl zurück-
kommen?*

Die ewige Frage! Viele Paare kommen irgendwann an diesen
Punkt. Keine leichte Situation. Eine überwiegende Mehrheit
versucht es, wie Corinna und ihr Mann, ohne professionelle
Hilfe. Das kann viel Kraft fordern. Wichtig ist bei diesen Versuchen aber immer: Derjenige, der nicht so sehr am Sex interessiert ist, muss einen guten Mittelweg für sich suchen. Es gilt
einerseits, den Weg zurück zu mehr Partnerschaftlichkeit und
einem besseren Sexleben zu finden, andererseits muss man
auch ganz deutlich sagen, dass es nicht gut ist, seine eigenen
Grenzen immer wieder zu verschieben. Wenn man etwas nicht
möchte, dann darf man sich dazu nicht wiederholt zwingen.
Die Frage ist: Ist man nur zu faul zum Vögeln? Dann sollte
man sich ab und zu überwinden, denn damit kommt auch die
Lust zurück. Oder empfindet man Ekel und Ablehnung? Dann
muss man herausfinden, warum das so ist, und sollte sich nicht
permanent zum Sex zwingen. Dadurch wird es nicht besser,
sondern man zerstört im schlimmsten Fall das letzte bisschen
Vertrauen und Zuneigung.

> **YVONNE:** Ich möchte dazu aber auch sagen, dass ich
> es total positiv finde, wenn ein Paar sich nicht weiter-
> hin hängen lässt, bis es vor Langeweile nebeneinan-
> der stirbt, sondern etwas tut. Klar, das, was Corinna
> beschreibt, klingt hart, und es kann auch sein, dass all
> diese Versuche zum Scheitern verurteilt sind, aber es
> überhaupt zu probieren, finde ich mutig und großartig!

NICOLE: Diese Geschichten hören wir ja oft. Zwei Menschen, die sich mal nah waren, aber einander über die Jahre immer fremder geworden sind. Ist kein leichter Weg zurück und hat viel damit zu tun, eigene Vorbehalte, Ängste, übergroße Egos zu überwinden. Neulich erreichte uns zum Thema »Flaute im Bett überwinden« diese Frage:

Amelie (48) aus der Nähe von Köln: Ladys, ich habe eine wichtige Frage: Wie sage ich meinem Mann am besten, dass ich Sex will? Oder wie zeige ich es ihm? Ihr denkt jetzt vermutlich: Die spinnt! Aber es ist so. Unser Sexleben ist über die Jahre ganz schön eingeschlafen. Mittlerweile habe ich Angst, dass wir uns deshalb trennen könnten oder er mich betrügt. Deshalb möchte ich zurück zu mehr Sex, so wie früher, aber ich weiß nicht, wie ich das anstellen soll. Mein Mann hat nach jahrelangen Zurückweisungen durch mich schon vor langer Zeit aufgehört, danach zu fragen. Wenn ich ihn jetzt umarme, dann umarmt er mich zurück, gibt mir einen Schmatzer auf die Stirn und schiebt mich zur Seite. Wenn ich ihm im Bett über den Arm streichele, dreht er sich um. Einmal habe ich gefragt: Hast du Lust? Da hat er zurückgefragt: Auf was? Na, das war mir dann auch zu blöd, und ich bin Fernsehen gegangen. Was soll ich bloß tun? Ist es vielleicht schon zu spät?

          YVONNE: Kann sein. Vielleicht hat er sich längst umorientiert, jemand anderen kennengelernt und sagt es dir nicht, um eure Ehe nicht zu gefährden.

NICOLE: Aber vielleicht gibt es auch noch eine Chance. Komm schon, Yvonne, sonst bist du auch nicht so pessimistisch! Amelie, wir raten allen unseren Hörerinnen und

Hörern – und es gibt unendlich viele mit diesen Sorgen –,
erst einmal nicht aufzugeben und wesentlich deutlicher
zu werden. Klar, das ist auch eine Überwindung nach so
langer Zeit, aber es kann sein, dass dein Mut belohnt wird.

> **YVONNE:** Nicole hat recht. Eine Umarmung, ein Strei-
> cheln über den Arm – sorry, da muss ich mal deinen
> Mann in Schutz nehmen, das empfindet niemand
> außerhalb eines Klosters als Anmache. Da musst du
> schon etwas mehr Gas geben. Umarme ihn und strei-
> chele über seinen Hintern. Drück dich an ihn …

NICOLE: Wenn er dir einen Kuss auf die
Stirn drückt, nimm sein Gesicht und küss ihn
auf den Mund. Flüstere ihm ins Ohr!

> **YVONNE:** »Schlaf mit mir!«

NICOLE: Und wenn er dann nicht reagiert, stellst
du ihn zur Rede und machst ihm die Hölle heiß!

YVONNE: Man merkt, dass du schon lange verheiratet bist.

NICOLE: Stimmt! Viele Frauen haben Phasen, in denen sie
weniger Sex wollen. Klar wird so was in Beziehungen zum
Problem. Trotzdem will ich auch wieder Mut machen: Das
ist ein verbreitetes Problem. Unendlich viele Paare kämpfen damit. Ihr seid nicht allein! Neulich habe ich gelesen,
dass amerikanische Forscher davon ausgehen, dass jede
zweite Frau zwischen 18 und 59 Jahren Libido-Störungen
hat, die dazu führen, dass sie phasenweise keine Lust hat.

YVONNE: Das deckt sich ja auch mit den
Mails aus der »Ladylike«-Community.

*Judith (39) aus Hamburg: Ich bin seit 17 Jahren mit meiner Frau
zusammen und liebe sie. Trotzdem schlafen wir nur noch sehr,
sehr selten miteinander. Irgendwie ist die Lust einfach gegangen, und wir sind jetzt eher Freundinnen, die zusammenleben,
gemeinsame Konten haben und sich ab und zu küssen. Manchmal liege ich nachts wach und bekomme Lust, aber ich denke,
wenn ich rübergreifen würde zu ihr, dann würde eine komische
Situation entstehen. Also lasse ich das lieber.*

*Christian (56) aus Lübeck: Meine Frau lässt mich regelrecht
betteln. Ich tue das, weil ich unbedingt Sex haben möchte. Ich
liebe sie und will mit ihr schlafen. Sie sagt, dass sie mich auch
liebt, aber dass sie eben weniger Lust hat als ich. Wenn sie sich
dann mal herablässt, es zu tun, komme ich mir vor, als wäre das
ein Almosen. Das ist ein Scheißgefühl, und ich nehme mir immer
wieder vor, sie nicht mehr nach Sex zu fragen und sie auch mal
drum bitten zu lassen. Aber von ihr kommt gar nichts mehr. Ich
denke, wenn ich nicht immer wieder nachhaken würde, hätten
wir alle acht Wochen mal Sex.*

*Agnieszka (43) aus der Nähe von Berlin: Neulich habt ihr darü-
ber gesprochen, wie man wieder Lust bekommt. Bei mir klappt
das nicht. Ich habe sogar Yvonnes Tipp beherzigt und mit meinem Mann vereinbart, ausdrücklich keinen Sex zu haben. Aber
auch die Aussicht, ihn nicht berühren zu dürfen, hat nichts
in mir ausgelöst. Im Gegenteil, es war sogar total schön und
entspannt, dass mein Mann für eine Weile nicht Donnerstag,
Freitag, Samstag, Sonntag nachgefragt hat, ob wir nicht doch*

Sex haben sollten. Das klingt jetzt lustig. Aber eigentlich mache ich mir Gedanken, ob die Beziehung nicht vorbei ist. Wenn ich mich selber berühre, komme ich total schnell, aber ich kann mich kaum noch aufraffen, mit meinem Mann zu schlafen, und je seltener wir es tun, umso schwieriger wird jedes Mal.

Sexuelle Appetenzstörung lautet der Fachbegriff für das, was viele beschreiben, auch bekannt als Hypoactive Sexual Desire Disorder (HSDD). Es bedeutet Mangel oder Abnahme sexuellen Verlangens. Das kommt bei Männern und Frauen vor, wurde aber jahrzehntelang nur Frauen zugesprochen. Ein schwerer gesellschaftlicher und wissenschaftlicher Fehler. Abnehmende (und auch wiederkehrende) Lust kann bei beiden Geschlechtern hormonell bedingt sein. Bei Frauen zum Beispiel nach Geburten oder wenn die Wechseljahre anstehen. Bei beiden Geschlechtern können aber auch Stress, Angst und Druck die Lust killen. Wichtig ist: Es gibt Wege zurück.

Der Gang zum Arzt: Wenn die Lust geht, muss festgestellt werden, woran das liegt. Ist man sich eigentlich sicher, den anderen zu lieben und auch wieder begehren zu wollen, dann sollte ein Arzt abklären, ob körperlich so weit alles in Ordnung ist. Das gilt für beide Geschlechter. Wenn eine Frau zum Beispiel nicht nur keine Lust hat, sondern außerdem noch trocken ist oder gar Schmerzen beim Sex hat, dann ab zum Arzt!

Paartherapie: Klingt erst einmal abschreckend, kann aber viele Risse in einer Beziehung kitten und der Liebe eine neue Richtung geben. Gerade in Situationen, in denen man immer wieder in die gleiche Spirale aus Vorwurf und Verteidigung rutscht, kann es hilfreich sein, wenn jemand das von außen durchbricht.

Verabredeter Sex: Klingt wahnsinnig technisch und unromantisch, kann aber helfen, sich nicht komplett zu verlieren. Nicht vergessen: Das ist ein Problem für beide Partner, da muss man gemeinsam durch. Wenn Sex ein Termin ist, den man ausgemacht hat, gewöhnt man sich zumindest wieder daran. Der »geplante Wiedereinstieg« in ein gemeinsames Sexleben nach längerer Abstinenz ist unbestritten schwierig. Misstrauen, Unsicherheit und alte Verletzungen aus etlichen Streitereien um das Thema Sex sind hohe Hürden. Aber es ist wichtig, sie zu überwinden, um sich einander wieder anzunähern.

Achtung: Wenn Sex für einen der Partner mit großer Abneigung und Ekel verbunden ist, macht es keinen Sinn, sich dazu zu zwingen. Das muss vorab besprochen werden.

Neue Sexpraktiken: Einmal im Monat muss etwas Neues ausprobiert werden. Augen verbinden, fesseln, Eiswürfel, Kerzenwachs, Badewanne, Dusche, Garten. Schon mal was von Japan Bondage gehört? Beim »Shibari« geht es darum, den anderen besonders »schön« zu fesseln, sodass zum Beispiel der Busen oder die Pobacken in Szene gesetzt werden. Man schnürt aus dem anderen ein sexy Paketchen. Seid kreativ. Gemeinsame neue Erlebnisse schweißen wieder zusammen.

Rollenspiele: Raus aus dem, was gewohnt und vielleicht auch längst für beide langweilig geworden ist. Rollenspiele können zu Beginn ein bisschen peinlich sein. Das macht nichts. Ihr könnt gemeinsam darüber lachen und es ein anderes Mal wieder probieren. Im besten Fall lösen Rollenspiele ein ähnliches Gefühl aus, wie man es bei ersten Begegnungen mit einem möglichen Partner hat. Der altbekannte Partner, der eine andere Rolle spielt, kommt uns neu und unbekannt vor. Das kann einen hohen Reiz haben und wieder Spannung bringen. Sprecht dafür über eure Fantasien. Sex mit einem Fremden oder verbotener Sex – im Rollenspiel darf alles ausgelebt werden.

Reden, reden, reden: Klar ist: Kein Paar dieser Welt bleibt 40 Jahre lang so spitz aufeinander wie zu Anfang. Der Hormonrausch der ersten Wochen lässt nach, der Alltag zieht ein, und die Lust pendelt sich auf einem anderen Niveau ein. Trotzdem helfen Nähe und Vertrauen dabei, eine gute Beziehung aufrechtzuerhalten. Zu wissen, was den anderen bewegt, was ihn begeistert und berührt, sorgt dafür, dass man ihn nicht aus den Augen und schlussendlich auch nicht aus dem Herzen verliert. Sex miteinander zu haben, ist am Ende auch die gegenseitige Versicherung des Vertrauens. Ohne Ehrlichkeit ist das kaum herstellbar.

Wichtig für den Hinterkopf bei all diesen Überlegungen: Überprüft Anspruch und Realität. Nahezu jeder zweite Deutsche, egal welcher sexuellen Orientierung, ist unzufrieden mit seinem Sexleben. Anspruch und Realität liegen oft zu weit auseinander. Setzt euch daher unbedingt realistische Ziele und nehmt es euch nicht gegenseitig krumm, wenn ihr ab und zu scheitert.

Nahla (27) aus der Nähe von Hannover: Mein Freund und ich kennen uns schon aus der Schule. Wir sind zwar noch jung, aber gefühlt schon ewig ein Paar. Alle erwarten ständig, dass wir heiraten, doch wir haben ganz andere Sorgen. Wir sind mittlerweile wie Geschwister. Wir leben zusammen, verstehen uns sehr gut, aber haben kaum noch Sex. Uns beide stört das nicht, wir denken jedoch schon, dass es dazugehört, also verabreden wir uns zum Sex. Mein Freund hat vorgeschlagen, dass es an spezi-

*ellen Orten sein soll, damit wir es auch wirklich tun. Wenn wir
sagen: Freitagabend 22 Uhr im Bett, dann tun wir es doch nicht.
Also lautet unsere Verabredung zum Beispiel: Im Auto auf dem
Autobahnparkplatz oder am Ufer der Leine oder auf der Toilette im Zoo. Das ist jetzt nicht der leidenschaftlichste Sex, und
wir haben auch immer etwas Angst, erwischt zu werden, aber
dadurch tun wir es immerhin wieder. Und zu Hause haben wir
dann noch für ein paar Tage was zu lachen.*

> **YVONNE:** Super Idee! Und auch eine schön
> lockere Art, mit einer Sexkrise umzugehen.

NICOLE: Ich glaube, das würde mich mittlerweile
umbringen. Sex im Zoo? O Gott, wenn du da von
einer Schulklasse erwischt wirst. Und diese Auto-
bahnparkplätze sind doch voller Spanner!

> **YVONNE:** Das kann ja auch ganz reizvoll
> sein! Zu wissen, man wird beobachtet ...

NICOLE: Ich kriege schon Stressflecken, wenn ich nur
daran denke! Ich bleibe ein großer Fan von Sex im Bett.

> **YVONNE:** Auf dem Rücken!

NICOLE: Warum nicht. Ein Bekannter von uns hat
sich mal beim Sex an einem ungewöhnlichen Ort
einen Meniskusschaden zugezogen. Das hat er ewig
nicht zugegeben, weil es ihm so peinlich war. Seine
Freundin hat es dann ausgeplaudert: Sie hatten es
auf einer Bergwanderung bei einer Pause getan.

YVONNE: Allein das ist schon stark. Wenn ich wandere, dann bin ich ja allein deshalb am Limit. Da denke ich doch nicht noch an Sex.

NICOLE: Na, die beiden hatten wohl ein sehr schönes, uneinsehbares Plätzchen gefunden, die Sonne schien, die Bienen summten. Da haben sie es halt getan, sie vor ihm kniend, er hinten, und plötzlich muss er schreiend zusammengebrochen sein. Da war ihm die Kniescheibe rausgeflogen plus irgendwas am Meniskus, und er lag mit schmerzverzerrtem Gesicht und runtergelassener Hose im Gras. Sie hat sich dann schnell angezogen, ihn auch notdürftig wieder angezogen und hat Hilfe geholt. Er konnte allein nicht mehr laufen und musste mit dem Auto von einem Hüttenwirt runter ins Tal zum Arzt gebracht werden.

YVONNE: Na, das wird dich ungemein darin bestätigt haben, Sex nur an sicheren Orten auszuüben!

NICOLE: Absolut. Aber das ist natürlich keine Option, wenn man gerade hart daran arbeitet, sein Sexualleben wieder auf die Füße zu stellen.

YVONNE: Stimmt. Aber dazu muss man auch mal ganz klar sagen: Man kann vieles tun, doch den Zustand des allerersten Hormonrauschs stellt man nie mehr her.

NICOLE: Aber es kann anders gut werden, vielleicht sogar besser.

YVONNE: Definitiv gibt es nur eine begrenzte Zeit, in der man sabbernd und triefend hintereinander herdackelt ...

NICOLE: Yvonne!

YVONNE: Ist doch so. Man ist ja irgendwie nicht ganz zurechnungsfähig im ersten Rausch des Verliebtseins. So was kann nicht ewig dauern. Irgendwann muss man normal werden, und dann registriert man Dinge aneinander, die man vorher nicht bemerkt hat.

NICOLE: Und die einen ziemlich nerven können. Der Alltag tut sein Übriges, und aus den lodernden Flammen wird ein kleines Feuerchen und manchmal auch nur ein bisschen Glut.

YVONNE: Aber lasst euch von zwei Pfadfinderinnen der Liebe sagen: Glut kann man wieder anfachen!

Apropos: Wege zurück zum Sex und der (oft männliche) Wunsch nach mehr Abwechslung im Bett. In jedem gut sortierten Buchladen gibt es Ratgeber zu kaufen, die ihren Lesern tolle Sexstellungen für jeden Tag versprechen und damit ein spannendes Liebesleben. Darunter taucht nie die Missionarsstellung auf, aber viele andere Klassiker, die ausprobiert werden wollen und sollen. Die ewigen Top Ten der heterosexuellen Gangarten (die in Varianten natürlich teils auch von gleichgeschlechtlichen Paaren praktiziert werden):

Reiterstellung: Er liegt. Sie sitzt auf ihm, das Gesicht zu ihm gewandt.

Reiterstellung verkehrt herum: Er liegt. Sie sitzt auf ihm, das Gesicht in Richtung seiner Füße. Vorsicht, hier droht Verletzungsgefahr für seinen Penis.

Doggy-Style: Sie kniet vor ihm, er dringt von hinten in sie ein. Es gibt Paare, die dabei sogar ganz entspannt fernsehen.

69: Er liegt auf dem Rücken und befriedigt sie oral, während sie verkehrt herum über ihm kniet und ihn ihrerseits oral befriedigt. In dieser Stellung guckt er geradewegs auf ihr Poloch, vielleicht nicht ideal für das erste Mal!

Oralverkehr: Er und sie befriedigen sich abwechselnd oral. Aber immer schön darauf achten, dass beide gleich oft drankommen, und vorher darüber sprechen, ob es okay ist, wenn er in ihrem Mund kommt.

Löffelchen: Sie liegt auf der Seite vor ihm, er dringt von hinten in sie ein. Eignet sich wunderbar, wenn man nicht dabei erwischt werden darf. Für alle, die ins Zimmer platzen, sieht es so aus, als würde man kuscheln oder schlafen.

Sex im Stehen von vorne: Er hebt eines ihrer Beine, geht je nach Körpergröße leicht in die Hocke und dringt ein. Anstrengend, aber schön anzuschauen, wenn ein Spiegel in der Nähe ist.

Sex im Stehen von hinten: Gemütlicher. Sie stützt sich gut ab, streckt ihm den Popo entgegen. Er dringt von hinten in sie ein.

Sex auf einem Stuhl: Er sitzt unten. Sie nimmt auf seinem Penis Platz. Unbedingt vorher checken, ob der Stuhl das mitmacht!

Schubkarre: Anspruchsvoll für kräftige Männer und sportliche Frauen. Sie stützt sich gut ab, Gesicht nach unten, Bauchlage. Er kniet hinter ihr, hält ihre Schenkel, hebt sie so hoch und dringt von hinten in sie ein.

NICOLE: Das sieht sicher megagut aus!

YVONNE: Oder zum Totlachen!

NICOLE: Also, ich denke, Sexratgeber mit Stellungen zu lesen, macht schon Spaß zu zweit, aber es wird auch schnell technisch, wenn du immer ins Buch schielen musst, damit du alles richtig machst.

YVONNE: Außerdem hatten wir ja schon festgestellt: Es ist super, als Paar vieles auszuprobieren. Sex ist aber keine Performance, für die man Noten bekommt. Es geht nicht um die heißeste Stellung, sondern um das beste Gefühl!

NICOLE: Und was ist, wenn das nicht funktioniert? Wenn die Partner nicht über ihre Bedürfnisse reden? Und dann ein Partner vom gemeinsamen Sexualleben so unbefriedigt ist, dass er sich zurückzieht und sich andere Partner sucht?

Es gibt extrem wenige Studien zur »Untreue«. Im *Deutschen Ärzteblatt* erschien vor ein paar Jahren eine internationale Studie zum Sexualverhalten verschiedener Gruppen im Allgemeinen. Aus deutschen Kohortenstudien wird dort berichtet, dass 15 bis 26 Prozent der Frauen und 17 bis 32 Prozent der Männer angaben, sexuelle Kontakte auch außerhalb ihrer aktuellen Beziehung zu haben. In anderen Befragungen ist die Aufschlüsselung genauer. Vier Prozent der homosexuellen Frauen bekannten sich dazu, ihre Partnerin zu betrügen, 34 Prozent der homosexuellen Männer in festen Beziehungen, 29 Prozent der heterosexuellen Frauen – also nahezu jede dritte – und 49 Prozent der heterosexuellen Männer.

Glaubt man diesen Studien, dann geht also jeder zweite heterosexuelle Mann fremd. Wobei jeweils keine Motivation abgefragt wurde. Man kann also nur spekulieren, dass Unzufriedenheit im Bett ein Auslöser war.

NICOLE: Ich kenne diese Studien, aber ich finde es immer ganz schwer, darüber zu sprechen, denn wenn jeder zweite Mann fremdgeht, hat man ja kaum eine Chance, sich das richtige – das treue – Exemplar zu greifen.

> **YVONNE:** Vielleicht sollte man Treue aber auch nicht als Voraussetzung für eine funktionierende Beziehung ansehen. Es ist nur Sex.

NICOLE: Du hast gut reden! Nur vier Prozent der homosexuellen Frauen gehen fremd, du kannst dich sicher fühlen. Eher gewinnst du im Lotto, als dass deine Freundin dich betrügt. Bei mir ist es umgekehrt. Eher werde ich vom Blitz getroffen, als das mein Partner treu ist!

> **YVONNE:** Erstens sind solche Studienergebnisse vielen Faktoren unterworfen, die zu Ungenauigkeit führen, und zweitens gilt auch da: Höre auf dein Bauchgefühl und frage dich: Bin ich glücklich? Wenn du nicht glücklich bist, gehört der Kerl entsorgt, auch wenn er treu ist. Wenn du glücklich bist, dann ist das doch superviel wert. Sieh es mal so: Was du nicht weißt, macht dich nicht heiß!

Karim und Claudia (beide 45) aus Schwerin: Wir haben unsere Beziehung geöffnet und sie damit gerettet. Wir kennen uns schon 20 Jahre und waren eigentlich immer sehr glücklich mit-

einander. Trotzdem haben wir irgendwann angefangen, uns zu
betrügen. Das wussten wir damals natürlich noch nicht vonein-
ander. Wir haben jeweils andere Leute getroffen und mit ihnen
geschlafen, und zu Hause haben wir uns gegenseitig das glück-
liche Paar vorgespielt. Karim hat damals vor allem Frauen im
Internet kennengelernt, ich hatte Affären mit Zufallsbekannt-
schaften und einmal auch mit einem Kollegen. Das hat sich aber
alles nicht gut angefühlt. Das Lügen war schlimm, weil wir uns
ja eigentlich, auch damals, während dieser Zeit, immer noch
geliebt haben, aber offenbar hat uns beiden ja etwas gefehlt.
Der Super-Gau war dann aber gleichzeitig unser Weg zurück
ins Glück. Karim hat mich mit einem anderen Mann bei uns zu
Hause im Bett erwischt. Ein furchtbarer Moment. Wo du nackt
vor einem anderen Kerl kniest, deinem Mann in die entsetzten
Augen guckst und weißt: Das kann ich mit keiner Lüge der Welt
mehr retten. Was folgte, waren unendlich viele Streitereien, Trä-
nen, Nächte, in denen Karim nicht nach Hause kam. Nach einer
dieser Nächte haben wir uns zusammen hingesetzt. Beide total
fertig, traurig, ausgelaugt, und da hat Karim mir erzählt, dass er
mich auch betrogen hat. Das hat mir einen Stich versetzt, aber
ich konnte mich ja kaum beschweren. Wir haben uns dann ganz
offen erzählt, was wir uns lange Zeit verheimlicht hatten, nichts
ausgelassen und auch mal darüber gesprochen, warum wir das
eigentlich getan haben. Uns beiden hat etwas gefehlt, trotz aller
Liebe füreinander, dieses Gefühl, von einem anderen Menschen
begehrt zu werden, flirten, heiße Blicke. Das lässt doch in jeder
Beziehung nach, und wer das Gegenteil behauptet, der lügt. Seit
diesem Tag versuchen wir, eine offene Beziehung zu führen. Das
ist nicht immer leicht. Zu Hause mit einem Glas Wein vor dem
Fernseher zu hocken und zu wissen, dein Mann schläft gerade
mit einer anderen Frau, das hat mich noch manches Mal zum

Weinen gebracht. Auch Karim kann seine Eifersucht nicht immer
so gut runterschlucken, wie wir uns das gewünscht hätten, aber
wir bleiben dran, reden ganz viel und wissen: Wir belügen uns
nicht. Das ist das Intimste, was ein Paar haben kann. Unsere
Körper sind manchmal bei anderen, aber unser Geist liebt nur
einen. Das finde ich ganz wichtig!

NICOLE: Wow! Hut ab. Ich weiß von mir selbst, dass
ich mich nicht derart im Griff haben könnte! Ich könnte
nicht dafür garantieren, dass ich meinen Liebsten
nicht nach seinem ersten außerehelichen Date mit
irgendeiner scharfen Waffe empfangen würde!

> **YVONNE:** Du bist ja eh schlimm eifersüchtig. So wie
> meine Freundin. Wenn die nur davon träumt, dass
> ich fremdgegangen bin, ist die tagelang sauer auf
> mich, obwohl ich gar nichts verbrochen habe.

NICOLE: Ich hab mal bei einer befreundeten Psychologin gelernt, dass Eifersucht eigentlich ein Gefühl
der Unsicherheit ist. Und derjenige, der eifersüchtig
ist, im Grunde Angst hat, einen Besitz zu verlieren.
Und sie hat auch gesagt, dass vor allem Menschen
mit einem geringen Selbstwertgefühl und solche, die
allgemein ängstlich sind, oft sehr eifersüchtig sind.

> **YVONNE:** Dann glaube doch mal mehr an dich und
> mach deinem Mann nicht das Leben schwer! Warum
> sollte er dich betrügen? Das wäre doch voll anstren-
> gend bei deinem ausgeprägten Kontrollzwang!

Eifersucht ist in uns angelegt. Sie ist eng an den Sex gekoppelt und hat einen Sinn, behauptet zum Beispiel der Psychologe David Buss. Er geht davon aus, dass Männer sichergehen wollen, nur die eigenen Nachkommen großzuziehen. Grob kann man sagen, es ging bei den ersten Menschen darum, das eigene Erbgut weiterzugeben. Dies führt auch heute noch im Tierreich zu heftigen Kämpfen unter den Männchen einer Art. Bei Männern steht die Eifersucht deshalb auch oft in einem sexuellen Kontext, während es bei Frauen um die Gefährdung der Versorgung geht. Die klassische Kleinfamilie: ein Team aus zwei Versorgern zum Wohle des Nachwuchses. Frauen fürchten unbewusst, dass diese Allianz durch eine weitere Person zerstört werden könnte. Das klingt furchtbar gestrig, dient an dieser Stelle aber dazu zu klären, warum die Eifersucht in uns angelegt ist. Das bedeutet nicht, dass man sie nicht überwinden kann, wir jagen ja auch keine Säbelzahntiger mehr.

Aufgeklärte Menschen sind in der Lage, sich zu reflektieren und dann vernunftgesteuerte Entscheidungen zu treffen. Blinde Eifersucht, die ungebremst ausgelebt wird, führt selten dazu, die Beziehung zu stabilisieren. Derjenige der beiden Partner, der sich der Eifersucht des anderen ausgesetzt sieht, fühlt sich dadurch oft belastet und ungerecht behandelt. In einigen Fällen mündet ungezügelte Eifersucht sogar in Verbrechen. Jeden Tag versucht ein Mann in Deutschland aus Eifersucht, seine Partnerin oder Ex-Partnerin zu töten. Jeden dritten Tag gelingt das auch.

Dazu kommen etliche Taten von Frauen. Frauen sind laut Statistiken weniger gewalttätig, aber unter den Morden, die Frauen an Partnern oder Ex-Partnern verüben, liegt die Eifersucht als Motiv vorn. Darum ist es wichtig, sich klarzumachen:

Eifersucht ist kein Liebesbeweis. Eifersucht ist einengend und belastend. Sie ist oft irrational und sagt mehr über denjenigen aus, der Eifersucht empfindet, als über den Gegenstand seiner Eifersucht. Wer seine Beziehung stärken will, der redet über diese Ängste und holt sich im Ernstfall Hilfe! Toxische Beziehungen werden nicht von allein respektvoll und gut. Auch noch so viel Verständnis und Liebe werden einen tyrannischen Partner nicht verändern. Das schaffen nur Profis und viele Gespräche. Alle Anlaufstellen der Städte, Gemeinden und der Kirchen kennen solche Fälle und können sofort Hilfe leisten und Kontakte vermitteln.

> **YVONNE:** Und was die durchschnittlichen Eifersüchteleien angeht – also die, die meine Liebste und auch Nicole mit sich herumschleppen –, rate ich euch: Habt einfach viel Sex. Dann kommt niemand mehr auf die Idee, sich das irgendwo anders zu holen!

NICOLE: Wie uneigennützig von dir! Klingt irgendwie nach Erpressung! Okay. Kann sein, dass das hilft. Ich finde aber, eine gute Beziehung übersteht auch mal zwei sexfreie Wochen, ohne dass einer gleich loszieht und sich woanders seine Befriedigung holt.

> **YVONNE:** Kann sein, dass ich gerade erpresserisch klang, aber du klingst jetzt irgendwie drohend!

NICOLE: Ich sage nur: Haltet in Beziehungen auch mal die Amplituden bei der Sex-Häufigkeit aus. Und redet miteinander, statt euch gleich nach einer Affäre umzuschauen. Nicht nur, wenn der Sex weniger wird, sondern auch, wenn man sich, wie am Anfang des Kapitels beschrieben, einfach mehr Abwechslung wünscht!

YVONNE: Klar! Ihr wollt Sex an ungewöhnlichen Orten, sprecht es aus. Euer Partner soll euch lecken, sprecht es aus. Die meisten Probleme, die den Sex betreffen, sind nur deshalb Probleme, weil sie nicht angesprochen, sondern tabuisiert werden. Eifersucht entsteht, weil man beim anderen etwas vermutet, etwas Verheimlichtes, eine unausgesprochene Lust zum Beispiel. Aber wir haben ja jetzt gelernt: Eifersucht ist die Unsicherheit des einen und nicht die ungezügelte Geilheit des anderen. Unlust ist normal und kann immer mal vorkommen. Es ist nur dann ein Problem, wenn die Gründe dafür unausgesprochen bleiben und der Partner das Gefühl hat, immer den Kürzeren zu ziehen. Offenheit und Ehrlichkeit lassen vieles klarer wirken. Ich finde auch, damit kann man eine Menge überwinden.

NICOLE: Jetzt haben wir so viel über Probleme rund um den Sex gesprochen. Aber uns erreichen auch viele Mails von Hörern und Hörerinnen, die wieder oder immer noch glücklich sind mit dem, was bei ihnen im Bett abgeht.

Amrei (39) aus Berlin: Wie toll, dass ihr jetzt auch mal den Kit-KatClub getestet habt [Anmerkung: Das ist ein (Sex-)Club in Berlin, den man nur in Unterwäsche oder nackt betritt und in dem Homo- und Heterosexuelle tanzen, trinken und öffentlichen Sex haben]. Mein Freund und ich waren auch schon ein paar Mal da. Eine tolle Atmosphäre. Ich liebe es, anderen dabei zuzusehen, wie sie es tun. Das macht uns beide total geil. Wir haben es auch schon dort getan. Es gibt einen Raum – na, den kennt ihr ja –, wo so ein Arztzimmer mit Gynäkologenstuhl eingerichtet ist. Da haben wir es das erste Mal getan. Es hat sich ein junger Mann dazugestellt und masturbiert. Das fanden wir heiß, als er dann aber auch mal ranwollte, haben wir ihn rausgeschickt. Aber insgesamt eine absolute Empfehlung für alle, die mal ihren sexuellen Horizont erweitern wollen!

Lilli (23) aus Köln: Ich bin seit meinem 13. Geburtstag mit meinem Freund zusammen. Er ist der Mann meines Lebens.

Jens (61) aus Dresden: Ich weiß seit zwei Jahren, dass ich Männer liebe. Eigentlich weiß ich es schon länger, aber ich habe erfolgreich versucht, es zu ignorieren. Als meine Mutter verstorben ist, dachte ich mir: Das muss aufhören. Irgendwann bist du auch tot und hast immer ein falsches Leben gelebt. Heute bin ich viel unterwegs und lerne – auch im Netz – tolle Kerle kennen. Ich lasse nichts mehr aus und bin glücklicher als jemals!

Caro (28) aus Jena: Meine Herzensmenschen und ich, wir haben keine Lust mehr, uns festzulegen. Weder auf eine Paarkonstellation noch auf eine sexuelle Orientierung oder auf bestimmte Praktiken. Wir sind sieben Freunde, die sich extrem vertrauen und abwechselnd auch miteinander Sex haben. Das führt manchmal zu kleineren Dramen, ist aber meistens sehr schön. Manchmal ist mir nach duftigen Brüsten und manchmal nach einem harten Schwanz. Ist doch perfekt, wenn man alles haben kann.

Gabriele (61) aus Berlin: Mein Mann und ich gehen seit 30 Jahren regelmäßig zu Swingertreffen, meist allerdings nicht in

Clubs, sondern privat, und hatten damit immer gute Erfahrungen. Teilweise sind tolle Freundschaften entstanden. Wir sind beide keine eifersüchtigen Menschen. Ist doch toll, wenn der andere seinen Spaß hat. Ich weiß immer genau, mit wem mein Mann Sex hat, und bin mir sicher, er kommt immer wieder zu mir zurück, und ich mache auch, was mir Spaß macht. Neulich mit einem ganz jungen Pärchen, so Ende 20. Die waren niedlich! Ich glaube, die haben in mir so ein bisschen die Mutti gesehen, aber eben mit gewissen Vorzügen, wenn ihr versteht!

Stefan (37) aus Münster: Erinnert ihr euch noch an mich? Ich habe euch geschrieben, weil ich bis vor Kurzem noch Jungfrau war und damit sehr unglücklich. Ich schreibe euch heute, weil sich mein Leben komplett geändert hat. Ich habe eine tolle Frau kennengelernt. Sie ist zwölf Jahre älter, und wir hatten Sex. Sie ist sehr einfühlsam und hat mir alles gezeigt, zum Beispiel, wie ich sie berühren soll oder wie ich am besten in sie eindringe. Sie sagt, dass ich sehr gut darin bin! Endlich!

Maria (47) aus der Nähe von München: Mein Mann und ich sind verheiratet, seit wir 21 sind, und weiterhin sehr glücklich. Das liegt aber auch daran, dass wir uns immer weiterentwickelt haben, also auch sexuell. Wir haben es schon immer geliebt, Sexspielzeug und Rollenspiele einzubeziehen. Irgendwann hat mir mein Mann dann mein erstes Lack-Korsett geschenkt, und etwas später haben wir gemeinsam im Internet für ihn eine Maske gekauft. In unserem Alltag ist er der Dominante. Er führt auch das Familienunternehmen, aber zu Hause im Bett bin ich es. Wobei »Bett« hier nur für unseren Sex steht. Wir haben natürlich auch Sex im Bett, aber wir haben unseren Keller umgebaut zu einer Art Spielplatz für meinen Sklaven und mich. Das könnte

doch auch mal eine interessante Geschichte für eure Hörerinnen
sein, oder?

NICOLE: Absolut.

> **YVONNE:** Ich bin zu Hause auch der Sklave. Nur,
> dass ich keine Gummimaske trage, sondern Spin-
> nen fange, den Müll rausbringe und alles andere,
> was Madame nicht so gerne erledigt!

NICOLE: Mein Beileid! Hoffentlich versohlt sie dir
auch ab und zu ordentlich den Hintern. Verdient
hättest du es. Ach, apropos: Da gab es doch immer
diese heimliche Spielkiste unter deinem Bett ...

SEXSPIELZEUG: NEUE LIFESTYLEPRODUKTE

Joana (17) aus Kiel: Ich bin sehr interessiert an Sex, möchte aber
Jungfrau bleiben. Kann ich mich mit einem Dildo entjungfern,
oder geht das technisch gar nicht?

Jochen (48) aus Leipzig: Ich habe meiner Frau zu unserem Hoch-
zeitstag einen Vibrator geschenkt, und zwar einen richtig teuren
in der Farbe Pink. Ich wollte ihr eine Freude machen und dachte,
das wäre etwas, was schön für uns beide ist. Leider hat sie das
total in den falschen Hals bekommen und ist sauer auf mich, seit
sie das gute Stück ausgepackt hat.

Simon (29) aus Berlin: Danke dafür, dass ihr mal nicht nur über Toys für Frauen gesprochen habt. Mein Freund und ich fanden euren Bericht über Penisringe interessant und haben das jetzt auch mal ausprobiert, und zwar haben wir uns ein Modell gekauft, das am Penis noch schön vibriert. Macht uns viel Spaß. Ist echt ein anderes Orgasmus-Gefühl. Wir haben unserem besten Freund auch schon einen hübschen, leuchtend blauen Cockring geschenkt!

Während der ersten Zeit der Corona-Krise im Jahr 2020 verzeichneten Händler von Sextoys ein Umsatzplus von bis zu 300 Prozent. Zwar achten die meisten Versender von Sexspielzeug peinlich genau darauf, neutrale Verpackungen zu verwenden, aber mittlerweile ist das weniger notwendig als noch vor 20 Jahren.

Junge Start-ups in diesem Bereich haben geschafft, wofür eine Beate Uhse jahrzehntelang kämpfen musste: Sie haben das Image der Sextoys aus der Schmuddelecke geholt. Das, was noch in den Siebzigerjahren verstohlen unterm Ladentisch hervorgekramt wurde, ist mittlerweile ein Lifestyleprodukt, das sich in Millionen Schlafzimmern von Paaren und Singles jeder sexuellen Orientierung wiederfindet. Im Jahr 2020 nutzten laut einer Studie des Herstellers Tenga 61 Prozent der Frauen und 47 Prozent der Männer im Alter zwischen 18 und 54 Jahren Sextoys.

Weltweit vorne in allen Verkaufsstatistiken ist die Mutter aller Sexspielzeuge, der Vibrator. Allerdings reden wir hier nicht von einem fleischfarbenen Gummipenis, der laut vor sich hin rattert.

Vibratoren sind smarte Hightech-Toys geworden. Buntes Silikon, leise, wasserfest und teils per App zu steuern. Da geht es längst nicht mehr darum, einen Penis nachzubauen – es geht um Befriedigung aller Bedürfnisse. Deshalb ist die Range der angebotenen Modelle riesig. Auflege-Vibratoren, die die Klitoris stimulieren, G-Punkt-Vibratoren, Saug-Muschis, Penisringe, Analvibratoren und, und, und. Ein gigantischer Markt, der seinen Anfang nahm bei der Bekämpfung »weiblicher Hysterie«. Richtig gelesen. Die Hysterie gilt als eine der ältesten beschriebenen Störungen, erstmals erwähnt in den Schriften des antiken Medizingelehrten Hippokrates. Seine steile These: Wenn eine Gebärmutter nicht regelmäßig mit männlichem Samen in Berührung kommt, dann wandert sie unruhig im Körper hin und her auf der Suche danach und kann sogar bis zum Gehirn gelangen. Die Folge: Frau wird hysterisch. Zu lindern war das nur mit einer aufwendigen Genitalmassage durch eigens dafür geschulte Mediziner. Diese wackeren Männer brauchten nach eigener Aussage etwa eine Stunde, bis die »bearbeitete Frau« wieder einigermaßen normal war, und beschrieben das als harte körperliche Arbeit.

NICOLE: Ach, diese armen Kerle. Mussten stundenlang den hysterischen Frauen einen runterholen, damit sie wieder normal wurden! Das klingt ja verdächtig nach Sehnenscheidenentzündung.

YVONNE: Sei nicht so ironisch! Was ich viel krasser finde: Das hat niemand mit Sex gleichgesetzt. Sex bedeutete Penis in Muschi oder Penis in Po. Dass die Frau eventuell per Hand einen richtig schönen Orgasmus bekam, konnte man sich damals nicht vorstellen. Keine Penetration – kein Orgasmus.

NICOLE: Ach, da würde ich auch den einen oder anderen Hysterie-Anfall bekommen, wenn ich wüsste, gleich kommt der schnuckelige Herr Doktor und sorgt erst mal für ein paar Orgasmen!»Herr Doktor, aua, meine Gebärmutter stört mein Hirn, schnell, reiben Sie mal ein bisschen, dann wird es gleich besser!«

YVONNE: Na ja, für die Ärzte damals muss das eine anstrengende und unangenehme Rackerei gewesen sein, sonst hätten sie sich ja nicht 2000 Jahre später so irre über die Erfindung des Vibrators gefreut!

Unter Medizinern war *der* Hit der Weltausstellung in Paris 1900 der Vibrator oder auch Manipulator, Hammer oder Percuteur, den es damals in verschiedenen Ausführungen gab. Zum Beispiel mit angehängter Batterie, die so groß war wie ein Kühlschrank, mit Handkurbel oder auch mit Fußpedal. Die Arbeit von einer Stunde ließ sich so in wenigen Minuten ohne große Anstrengung erledigen. Wenige Jahre später brauchte es für die Behandlung keinen Arzt mehr. Massagestäbe für den Heimbetrieb wurden erfunden, und damit konnten endlich auch Männer zu Hause ihre »Hysterie« behandeln.

YVONNE: Wahrscheinlich waren diese Mediziner einfach wahnsinnig schlecht darin, Frauen mit der Hand zu befriedigen. So was kann doch niemals eine Stunde gedauert haben. Da blutet ja der Kitzler!

NICOLE: Es ging ja auch nicht um Befriedigung. Aber ja: Vermutlich haben sie sich richtig blöd angestellt!

Über den Orgasmus reden wir noch ausführlich in Kapitel 4. Die meisten Frauen kommen am unkompliziertesten und schnellsten, wenn sie sich selbst mit der Hand befriedigen. Es gibt aber auch Frauen, die nur sehr schwer zum Orgasmus kommen. Sie hat die Sextoy-Branche als Kundinnen der Zukunft entdeckt. Nicht wenige werben bei ihren Produkten mit der »Orgasmus-Garantie«. Wir haben ein paar davon vor einiger Zeit für unseren Podcast ausprobiert.

Auflege-Vibratoren: Arbeiten mit Vibration, Druckwelle oder Saugfunktion. Für viele Frauen, die Probleme haben, zum Höhepunkt zu kommen, ist das sicherlich eine interessante Alternative. Wer damit keine Probleme hat, der muss hier etwas Geduld mitbringen. Diese Geräte kommen sanft zum Ziel. Einige arbeiten damit, die Klitoris vorsichtig anzusaugen. Das kommt gefühlsmäßig dem Oralverkehr am nächsten. Viele heterosexuelle Paare nutzen diese Auflege-Vibratoren, um gleichzeitig zum Höhepunkt zu kommen, was, wie wir alle wissen, selten der Fall ist.

Klassische Vibratoren: Gibt es in verschiedenen Längen und Durchmessern, einige werben extra damit, so gebogen zu sein, dass sie den G-Punkt stimulieren, also grob gesagt, die innere Verlängerung der Klitoris. Heutzutage haben viele Vibratoren außerdem Mini-Aufsätze, die die Klitoris direkt von vorne stimulieren, weil man in den letzten Jahrzehnten herausgefunden hat, dass die überwiegende Mehrzahl der Frauen am häufigsten klitorale Orgasmen hat.

Paar-Vibratoren funktionieren in der Regel so, dass sie eingeführt werden und gleichzeitig aufliegen. So stimuliert die Vibration den Kitzler und gleichzeitig den Penis bei der Penetration

Es gibt aber auch Vibratoren nur für Männer. Sie sind so

geformt, dass sie die Prostata massieren, eine für Männer äußerst empfindliche und oft hoch erogene Zone unterhalb der Harnblase. Prostatastimulation bringt Männer nach allem, was wir hören, zu ganz besonders intensiven Orgasmen. **Kugeln, Balls, Plugs und Beads:** Werden eingeführt, und zwar vaginal oder anal. Es gibt sie mit Vibration und ohne. Dank Halterung geht in der Regel nichts verloren. Kugeln oder auch Liebeskugeln gelten schon seit den Siebzigerjahren als Allzweckwaffe gegen ausgeleierte Beckenböden und Vaginalmuskulaturen. Man trägt sie normalerweise nur für kurze Zeit. Je nachdem, kann man sie aber auch mehrmals täglich einführen. Viele Frauen tun das nicht nur für den Sex, sondern auch gegen Inkontinenz (kein seltenes Phänomen. Man glaubt, dass in Deutschland etwa zehn Millionen Frauen davon betroffen sind). Schöner Nebeneffekt, durch das Beckenbodentraining spürt frau in jeder Hinsicht wieder deutlich mehr.

Paartoys, die nicht vibrieren: Müssen nie an die Ladestation und machen trotzdem Spaß. Für Frau und Frau zum Beispiel gibt es Silikon-Toys mit Doppel-Stab. Den einen führt sich die eine ein, und mit dem anderen penetriert sie die Liebste. Das kann etwas wackelig sein. Wer es lieber fixiert mag, für den gibt es den guten alten Umschnall-Dildo mit Gürtel. Damit kann man selbstverständlich als Frau auch einen Mann penetrieren. Viele Männer mögen das, rücken aber ungern mit der Sprache raus, weil sie fürchten, damit in den Verdacht zu geraten, dass sie schwul wären. Redet einfach miteinander. Wir Menschen haben erogene Zonen überall am Körper, und die Zone rund um die Prostata teilen sich angeblich über 70 Prozent der Männer jeder sexuellen Orientierung. Erogene Zonen sagen nichts darüber aus, wen wir lieben.

Penisringe: Auch Cockring genannt. Gibt es aus Metall und Silikon in allen möglichen Größen. Man kann sie über den Penis ziehen oder auch die Hoden mit in den Ring bringen. Das funktioniert aber nur, wenn der Penis noch nicht komplett steif ist. Durch den Ring soll er länger können. Teils gibt es Penisringe mit Vibration, die den Partner oder die Partnerin zusätzlich stimulieren.

Vibrierende Unterhosen, Einlege-Vibratoren: Was es alles gibt, oder? Wer also im Meeting mit dem Vorstand möglichst unauffällig kommen möchte – dies ist die Lösung. Lustiger Paar-Gimmick: Meist lassen sich diese Art von Toys zusätzlich per App steuern, sodass der eine den anderen per App aus der Ferne schon mal heißmachen kann, ohne ihn überhaupt zu berühren. Eventuell nicht ganz so witzig im Vorstellungs-gespräch, bei 200 Stundenkilometern auf der Autobahn oder beim Zahnarzt.

Vesna (51) aus Bochum: Ihr Lieben, danke für eure Sextoy-Tests. Ich habe viel gelacht und viel gelernt. Mein Partner und ich werden das jetzt auch mal durchprobieren. Wir kennen und lieben uns seit zwölf Jahren, aber unser Sexualleben war nicht immer leicht. Dadurch, dass mein Partner querschnittsgelähmt ist, müssen wir kreativ sein. In der Öffentlichkeit wird ja gerne so getan, als hätten Menschen im Rollstuhl und ihre Partner keinen Sex oder könnten keinen mehr haben, das stimmt natürlich nicht und ärgert uns immer sehr! Wir haben sehr schönen und sehr befriedigenden Sex! Und wenn diese Woche hoffentlich noch unsere Bestellung ankommt, dann nehmen wir unseren neuen Freund (in der wunderschönen Farbe Purple) mit in unsere große Dusche. Er ist nämlich wasserfest, und mein Mann und ich hatten, obwohl wir ja nicht mehr ganz jung sind, noch nie Sex

in der Dusche! Das wird aufregend. Danke für die Inspiration.
Ich werde euch berichten.

YVONNE: Sehr gerne. Uns erreichen so unendlich
viele Mails zu Sexspielzeug. Man sieht, das ist bei
Singles und Paaren ein riesengroßes Thema und längst
nichts mehr, wofür man sich schämen müsste.

NICOLE: Das nicht, aber wenn meine Schwiegermutter in meiner Küchenschublade einen Penisring
finden würde, das wäre mir schon unangenehm.

YVONNE: Dann tust du so, als wäre es ein Serviettenring ...

NICOLE: ... der vibriert? Nein, also, man muss sich
nicht schämen, solche Toys zu nutzen, das machen,
wie wir gelernt haben, mittlerweile mehr als die
Hälfte der Deutschen, aber ich persönlich finde, man
kann das alles dorthin räumen, wo es nicht jeder
sofort sieht. Sonst geht es einem wie Susanne.

Susanne (46) aus Potsdam: Ich hätte da noch eine Geschichte
beizutragen zu euren Sextoy-Tests: Schön, wenn man etwas
gefunden hat, das man gut in sein Liebesleben einbauen kann,
aber man muss auch immer auf dem Schirm haben, wo man
diese Spielzeuge hinlegt. Habt ihr es schon mal mit Eiswürfeln
getan? Das ist sehr schön, kann ich nur empfehlen. Mein Mann
bindet mich am Bettpfosten fest und lässt Eiswürfel über meinen
Körper gleiten. Das ist schlimm und schön zugleich. Ich habe
gemerkt, dass ich diesen Gegensatz »warme Haut und kaltes Eis«
toll finde. Mein Mann legt deshalb gerne mal einen Dildo in den

*Kühlschrank und überrascht mich damit, wenn ich mit verbunde-
nen Augen gefesselt im Bett liege. So ein kühles Ding, das in dich
eindringt, ist spektakulär. Aber das wollte ich eigentlich gar nicht
erzählen. Sondern dass wir neulich ein paar meiner Arbeitskol-
legen zu Gast hatten. Es war ein langer, feuchtfröhlicher Abend,
an dessen Ende wir nicht mehr so ganz die perfekten Gastgeber
waren, sodass sich unsere Gäste selber am Kühlschrank bedient
haben. Erst durch ihr Kichern in der Küche bin ich aufmerksam
geworden. Mein Mann und ich haben uns gleichzeitig wie vom
Donner gerührt angeschaut: Der Dildo im Kühli – den hatten
wir vergessen wegzuräumen und einfach den Weißwein dazu-
gepackt! O Gott, wie peinlich! Ich bin dann in die Küche und
habe möglichst cool gesagt: Ach, meinen neuen Bekannten habt
ihr auch schon kennengelernt?! Alle haben das dann sehr lustig
aufgenommen. Ich bin froh, dass wir vorher ausreichend Alkohol getrunken hatten, trotzdem denke ich, ist der Vorfall das
Gespräch in der Firma und wird es noch lange sein!*

YVONNE: Tja, meine Liebe, da wäre eine
Gurke echt unauffälliger gewesen!

NICOLE: Ich liebe geeiste Gurkensuppe!

YVONNE: Hier geht's aber um geeisten Gurkenpenis!

NICOLE: Und damit sind wir wieder bei den Mails aus
dem Anfang des Kapitels. Erinnerst du dich an den
Arzt, der jedes Wochenende in der Notaufnahme alles
Mögliche aus den Popos seiner Patienten herausholt? Ich
weiß nicht, ob Naturspielzeug wirklich die Lösung ist!

NATURSPIELZEUG: GURKE, MAISKOLBEN, STAUBSAUGER, WEINFLASCHENHALS

NICOLE: Na los, sag die schlimme Wahrheit!

> **YVONNE:** Nein, nein, nein. Ich habe keinen Bock, hier die Spaßbremse zu sein. Soll doch jeder vögeln, womit er Lust hat.

Die schlimme Wahrheit ist, es ist keine gute Idee, Sex mit Dingen aus seinem Kühlschrank zu haben! Obst und Gemüse sind oft mit Pestiziden behandelt. Diese lassen sich nicht restlos abwaschen. In der Scheide oder im Anus können sie Infektionen verursachen. Bio-Produkte sind leider keine Lösung, denn auch wenn diese nicht gespritzt sind, so können sie trotzdem Bakterien auf der Schale haben, die in unserem Körper nichts verloren haben. Wer zum Gemüse ein Kondom benutzt, ist da eher auf der sicheren Seite.

Tamara (19) aus Köln: Ich weiß nicht, warum das so ist, aber manchmal werde ich plötzlich so krass erregt, dass ich unbedingt etwas in mir spüren will. Ich besitze keinen Vibrator oder so, habe zwar einen Freund, aber der ist manchmal in den entscheidenden Momenten nicht da. Ich besorge es mir dann selbst zum Beispiel mit Zucchini oder Gurke, aber ich nutze natürlich ein Kondom. Bisher habe ich dieses Gemüse danach immer verarbeitet und gegessen. Jetzt meinte mein Freund, dass das ja wohl total widerlich ist. Findet ihr das auch? Ich bin eigentlich gegen Verschwendung von Lebensmitteln und würde es komisch finden, eine voll intakte frische Gurke wegzuschmeißen!

YVONNE: Findet er seinen Penis auch voll widerlich, wenn er in dir war?

NICOLE: Aber das ist doch ein berechtigter Einwand. Wenn du mir sagen würdest, dass du die Aubergine, die du für ein Abendessen mit mir verarbeitet hast, vorher im Popo hattest, würde ich vielleicht auch lieber Diät halten!

YVONNE: Erstens war die Gurke nicht in ihrem Popo, sondern in ihrer sauberen Muschi, und zweitens nutzt sie ein Kondom. Ich würde sagen, das ist nicht widerlich, allerdings würde ich es vielleicht trotzdem nicht jedem auf die Nase binden.

Plötzliche Geilheit ist das, was wir aus unserer »Ladylike«-Community immer wieder als Grund dafür genannt bekommen, dass Menschen es mit Gemüse treiben. Aber auch mit anderen Dingen, die gerade greifbar sind, Bürstengriffe, Nudelhölzer, Kerzenständer, Hämmer, Schraubenzieher. Ist ja auch nicht schlimm, wenn man darauf achtet, sich nicht zu verletzen, sich nichts ohne Kondom einzuführen und die Dinge fest in der Hand zu halten. Das gilt ebenso für Spielchen mit der oder dem Liebsten. Führt euch Dinge ein, wenn ihr Spaß daran habt, aber achtet auch in der größten Erregung darauf, dass ihr buchstäblich alles im Griff habt. Die Muskulatur in Analkanal und Scheide kann dafür sorgen, dass Gegenstände sich bewegen, und zwar in Richtung Inneres. Dann kann es schnell unangenehm werden.

Hannes (31) aus Hürth: Ihr lacht, aber es ist echt knüppelhart, wenn man erst mal in der Anmeldung der Notaufnahme gelan-

*det ist und gestehen muss, dass etwas in einem steckt, was da
nicht hingehört. Ich habe eure Folge über schiefgelaufenen Sex
mit Gegenständen gehört, und ja, ich gebe zu, das klingt alles
sehr lustig, und man denkt immer: Was sind das für Trottel,
denen das passiert ... bis es bei einem selbst der Fall ist. Mein
Freund und ich haben ein bisschen gespielt, und er hat mir eine
kleine Stumpenkerze eingeführt. Mit Kondom und nicht brennend, falls das jemanden interessiert. Die Kerze war drin, und
er hat das Kondom am Ende festgehalten und noch etwas mit
dem Finger hinterhergedrückt, ist aber abgerutscht. Wir haben
dann länger versucht, alles zurückzuholen, haben aber das Kondom nicht mehr zu fassen gekriegt, und ehrlich, dann ist einem
gar nicht mehr zum Lachen zumute. Als mir klar wurde, das
schaffen wir nicht, habe ich erst mal geheult und ihn danach
angeschrien, bis ich heiser war! Aber es half nix. Wir haben dann
im Krankenhaus angerufen, und die haben gesagt, ich soll mich
ins Taxi setzen und sofort kommen. Das war ganz schrecklich.
Auch psychisch ist das schlimm, wenn du nicht genau weißt, wo
ist das Ding gerade, und kann es mich irgendwie verletzen, oder
werden die mich gleich aufschneiden. Ich habe dort notgedrun-
gen erzählt, was los ist, habe aber gesagt, wir hätten rumgeal-
bert, und ich sei unglücklich auf die Kerze gefallen. Der Arzt hat
keine Miene verzogen, die Schwester, die dabei war, auch nicht.
Er meinte bloß, dass ich ja Glück gehabt hätte, nur auf die Kerze
und nicht auf den Kopf gefallen zu sein, und es wäre noch viel
schlimmer gewesen, wenn ich so unglücklich wie der Patient vor
ein paar Stunden auf eine offene Flasche gefallen wäre oder wie
die Frau, die in der Küche ausgerutscht und dabei unglücklich
auf eine in ein Kondom eingepackte Hartwurst gefallen sei. Der
Arzt hatte also sämtliche Ausreden schon gehört, und ich kam
mir noch viel schlimmer vor als vor meiner saublöden Geschichte.*

*Wir haben uns dann angeschwiegen, während er und seine Gehil-
fin mit einem Analspreizer, einer Klemme oder Zange und den
Fingern alles wieder zurückgeholt haben. Ich denke, ich werde in
meinem Leben keinen schmerzhafteren und gleichzeitig peinli-
cheren Moment erleben. Mein Freund und ich haben uns darauf
geeinigt, nur noch mit Dingen zu spielen, die einen Griff haben
oder festgewachsen sind wie Finger oder Schwänze!*

YVONNE: Ich sage nix, und ich verziehe auch keine Miene!

NICOLE: Doch, dein Mundwinkel hat gezuckt!

Sex ist *das* zentrale Thema in unserem Podcast, und es gäbe
noch einiges zu erzählen. Aber im Grunde läuft alles, was wir
hören, und alles, was wir dazu sagen, auf eines hinaus: Sex
treibt die meisten Menschen um. Weil sie keinen, zu wenig,
zu viel, zu außergewöhnlichen Sex haben. Sex kann Antrieb
sein und gleichzeitig Hemmschuh. Er kann bestärken, aber
auch verunsichern. Was Sex für jeden Einzelnen ist, liegt in
seiner Hand. Je höher die Erwartungshaltung und der Druck,
desto schlechter ist am Ende oft das Ergebnis. Sex ist keine
Performance, man muss nichts beweisen, man muss noch
nicht einmal Sex haben. Aber wenn man ihn hat, dann sollte er
ganz simpel die Beteiligten zufrieden machen. Wir ermutigen
unsere Hörer, nicht immer nach »Verbesserung« zu streben,
sondern eher in sich hineinzuhören und dann das zu tun, was
sie im Bett glücklich macht. Und wenn das die Missionarsstellung ist oder Sex mit Toys oder nur mit sich selbst, mit Gum-
mimaske oder auch mal ein paar Wochen gar nicht, ist das
auch okay. Alles, was ein gutes Gefühl bei beiden (oder allen
Beteiligten) hinterlässt, ist erlaubt.

Gelassenheit, Gespräche und Offenheit, auch mit sich selbst, sind der Schlüssel dazu, mit sich und seinem Sex im Reinen zu sein.

Kleine Einschränkung: Lebt alles aus, wenn es niemanden verletzt, aber kommt mit sehr außergewöhnlichen Vorlieben vielleicht nicht beim ersten Date um die Ecke.

2. KAPITEL

Dates

Carina (32) aus Köln: Ich date seit vielen Jahren ausschließlich digital, halte das aber vor den meisten meiner Freunde und Kollegen geheim. Sogar meiner Mutter habe ich das nicht erzählt. Warum? Weil die Reaktion immer ähnlich ist. Mitleidige Blicke so nach dem Motto: »Findest du im echten Leben keinen? Die Typen sehen doch eh nie so aus wie in ihrem Profil«, oder entsetzte Blicke, verbunden mit der Frage: »Ist das nicht total gefährlich? Da trifft man doch nur Psychos!« Und zu guter Letzt: »Tinder-Dates sind nichts, was man ernst nehmen kann, da geht es doch sowieso nur um schnellen Sex.« Mich ärgert das total, und ich habe keine Lust, so bewertet oder abgewertet zu werden. Darum tue ich so, als hätte ich meine Dates analog kennengelernt, und erfinde Geschichten, wie dass er mich auf dem Bahnsteig angesprochen hat. Ich finde, das Image von Onlinedating müsste heutzutage längst besser sein, findet ihr nicht auch?

ANALOG VS. DIGITAL

Vorweg: Das, was Carina da beschreibt, ist ein Phänomen dieser Zeit. Viele daten online, und nur wenige stehen dazu. Nach unserer Erfahrung sprechen vor allem Frauen ungern darüber. Dabei ist Onlinedating im Grunde ein alter Hut. Das weltweit erste echte Dating-Portal namens Match.com ging 1995 an den Start und ist übrigens immer noch aktiv. Im Laufe der Jahre sind etliche dazugekommen. Solche, die kostenpflichtig sind, und solche, auf denen man kostenlos nach perfekten Matches suchen kann. Dass es immer mehr solcher Plattformen gibt, lässt sich nur damit erklären, dass Onlinedating tatsächlich kein zeitlich begrenzter Trend ist, sondern längst eine Bewegung, eine feste Größe im Alltag von Millionen auch deutscher Singles. So kam in anonymen Umfragen verschiedener Meinungsforschungsinstitute, die durch das Onlineportal Statista ausgewertet wurden, heraus: Fast die Hälfte der deutschen Internetnutzer in der Altersgruppe der 16- bis 29-Jährigen hatte schon mal ein Onlinedate. Bei deren Großeltern sind es immerhin noch elf Prozent.

Zahlen, die man nicht wegdiskutieren kann. Woher kommen also dennoch diese hartnäckigen Vorurteile?

Onlinedating ist ein riesiges Thema in unserer Community. Also gehen wir das doch mal Schritt für Schritt durch.

These 1: Onlinedating ist gefährlich!
Sicher ist bei vielen die Sorge berechtigt, der Freund oder die Freundin könnte sich in Gefahr begeben, wenn sie total unbekannte Menschen trifft, mit denen sie vorab nur wenige Zeilen ausgetauscht hat. Diese Sorge wird auch genährt durch entsprechende Meldungen über Frauen, denen bei Treffen mit

Menschen aus dem Internet Gewalt angetan wurde. »Es gibt definitiv registrierte Sexualstraftäter auf unseren kostenlosen Portalen«, sagte ein Sprecher des Tinder-Mutterkonzerns Match-Group 2019 gegenüber dem Newsportal Buzzfeed. Bei Millionen Nutzern auf unterschiedlichen Portalen weltweit sind das jedoch nur wenige Fälle. Also kein Grund, für immer auf Onlinedating zu verzichten – aber auch keiner, Fremden gegenüber unvorsichtig zu werden. Bei analogen Dates ist für den Anfang ebenfalls Vorsicht geboten.

NICOLE: Ich finde, für den Anfang sollte man versuchen, sich in der Öffentlichkeit zu treffen – so lange, bis Mann oder Frau ein gutes Bauchgefühl hat und mindestens eine vertraute Person weiß, mit wem man sich verabredet hat. Seien wir ehrlich: Auch wer analog in der Bar »aufgerissen« wird, tut gut daran, nicht direkt (womöglich noch angezwitschert) mit demjenigen nach Hause zu gehen, sondern ein Date für den nächsten Tag zu verabreden.

YVONNE: Und wie wir alle wissen, hat das bei dir ja immer unglaublich gut funktioniert!

NICOLE: Habe ich nicht behauptet, darum kann ich ja mit all der Weisheit, die ich mir durch krasse Dummheiten zugelegt habe, sagen: Klar, Alkohol, Lust und Laune sorgen dafür, dass jeder und jede mal alle Vorsicht fahren lässt. Aber erstens wäre es anders besser, und zweitens hilft vielleicht auch am Abend schon der kurze Gedanke an den nächsten Morgen. Das verkaterte Aufwachen neben einem Fremden und die Heimfahrt in den Partyklamotten vom Abend zuvor kann man nicht gerade

glamourös nennen. Wir nannten das früher in Anleh-
nung an den berühmten »Walk of Fame« in Hollywood
gerne den »Walk of Shame«, den Gang der Schande.

YVONNE: Und wir sagten dazu: »O Gott, hoffentlich sind die Nachbarn schon auf Arbeit!«

Tja, so was passiert! Und zu dem Thema »Sex mit Fremden«
gibt es einiges zu erzählen. Aus unserer Community haben
wir dazu etliche teils sehr erotische, teils peinliche und teils
unfassbar lustige Geschichten gehört, über die wir später im
Buch berichten. Aber generell raten wir dazu, ein paar Tipps
beim Online- und Analogdating zu beherzigen. Die oberste
Regel lautet: Sieh zu, dass du dich so lange im öffentlichen
Raum triffst, bis du dich absolut sicher fühlst! Achte auf dich
und dein Bauchgefühl!

Außerdem gibt es ein paar ganz gute Tipps für das Onlinedating, die helfen, dass es überhaupt zum Date kommt:

1. Gib dir einen guten Namen! Nichts Verrücktes wie »Elefan-
   tenmädchen 66« zum Beispiel, denn wer trifft schon gerne
   jemanden, von dem man nicht genau weiß, ob er wahnsinnig ist. Viele nutzen eine Kombination aus Vornamen und
   Alter. Keine gute Idee, denn davon gibt es viel zu viele. Sei
   lieber kreativ und bringe erste Infos über dich selbst in deinem Nickname unter: »Mädchen aus Ostberlin«, »Motor-
   radfreund«, »Sporty-Spice« sind nicht zu abgenutzt und
   klingen freundlich und offen.
2. Wenn du jeden Text an Interessierte mit Smileys und anderen lustigen Emojis versiehst, wirkst du schnell etwas kin-

disch. Willst du ernst genommen werden, dann geh sparsam damit um.

3. Sei in deinem Profil so ehrlich, wie es geht, aber mach dich nicht kleiner, als du bist. Weil du es nur einmal pro Woche ins Fitnessstudio schaffst, bist du noch lange kein »Sportmuffel«, und jemand mit Kleidergröße 40 ist nicht »stabil«, sondern hat eine gute Figur.

4. Achtung vor falschen Assoziationen: Du bist »gesellig und lernst gerne neue Leute kennen«? Das könnte auch heißen, dass du regelmäßig mit deinen Kegelschwestern versackst und danach bei Fremden im Bett landest. Du suchst nach einer Frau, mit der du auch mal »gemütlich auf der Couch sitzen und ein Glas Wein trinken« kannst? Das kennen viele Frauen schon: Männer haben oft Probleme, aus eigenem Antrieb nach schönen Veranstaltungen Ausschau zu halten, sitzen gerne auf der Couch und lassen sich von der Liebsten Kaltgetränke reichen. Das klingt uninspiriert und leider auch etwas langweilig.

5. Achte auf die Uhrzeit deiner Anfragen auf anderen Profilen: Drei Uhr nachts klingt nach »Einsamkeitsanflug im Vollrausch«, und elf Uhr vormittags klingt nach »wurde vom Chef auf unbestimmte Zeit freigestellt«. Alles zwischen 17 und 23 Uhr ist perfekt.

6. Und wenn es dann zum Date kommt: Tritt abends lieber etwas auf die Spaßbremse, um dafür ein paar Tage später vielleicht ein richtig schönes Date mit gutem Bauchgefühl in sicherer Umgebung zu erleben.

YVONNE: Also bei Dates zwischen Männern und Frauen mag das mit der Sicherheit sehr wichtig sein. Ich habe in meinem Leben zu 98 Prozent Frauen gedatet. Und unter

Frauen geht es bei den Dates eigentlich weniger um die Sicherheit als darum, dass es ungewollt peinlich wird.

NICOLE: Ach sieh mal einer an – erzählst du uns jetzt von deinem »Walk of Shame«?

YVONNE: Lieber nicht. Wobei, ich weiß noch sehr genau, wie ich einmal morgens neben einer sehr hübschen Frau aufgewacht bin und mich an nichts erinnern konnte. An gar nichts. Offenbar waren wir uns nähergekommen, denn wir waren ziemlich nackt. Aber mehr Infos hatte ich nicht. Ich hab dann eine Weile neben ihr gelegen, und während sie noch schlief, hab ich versucht zu rekonstruieren, was passiert war. Und irgendwann war ich mir sicher, sie gehörte zu einer Gruppe Mädels, die abends in der Bar, in der ich arbeitete, gefeiert hatten. Nachdem wir zugemacht hatten, waren drei von ihnen geblieben. Bei abgeschlossener Vordertür und heruntergelassenen Rollos hatten wir noch ein bisschen getrunken und getanzt. Daran konnte ich mich zwar nicht mehr genau erinnern, aber das war eigentlich Standard, und oft waren wir dann auch nackt. Ja, Nicole, ich weiß, unvorstellbar für dich, aber wir fanden das damals gut, und es war nebenbei auch ganz schön erotisch!

NICOLE: Kann ich mir vorstellen: eine Gruppe nackter, betrunkener Mädchen, die auf den Tischen tanzt! Und ist dabei schon was zwischen euch passiert?

YVONNE: Keine Ahnung. Vielleicht. Auf jeden Fall hatte ich sie ganz offensichtlich mit nach

Hause genommen. Jedenfalls fiel mir dann noch
ein, dass sie Saskia hieß. Ich hab sie mit einem
zärtlichen »Hey, Saskia, wach auf« geweckt.

NICOLE: Und dann?

YVONNE: Ist sie aufgestanden und abgehauen.

NICOLE: Warum? Weil es ihr so peinlich
war, mit dir in der Kiste gelandet zu sein?

YVONNE: Nein. Weil sie Janine hieß! Aber sie sah
aus wie eine Saskia! Na ja, sie hat sich leider nie
mehr gemeldet. Ihre Freundinnen kamen noch
manchmal in die Bar, aber es gab keine Nackt-
tänze mehr. Jedenfalls nicht mit dieser Truppe.

Weitaus häufiger als zu Übergriffen kommt es beim Daten zu
peinlichen oder unangenehmen Momenten. Machen wir mal
einen Haken an alkoholisierte Nächte mit Zufallsdates und
wenden uns wieder den Onlinedates zu. Peinlich und unangenehm wird es auch dann, wenn das Date überhaupt nicht den
Erwartungen entspricht. Das passiert, wenn man das Gegenüber einfach falsch einschätzt. Klar, es ist eben nicht so leicht,
seine Persönlichkeit und all seine Wünsche und Hoffnungen
bezüglich dieses Dates in ein paar geschriebene Nachrichten
zu quetschen. Peinlichkeiten entstehen aus Versehen, weil es
Missverständnisse gab, aber sehr häufig entpuppt sich ein
Onlinedate auch als totaler Fehlschlag, weil das Gegenüber
bewusst unehrlich war.

These 2: Beim Onlinedating schummeln alle!
Schauen wir zunächst mal auf die Äußerlichkeiten. Ein weites
Feld für Notlügen aller Art.
Jessica (41) aus Berlin schreibt uns:

Ich date online, weil es für mich einfacher ist. Ich gehe nicht
oft aus, denn ich bin alleinerziehende Mutter eines Sechsjähri-
gen, für den ich jedes Mal einen Babysitter finden muss, bevor
ich mit Freundinnen um die Häuser ziehe. Daher schaue ich
online, überlege mir sehr gut, wen ich treffen will, und plane
die Dates länger im Voraus. Es ist aufregend, denjenigen, mit
dem man schon eine Weile getextet hat, dann auch zu treffen.
Leider muss ich euch sagen, dass bisher etwa 70 Prozent meiner
Dates nicht meinen Erwartungen entsprochen haben. Und das
lag nicht nur daran, dass ich vielleicht etwas wählerisch bin,
sondern auch daran, dass die Männer oft uralte Fotos benutzt
haben und mittlerweile aus dem knackigen Lockenschopf ein
bierbäuchiger Herr mit Geheimratsecken geworden war. Oder
aber sie gaben an, Schreiner, Elektriker oder sonst was zu sein,
vergaßen aber zu erwähnen, dass sie seit 20 Jahren langzeit-
arbeitslos sind! Ein Mann zum Beispiel hatte mir vor unserem
ersten Treffen geschrieben, dass er schon lange Single sei. Im
Café erklärte er mir dann, dass er vor zwei Monaten zum drit-
ten Mal geschieden wurde und mit jeder der Frauen Kinder hat.
Sorry, ich versuche, echt offen zu sein, aber das war dann immer
etwas zu heftig für mich. Ich date trotzdem weiter online, weil
es, wie gesagt, praktisch ist und weil ich so viel öfter jemanden
kennenlerne, als wenn ich ausgehe.

Definitiv ein wichtiger Punkt: Die Auswahl beim Onlinedating
ist größer als im Café oder im Club. Und die Hürden für einen

ersten Flirt scheinen online zunächst niedriger. Ein paar
unverbindliche Worte sind mal eben kurz geschrieben, und
wenn es schiefgeht, sieht man den anderen ja sowieso nie wieder. Mal ganz davon abgesehen, dass es viel wahrscheinlicher
ist, im großen World Wide Web jemanden zu finden als bei
der doch eher begrenzten Auswahl im Laden um die Ecke. Der
Faktor, der beide Datingarten unterscheidet, ist der berühmte
»erste Moment«. Während wir in der realen Welt innerhalb
von Sekunden abchecken, ob wir das Gegenüber mögen oder
nicht, lassen wir uns in der digitalen Welt vom ersten Eindruck
eines oft geschönten Fotos täuschen. In der realen Welt hören
wir den Klang der Stimme, riechen den Geruch der Haut. Wir
können über unsere Sinne schneller eine Verbindung herstellen als digital über geschriebene Worte, und wir sehen gleich,
wenn er oder sie den Bauch einzieht!

Ohne dass wir all unsere Sinne einsetzen können, treffen wir
Menschen eben manchmal Fehlentscheidungen. Nicht zuletzt
deshalb erscheint uns in der digitalen Welt erst einmal vieles
besser, als es in Wahrheit tatsächlich ist. Das kennt jeder, der
sich in einem Onlineshop schon mal ein T-Shirt für 3,95 Euro bestellt hat, das auf den Fotos großartig aussah und in der Realität
grade noch zum Putzlappen taugte. Klar ist es gemein, ein Date
mit einem T-Shirt-Kauf zu vergleichen, aber leider gilt auch hier
wie beim Dating: Live sehen, riechen, berühren, spüren, hören,
etwas oder jemanden mit den Sinnen erfassen, sagt uns Menschen immer noch mehr als geschriebene Worte und Fotos.

YVONNE: Geruch ist für mich ein wirklich wichtiges
Thema. Ich würde meine Freundin aus Tausenden heraus-
riechen. Ich liebe ihren Geruch, und genauso kann es sein,
dass ich Menschen überhaupt nicht gut riechen kann.

NICOLE: Geht mir genauso. Ich finde, dass Männer immer dann ganz toll riechen, wenn sie ein sehr männliches Parfüm benutzen. Darauf stehe ich total. Auf der anderen Seite erzählen uns ja auch immer wieder Männer, dass sie es mögen, wenn Frauen ganz pur riechen und nicht unbedingt frisch gewaschen und parfümiert.

YVONNE: Ihr Heteros seid komische Tiere! Wir homosexuellen Frauen machen uns für unsere Dates zurecht und wollen unser Bestes geben, und ihr punktet mit einer leichten Schweißfahne, oder was?

NICOLE: Ich mache mich auch für Dates zurecht und gehe *immer* duschen. Ich war genauso irritiert davon, dass Männern das offenbar total wurscht ist, welche Geruchsfahne man hinter sich herzieht. Oder dass sie es auch gerne mal animalisch haben. Sehen wir es so: Das ist eine gute Nachricht für alle Ladys, die auf dem Markt auf der Suche sind – ihr müsst es nicht übertreiben, Männer verzeihen vieles!

YVONNE: Aber es gibt auch Männer, die genauso empfindliche Näschen haben wie wir. Der Beweis kam per Mail aus unserer Community von Gregor. Seinen Wohnort und sein Alter hat er uns leider nicht verraten:

Es war einer meiner größten Fehler, mit einer Frau aus meinem Bekanntenkreis zu schlafen, die ich vorher schon nicht riechen mochte. Ich weiß, das klingt sehr gemein, aber ich kann es erklären. Sie ist eine sehr Nette, und wir kennen uns seit vielen Jahren, allerdings war mir an ihr immer wieder eine Sache aufgefallen: Ihre Haut hatte so einen merkwürdigen säuerlichen

Geruch. Erst dachte ich, das sei irgendein Duschzeug, aber im Laufe der Zeit wurde mir klar, dass das wohl ihr eigener Geruch sein muss. Ich habe das in der Folge zwar immer wieder wahrgenommen, bei Begrüßungen und Verabschiedungen oder wenn sie beim Grillabend direkt neben mir saß, aber sonst irgendwie nicht weiter darüber nachgedacht. In Feierlaune hatten wir früher schon ab und zu geflirtet, ohne dass da etwas passiert war. Zu Karneval vor drei Jahren allerdings war das anders. Und ich kann mir heute gar nicht mehr genau erklären, warum. Wir hatten einen Tisch für 20 Personen bei einer Veranstaltung, und am Ende des Abends waren dann nur sie und ich übrig. Ich erinnere mich noch, dass ich bei unserem letzten Tanz wieder diesen Geruch in der Nase hatte. Trotzdem habe ich sie gefragt, ob sie mit mir nach Hause kommen will. Dort sind wir schon im Flur übereinander hergefallen, waren schnell nackt und ich in ihr. Sie saß auf mir, und das sah echt gut aus, aber als ich dann ihre Brüste geküsst habe, war dieser Geruch so übermächtig, vielleicht auch, weil sie etwas verschwitzt war. Das war leider total abturnend. Ich konnte mich, vielleicht auch wegen des Alkohols, aber auch wegen dieses heftigen Geruchs gar nicht mehr konzentrieren. Wir haben das dann abgebrochen und nie wieder einen neuen Versuch unternommen. Wir sind immer noch im gleichen Freundeskreis, und ich denke, sie geht davon aus, dass ich im Bett einfach ein Schlaffi bin. Ich habe meine Lehre daraus gezogen: Wenn ich jemanden geil finde, dann finde ich auch seinen Geruch geil, und zwar überall am Körper. Wenn ich den Geruch schon nicht mag, starte ich gar nicht erst eine Flirtoffensive.

Ein reales Date, und trotzdem ist es schiefgelaufen, weil Gregor seinen Sinnen nicht vertraut und nicht auf sein Bauchgefühl gehört hat. All unsere Sinne sind ein wichtiger Hilfsfaktor bei Dates, und die können wir eben erst dann einsetzen, wenn wir einem leibhaftigen Menschen gegenüberstehen. Wenn nicht, sind wir auf das angewiesen, was der andere über sich in Worte fasst oder uns als Bild zur Verfügung stellt. Und da geht es eben vielen so wie Anja (41), sie hat das sehr schön beschrieben:

Ich stehe, wie Yvonne, auf Frauen und hatte eine so schöne Frau online kennengelernt. Ihr könnt euch gar nicht vorstellen, wie heiß sie aussah. Kindergärtnerin aus Hamburg, grüne Augen, dunkelblonde Locken, Hammerfigur ... Auch wenn das jetzt vielleicht lächerlich klingt, ich habe mich vor diesem Date gefühlt wie als kleines Mädchen in der Woche vor Weihnachten. Ich habe kaum geschlafen, kaum gegessen und war wahnsinnig nervös. Die ganze Zeit habe ich mich gefragt, ob sie wohl so süß, nett und lustig ist, wie ich es mir vorstelle, und natürlich habe ich mich auch gefragt, wie sie mich findet. Ich hatte gleich zu Beginn ein ziemlich ehrliches Foto von mir geschickt, und sie reagierte darauf total positiv. Dazu muss ich sagen, ich bin nicht superdünn, eher so eine Kleidergröße 42 mit viel Busen und viel Hintern, stehe aber sehr, sehr auf ganz schlanke Frauen.

Ich also den Zug Richtung Hamburg genommen – dort ein Hotelzimmer gebucht, weil die Rückreise nach Bielefeld mit zwei Stunden abends schwierig ist. Zur Sicherheit hatte ich ein Doppelzimmer gebucht, man weiß ja nie. Im Hotel noch mal die wichtigen Stellen rasiert und parfümiert und dann losgerast in die verabredete Bar. Dort war fast niemand. Zwei Typen und eine sehr stabile kurzhaarige Dame, die gerade den Filter ihrer Zigarette aufrauchte und mir – leider – plötzlich zuwinkte. So viel zu den Möglichkeiten der digitalen Bildbearbeitung. Ich hätte sie nach den Fotos niemals erkannt. Keine langen Locken, keine Hammerfigur und der Look eher wie ein norwegischer Holzfäller. Ich musste mich ziemlich zusammenreißen, mir das nicht anmerken zu lassen. Als klar war, das ist kein Versehen, das ist mein Date, bin ich hin, hab sie umarmt und möglichst freundlich gesagt, dass ich sie kaum erkannt hätte. Das Bild sei wohl schon etwas älter, meinte sie. Wir hatten dann einen sehr lustigen Abend mit vielen Bieren und vielen Lachanfällen, aber ins Bett bin ich doch lieber allein gegangen.

Tja, liebe Anja, wir denken, davon können etliche Tinder- & Co.-User ein Lied singen. Aber wenn es dir ein Trost ist: Am Beispiel von Gregor sieht man ja sehr schön, dass auch in der analogen Datingwelt nicht alles so ist, wie es auf den ersten Blick erscheint. Vertraut man auf seine Sinne, ist man da schon etwas weiter als bei der ersten digitalen Annäherung. Aber auch bei einem realen Treffen lässt sich vieles verstecken, was nicht ganz unwichtig ist. Viele Dates verlaufen in der Anfangs-phase ganz gut und erweisen sich erst später, in der Anbah-nungsphase einer Beziehung, als totaler Reinfall. Zum Beispiel, weil er noch bei der Mama wohnt und die keinen Damenbe-such haben möchte oder weil die Gedatete einen Tick hat und nur dann Sex haben kann, wenn im Regal alle Bücher nach Farben sortiert sind oder der Hund nicht zuguckt.

YVONNE: Den Fall hatten wir doch auch neulich im Podcast.

NICOLE: Stimmt, da kam es irgendwann zur Tren-nung, weil er es nicht ertragen konnte, dass ihre Katze und ihr Hund beim Sex zuschauten. Und sie wiederum

konnte es nicht ertragen, die Tiere auszusperren, wenn
es im Bett zur Sache ging, weil die ja sonst, wenn
er nicht da war, auch nicht ausgesperrt wurden.

> **YVONNE:** Kompliziert. Vor allem, weil in diesem Fall die
> Blicke der Tiere den jungen Mann so nervös gemacht
> haben, dass er keinen mehr hochbekommen hat.

NICOLE: Tja, wird halt nicht jeder
gerne beim Sex angestarrt!

> **YVONNE:** Ich hatte mal einen Wellensittich, und
> der hat auch immer ganz irritiert geschaut, wenn ich,
> damals noch in meinem Jugendzimmer, Sex hatte. Ich
> habe mir dann irgendwann angewöhnt, den Käfig
> abzudecken. ich wollte das Tier ja nicht verstören!

NICOLE: Und wir alle können uns vorstellen, wie verstörend du in Ekstase sein musst!

> **YVONNE:** Können wir uns darauf einigen, dass
> meine Ekstase dich gar nix angeht und star-
> rende Tiere am Bett auf jeden Fall zu den Din-
> gen gehören, die eigentlich ganz gut verlaufende
> Dates erheblich ins Kippen bringen können?!

Okay. Eines ist klar: Viele unangenehme, unerwartete, uner-
wünschte Dinge stellt man an Menschen erst dann fest, wenn
man ein bisschen Zeit mit ihnen verbracht hat. Es gibt deshalb
auch Datingreinfälle, die etwas zeitverzögert stattfinden. Damit
kommen wir zu Teil zwei der zweiten These: Beim Onlineda-

ting schummeln alle – nicht nur beim Äußeren, sondern auch bei der Persönlichkeit, sexuellen Vorlieben, versteckten Ticks, Vorstrafenregistern und Heiratswünschen.

Unser Podcast-Hörer Armin (38) hat uns Folgendes beschrieben:

Die Frau war definitiv optisch der Hammer. Eigentlich genau das, was ich gesucht hatte. Bei supervielen Treffen kam gar nicht erst die Frau, die auf den Fotos zu sehen war, sondern ihre Freundin, oder sie war es selbst, aber die Fotos 20 Jahre alt. Ich bin total aufgeschlossen, habe kein festes Bild von meiner Traumfrau. Schönes Gesicht, nett und lustig, mehr brauche ich erst mal nicht. Doch wenn die Dame dann plötzlich 17 Jahre älter ist als vorher angegeben, dann komme ich mir halt verschaukelt vor.

Aber diese Frau, die ich beim letzten Mal gedatet habe, die sah genauso hübsch aus wie auf den Fotos. Wir hatten einen tollen Abend mit gutem Essen und Wein und wollten den Kaffee danach dann noch bei mir trinken. Und ihr glaubt es nicht, ich gehe in die Küche und koche Kaffee, komme zurück ins Wohnzimmer, liegt sie nackt auf der Couch und hat die Hand im Schritt. Ich weiß, was jetzt jeder sagt: Geil – na dann viel Spaß. Aber ich war komplett überrumpelt. Bin ich verkehrt, nur weil ich als Mann etwas mehr Romantik möchte? Bei mir ging danach gar nichts mehr. Ich habe mich nur noch gefragt, wie oft sie die Nummer schon durchgezogen hat. Nach dem Kaffee habe ich sie mehr oder weniger rauskomplimentiert und zum Bus gebracht. Das war vielleicht idiotisch von mir, die Situation nicht auszunutzen, aber auch wenn ich im Prinzip gegen Sex beim ersten Date nichts einzuwenden habe, dann doch nicht so. Ich suche tatsächlich eine Frau, die Lust hat, ihr Leben mit mir

zu teilen, mit mir zu verreisen, was zu erleben, und nicht bloß
auf schnellen Sex aus ist.

Zugegeben, eine Geschichte wie Armins lesen wir oft, allerdings meistens von Frauen, die mal kurz in der Küche oder
im Bad verschwanden und danach den berühmten »nackten
Mann« auf dem Sofa hatten. Und ganz ehrlich: Überrumpeln klappt in den seltensten Fällen. Trotzdem verschwen-
den wir noch einen kurzen Gedanken an die Dame: Auch für
sie war das sicher keine schöne Erfahrung. Man stelle sich
vor, sie zieht die Nummer nicht zum 20. Mal durch, sondern zum allerersten Mal, nimmt all ihren Mut zusammen,
passt den Moment ab, wo er den Kaffee macht, um sich dann
alle Klamotten vom Leib zu reißen, und wird kurz danach
mehr oder weniger rausgeschmissen und zum Bus gebracht –
übel!

Klar sendet man schon mal aus Versehen die falschen Signale, oder der andere versteht einfach keine Signale, aber vieles kann man sich ersparen, indem man vor dem Date Klartext
redet. Indem man einfach klärt: Was willst du, was will ich.
Wenn der andere von so viel Offenheit abgestoßen ist, dann ist
er vielleicht einfach nicht der richtige Mensch. Wir sind überzeugt davon, dass Ehrlichkeit in jeder Beziehung eine sichere
Bank ist, und raten auch unseren Hörern im Podcast immer
wieder dazu, mit offenen Karten zu spielen.

Daher sehr wichtig für alle Dates, ob analog oder digital:
Werde dir darüber klar, was du willst, und sag es laut und
deutlich! Damit kann man schon mal viele Peinlichkeiten ver-
meiden, egal ob man nun auf der Suche nach mehr Romantik
oder tatsächlich wildem Sex ist. Denn auch das ist erlaubt und
kommt übrigens nicht nur bei Männern vor, um direkt mal

dieses Vorurteil aus dem Weg zu räumen. Annegret (58) aus Ravensburg schreibt uns:

Onlinedating ist für mich so etwas wie ein Hobby geworden, was mich sehr glücklich macht. Ich war lange in einer Beziehung, die vor zwölf Jahren scheiterte. Danach war ich Single und mehr als unglücklich. Ich bin sehr gesellig und koche gerne, aber eben nicht für mich alleine. Auch das Reisen macht mir persönlich alleine keinen richtigen Spaß. Das klingt jetzt alles sehr nach »Ältere Dame sucht Herrn für Kegelabend«, aber das ist es nicht. Ich suche regelmäßig Männer für bestimmte Augenblicke.

Nachdem es anfangs mit einigen Herren Missverständnisse gab, sage ich jetzt ganz klar, was ich will. Ein sehr netter Witwer zum Beispiel dachte, ich würde den Platz seiner verstorbenen Frau einnehmen. Aber dafür bin ich nun wirklich nicht zu haben. Mittlerweile liebe ich meine Freiheit so sehr, dass ich keine feste Beziehung mehr möchte. Seit diesem Erlebnis sage ich immer gleich, was ich will. Ich treffe Männer zum Beispiel, um mit ihnen auszugehen. Mit manchen entwickelt sich dann auch mehr. Einen Mann, der übrigens fast 20 Jahre jünger ist als ich, treffe ich so etwa einmal im Monat. Wir verstehen uns gut, hatten von Anfang an auch sehr schönen Sex. Im letzten Frühling waren wir sogar eine Woche zusammen im Urlaub, was traumhaft war. Aber eine feste Beziehung möchten wir beide nicht. Er weiß, dass ich andere Männer treffe, und ich weiß, dass er Frauen trifft. Mit einem anderen Herrn gehe ich ein paar Mal im Jahr ins Theater. Anfangs hatten wir auch Sex, aber das hat irgendwann aufgehört. Wir fanden das wohl beide nicht so richtig gut miteinander, aber das Theater verbindet uns, und wir haben immer eine unheimlich schöne Zeit. Es gibt auch einen Mann, der etwas weiter weg wohnt. Wenn er da ist, sind wir eigentlich nur im Bett. Keine Ahnung, wie es dazu kam, aber mittlerweile denken wir gar nicht mehr darüber nach, das Haus zu verlassen.

Ich weiß, das klingt jetzt so, als hätte ich parallel ganz viele Kerle und würde mich durch die Betten bumsen, aber so ist es nicht. Im Grunde habe ich etwa dreimal im Monat Sex, aber eben mit unterschiedlichen Männern, und wenn ich alles zusammennehme, bin ich total erfüllt. In all den Jahren, wo ich unglücklicher Single war, kam mir die Ehe von Bekannten so erfüllt und toll vor. Heute weiß ich, bei vielen läuft im Bett gar nichts mehr, oder der Ehepartner hat ganz andere Interessen, und beim Abendessen wird geschwiegen. Ich gehe mit meiner Geschichte nicht hausieren, weil ich mir vorstellen kann, wie geschockt alle wären, wenn sie davon wüssten, aber ich bin mit dieser Konstellation sehr glücklich und würde mich freuen, wenn ihr sie euren Hörern erzählt, damit vor allem Frauen in meinem Alter auch mal erfahren, dass dann noch nicht alles vorbei sein muss, sondern der aufregende Teil erst noch kommen kann.

Annegret will mit ihrer Geschichte nicht hausieren gehen, weil sie nicht in eine Schublade gesteckt werden möchte und es ihr so geht wie Carina aus Köln zu Beginn des Kapitels: In der Wahrnehmung der Öffentlichkeit sind Onlinedates weiterhin mit zahlreichen Vorurteilen behaftet. Viele Menschen zweifeln an der Ernsthaftigkeit von Onlinedates und werten deshalb Paare, die sich im Internet kennenlernen, unbewusst ab.

These 3: Onlinedates kann man nicht ernst nehmen
Nach unserer Erfahrung durch Berichte unserer Hörer und Hörerinnen nutzen vor allem viele jüngere Menschen im Alter zwischen 18 und 30 aus unserer »Ladylike«-Community

Dating-Plattformen für schnellen Sex, ohne sich dafür nächtelang in Clubs herumtreiben zu müssen. Diese Leute sind gar nicht auf der Suche nach einer Beziehung, einer Ehe, etwas Festem.

> **YVONNE:** Finde ich völlig okay. So sind vor allem die kostenlosen Plattformen ja auch konzipiert: schnelle, unkomplizierte Dates. Nicht vergessen: Sex macht schön und setzt Glückshormone frei!

NICOLE: Vielen Dank, Frau Doktor, wir kennen dein Geheimnis für eine blendende Gesundheit!

Aber kommen wir doch mal zu denen, für die es nicht um Sex geht. Annegret hat das ja auch schon beschrieben. Sie findet online Sexdates, aber auch Theater- und Reisedates. Für ganz viele Menschen zählen andere Dinge als Sex beim Dating: Schöne Momente mit anderen Menschen, Wärme, Nähe, Kontakt, und daraus ergeben sich dann tatsächlich auch mal Beziehungen.

Pawel (24) aus Bonn schreibt:

Ich habe über Grindr definitiv die Liebe meines Lebens gefunden, und das war null geplant. Ich war neu in der Stadt und habe deshalb mal so geschaut, wer in der Nähe ist und vielleicht Lust auf ein Bier und einen F ..., na ihr wisst schon, hat. Mein jetziger Partner war gleich um die Ecke, und was soll ich sagen: Ich habe ihn gesehen, und es hat mich getroffen wie ein Schlag. Natürlich ging es an dem Abend erst mal um Sex, aber mir war von der ersten Sekunde an klar: Den Mann muss ich wiedersehen. Alles an ihm war perfekt: Ich liebe seine Art, wir denken gleich, wir mögen das gleiche Essen, reisen gerne und haben immer noch den besten Sex. Ich weiß, man sagt homosexuellen Männern gerne nach, dass sie nicht treu sein können, und ich habe viele Freunde, die an Treue echt kein Interesse haben. Aber hey, ich habe das Sahnefiletstück im Bett, ich gehe nicht mehr auf die Suche!

> **YVONNE:** Wie romantisch, wenn aus der Suche nach schnellem Sex eine große Liebe wird.

NICOLE: Fast wie bei *Pretty Woman.*

> **YVONNE:** In dem Film geht leider etwas unter, nämlich dass Julia, bevor sie Richard trifft, tatsächlich eine Professionelle war. Ich meine, kann sich irgendjemand vorstellen, wie sie fünf bis zehn Freier am Tag hat? Sie war so ... unschuldig!

NICOLE: Das ist echt sehr Achtzigerjahre – angedeutet, romantisiert, Haken drangemacht. Aber was ist denn jetzt mit der Ernsthaftigkeit von Onlinedates?

Gegenfrage: Hat der Typ, der dir in der Eckkneipe ein Bier ausgibt, automatisch Ehemann-Qualitäten, nur weil er leibhaftig vor dir steht? Wohl eher nicht. Auch er kann sich schneller aus deinem Bett verkrümelt haben, als er am Vorabend noch ein Bier für sich und die »Schönheit hier am Tresen« bestellen konnte.

Nach unserer Erfahrung sind Onlinedates zwar oft unverbindlicher, aber sie sind es gewollt. Für diejenigen, die nach etwas Ernsthaftem suchen, ist das online genauso leicht oder schwer wie analog.

Bleibt noch zu klären, was steckt hinter mitleidigen Blicken von Bekannten und Kollegen? Ganz banal sind das schlicht und ergreifend oft Neid oder Unwissenheit. Neid darauf, dass der andere sich etwas traut, ohne die Angst davor abzublitzen. Allen, die ihre Onlinedates nicht länger verheimlichen wollen, hilft eigentlich nur ein gezielter Gegenangriff: Fragt doch die Kollegen, die beim Stichwort »Tinder« komisch gucken, was sie so am Wochenende getrieben haben. Und bedenkt auch: Jemand, der fast jedes Wochenende zu Hause verbringt, kann sich eben schlecht vorstellen, dass es da draußen auch noch viele andere Welten zu entdecken gibt. Die Angst vor Zurückweisung im Netz mag für einige so real sein wie die Angst vor Zurückweisung in einer analogen Situation. Jahrelang erarbeitete Vorurteile abzubauen, braucht Zeit. Je mehr wir alle über diese Dinge reden, umso normaler werden sie auch. Und das ist es ja, was wir stets predigen: Seid offen und lasst auch die anderen so sein, wie sie möchten. Niemand muss das Gleiche empfinden wie ihr, aber je normaler ihr diese Dinge ansprecht, umso normaler wird mit der Zeit der Umgang damit.

Ach ja, und hört auf euren Bauch. Wenn ihr ein gutes Gefühl mit Onlinedates habt, sollte jeder andere auch damit leben können, ohne euch zu verurteilen.

YVONNE: Dass beim Daten fremder Personen immer etwas schiefgehen kann, haben wir ja schon festgestellt, aber wir sollten hier unbedingt die Geschichte von Karen aus Vechta erzählen.

NICOLE: Karen ist eine tolle Frau, sie hat uns erlaubt, diese Geschichte weiterzugeben, und sagt, dass sie sie selbst gerne auf Partys erzählt. Ein Kracher.

Ich bin auf verschiedenen Portalen im Internet aktiv und habe bisher fast nur gute Erfahrungen gemacht. Nicht, dass jedes Date ein Treffer gewesen wäre. Sehr oft war das überhaupt nicht so, aber in den allermeisten Fällen hat sich doch ein schöner, lustiger oder inspirierender Abend ergeben. Manchmal kam es gar nicht zum Date, aber es ist ja auch schön, wenn abends noch mal eine Nachricht aufploppt. Das ist aufregend. Man freut sich darüber und schreibt hin und her. So ein kleiner Flirt tut der Seele einfach gut. Einmal allerdings ist mir etwas passiert, das habe ich erst mal über ein Jahr lang niemandem erzählt, weil ich mich so geschämt habe. Mittlerweile kann ich darüber lachen und euch deshalb auch daran teilhaben lassen.

Ich habe mich mit einem Mann getroffen, der sich als ziemlich nett herausgestellt hat. Wir waren spazieren, Kaffee trinken, essen, haben viel geschrieben und viel gequatscht. Beim vierten Date habe ich ihn mit nach Hause genommen. Das war eine schöne Nacht. Was mich im Nachhinein echt etwas wundert! Der Mann war sehr vorsichtig und zart, was mir gut gefallen hat. Wir haben in dieser Nacht einmal miteinander geschlafen. Ich hätte noch ein zweites Mal gekonnt, aber er hielt mich im Arm, wir tranken Wein, und irgendwie schien er kein Interesse an mehr Sex für diese Nacht zu haben. Ist ja auch okay und irgendwie süß, dachte ich mir. Er fragte, ob er über Nacht bei mir bleiben dürfe. Auch da hatte ich nichts dagegen. Irgendwie, dachte ich, zeigt es ja auch, dass er mehr will als nur deinen Körper. Eine gemeinsame Nacht ist ja schon sehr intim, dafür, dass ich nicht viel mehr von ihm wusste als seinen Namen und seinen Job. Nicht einmal darüber, wo genau er arbeitete, habe wir gesprochen.

Im Nachhinein wurde mir klar, dass ich fast die ganze Zeit gequatscht hatte und er von mir tausend Dinge wusste und ich von ihm kaum etwas. Na ja, was soll ich euch sagen, ich war trotzdem null misstrauisch und bin in seinen Armen eingeschlafen. Am nächsten Morgen war er weg. Für etwa eine Stunde dachte ich noch ziemlich verzweifelt, dass er nur Brötchen holen gegangen wäre. Ich habe minütlich mein Handy gecheckt. Keine Nachricht, nix. Profil gelöscht. Ich war so enttäuscht und zerstört. Ich habe noch etwa dreißigmal bei ihm angerufen, aber ihn nie erwischt. Den ganzen Tag habe ich gegrübelt, warum er das getan hat. Wenn er nur auf Sex aus war, dann hätte er das ja schließlich die ganze Nacht haben können, aber er war so zurückhaltend, fast abwehrend. Abends sah ich es dann und konnte es nicht fassen. Ich starrte sicher 20 Minuten in meinen Schrank und konnte mir nicht erklären, was ich da sah: Alle meine Slips waren weg, auch von meinen Strümpfen und Strumpfhosen fehlten erhebliche Mengen. Sogar aus meiner Schmutzwäsche waren alle Höschen verschwunden. Falls seine Geschichte stimmt, kommt er aus Bielefeld. Entweder hat der Mann einen florierenden Höschen-Handel betrieben, oder durch Bielefeld rennt ein Typ Mitte vierzig in meinen roten Spitzenhöschen Größe 38!

> **YVONNE:** Hammer! Aber Höschen-Handel ist anscheinend tatsächlich sehr lukrativ. Es gibt mehrere Internetseiten, wo getragene Unterwäsche, Strümpfe und Schuhe verkauft werden.

NICOLE: An uns ist ja auch mal ein Hörer herangetreten, der uns für getragene Schlüpfer 20 Euro das Stück geboten hat! Irgendwie auch verlockend, oder? Kann ja niemand nachvollziehen, ob man die Dinger wirklich anhatte oder ob man einfach einen Zehner-Pack

Billig-Schlüpfer mit ein paar undefinierbaren Flecken versieht und dann für viel Geld verkauft!

YVONNE: Ich denke, das machen auch viele so. Und die Kunden werden ja sicher keine Labortests mit den Buxen durchführen, oder?

NICOLE: Ist aber trotzdem kein Geschäft, mit dem du bei den Schwiegereltern punkten kannst. »Yvonne hat jetzt einen Onlineshop für getragene Höschen!« Was machen die Käufer überhaupt damit?

YVONNE: Na, dran schnuppern und es geil finden! Ich nehme an, auch getragene Schuhe sind erst richtig viel wert, wenn vor dem Verkauf ordentliche Schweißmauken dringesteckt haben.

NICOLE: O Gott, hör auf, mir wird ganz komisch!

Kommen wir mal weg von Schlüpferdieben und schließen den Kreis zur Anfangsthese: Onlinedating ist gefährlich. Nicht wesentlich gefährlicher als analoges Dating, haben wir ja bereits festgestellt. Für alle, die das nicht überzeugt: Den abgefahrensten Tipp zum sicheren Dating hat uns mal ein Berliner Barkeeper gegeben, als wir gerade mit nacktem Popo an seinem Tresen saßen.

Ja, ganz richtig. Wir wollten vor ein paar Jahren für unseren Podcast unbedingt herausfinden, was in einem Swingerclub eigentlich passiert. Wie viel ist Mythos, und was ist wirklich wahr. Also meldeten wir uns an und, typisch Frau, fragten bei der Betreiberin erst einmal, was wir bei unserem allerersten Besuch im Swingerclub anziehen sollten. Die Antwort war: »Entweder zieht ihr euch komplett aus, oder ihr bleibt in Unterwäsche. Wenn ihr sehr prüde seid, dann geht auch ein sexy Minikleid, damit ihr nicht zu sehr auffallt, denn die meisten Gäste sind nackt.« Das war erst mal ein kleiner Schock. Klar, wir zwei haben schon zusammen eine Sendung in der Badewanne gemacht und sogar in der Sauna, da waren wir natürlich auch nackt, aber da waren wir auch allein. Nackt oder in Unterwäsche auf einen Recherche-Termin für den Podcast zu gehen, war definitiv schon eine andere Hausnummer. Insofern verließ uns auch sämtliche Coolness, als wir an einem regnerischen, eiskalten Winterabend vor der Stahltür des Clubs mit dem schönen Namen »Schamlos III« standen. Sollten wir klingeln oder doch lieber das Weite suchen? Während wir noch grübelten, ging ein Fensterchen in der Tür auf, und ein extrem hübscher Surferboy streckte den Kopf raus, sah uns freundlich an und fragte grinsend: »Na, Schiss gekriegt?« Er zeigte uns den Umkleidebereich, überreichte uns ein Schlüsselchen für den Spind, erinnerte uns daran, dass wir auffallen würden, falls wir zu viel anhätten, und dass wir bitte ein Handtuch benutzen sollten, falls wir gedächten, uns nackt auf die Barhocker zu setzen. Damit überließ er uns dem Umkleideraum und der Unsicherheit. Was für ein Glück, dass Handys im Swingerclub verboten sind, so gibt es keinerlei Fotos von unserem Auftritt dort, aber wir sind uns sicher, die Gäste werden uns lange nicht vergessen haben. Die eine in einer Art Ringer-Anzug mit goldenem Gürtel, die andere in Bluse und Overknee-Stiefeln, quasi wie frisch einem Siebzigerjahre-Porno entsprungen, nahmen wir mit nackten Backen auf unseren mitgebrachten Gästehandtüchlein Platz und bestellten eine Cola.

»Hier seht ihr nix«, so der Surferboy. »Ihr müsst ein biss-chen gucken gehen, wir haben coole Räume.« Stimmt! Da war zum Beispiel das Badezimmer, wo sich ein älterer Herr ein Bad einlaufen ließ und währenddessen ein wenig vor sich hin onanierte. Oder das große Kreuz mit den Handschellen, wo man sicher prima stundenlang nackt und gefesselt stehen konnte, während um einen herum alles vögelte, oder die große Spielwiese mit Stellwänden dazwischen, wo man, wie wir spä-ter gezeigt bekamen, durch ausgebohrte Löcher Hände, Arme, Penisse stecken konnte, um eine Person auf der anderen Seite damit glücklich zu machen. Der Ort für Freunde des komplett anonymen Sex also. Zu späterer Stunde gab es sogar ein klei-nes Konzert. Ein Herr mit langen Haaren und kurzem Penis spielte für uns alle Gitarre, hörte aber leider mittendrin auf, um ein Zimmer weiter die Ehefrau eines anderen Herrn sehr lautstark zu vögeln.

Was wir dabei gelernt haben: Als blutiger Anfänger unter den Swingerclub-Freunden kann es einem etwas schwerfallen, sich auf ein Gespräch zu konzentrieren, während einen Raum weiter eine Dame lautstark den dritten Orgasmus hat und der dazugehörige Gatte mit dem Kopf zwischen den Beinen einer anderen steckt und ziemliche Schmatzgeräusche von sich gibt.

Aber dennoch hatte der Barkeeper Interessantes zu erzäh-len, zum Beispiel, dass viele Leute gerne in der Mittagspause vorbeischauen, dass Frauen niemals Eintritt zahlen müssen und dass sich Singles und Paare in etwa die Waage halten. Außerdem, und da kommen wir wieder auf das Dating zurück, hätten immer wieder Frauen im Swingerclub ihr erstes Date. Klar, dass das wohl eher nicht die Sorte Dates ist, wo man sich tief in die Augen schaut, über seine Kindheitsträume spricht und sich fragt, ob man mit dem Gegenüber alt werden will.

Aber wir haben ja auch schon festgestellt: Tinder & Co. sind breit aufgestellt, und der Nutzer entscheidet, was er sucht – die große Liebe oder eine Person für eine oder zwei heiße Nächte. Wenn es also auf Letzteres hinauslaufen soll, dann ist es sicherer in einer öffentlichen Umgebung als allein zu Hause. »Hier passt jeder auf den anderen auf, ich habe alles im Blick, hier passiert nichts, was nicht gewollt ist«, so der Barkeeper. Das war echt wild, was wir da erlebt haben, aber trotzdem war unser Gesamteindruck, dass es im Swingerclub auch sehr gemeinschaftlich zugeht. Als Frau kann man sich dort sicher fühlen, weil jeder auf jeden ein Auge hat. Tatsächlich eine gute Idee für ein erstes Sexdate und ein schöner Insider-Tipp. Man muss sich halt nur trauen!

> **YVONNE:** Jetzt haben wir so viel über Dates gesprochen. Analog vs. digital, darüber, wie man am besten online datet, wie man das in die reale Welt transportiert, was einem dabei alles passieren kann, aber wir haben noch gar nicht über die Date-Vorbereitung gesprochen.

NICOLE: Na ja, ich sag ja, ich gehe immer geduscht und duftig zu Dates und zeige die beste Version von mir.

> **YVONNE:** Und wie hältst du es mit der Glaubensfrage?

NICOLE: Gott?

> **YVONNE:** Quatsch! Ich meine Schamhaar! Trägst du Schamhaar zum Date oder nicht? Dazu möchte ich gerne noch eine weitere Mail aus der Community beisteuern, und zwar von Annalena (37) aus der Nähe von Hof.

Könntet ihr bitte mal über Körperbehaarung sprechen? Ich bin, was das angeht, aktuell extrem verunsichert, und das hat einen Grund. Ich habe einen sehr netten Mann kennengelernt, und zwar über die Firma. Er ist Kunde bei uns, und ich kenne ihn schon eine ganze Weile. Wir haben uns immer gut verstanden, und irgendwann hat er mich auf einen Kaffee eingeladen, dann mal zum Essen. Na ja, und dann habe ich ihn auch mal mit zu mir nach Hause genommen. Dort sind wir ziemlich schnell im Bett gelandet, und da gab es auch den ersten Zwischenfall. Als er mich ausgezogen hat und gesehen hat, dass ich ungestutzte Schamhaare habe, hat er mich ganz komisch angeschaut. Beim nächsten Mal hat er mich gefragt, ob ich das nicht mal abmachen möchte.

»Nein, eigentlich nicht, wieso?«, hab ich ihn gefragt. Da hat er nichts mehr gesagt. Eine Woche später meinte er, er würde mich wahnsinnig gerne mal lecken, aber nicht mit dem, so wörtlich,»Gebüsch da unten«. Was soll ich sagen? Irgendwie war das für ihn ein Riesenthema, aber ich möchte mich einfach da nicht rasieren. Ich rasiere meine Achseln und meine Beine, alles andere nicht, und ich mag mich, was das angeht, auch nicht so in die Enge treiben lassen. Vielleicht war das aber die falsche Entscheidung, denn plötzlich hat er keine Zeit mehr für mich gehabt, hat auch von sich aus nicht mehr nach Treffen gefragt, und ich sehe ihn jetzt nur noch, wenn er ins Geschäft kommt. Zwischen uns ist es aus, ohne dass wir jemals offiziell Schluss gemacht hätten, und ich wüsste zu gerne, ob es an der Schamhaar-Geschichte liegt, will aber nicht fragen, weil ich mir dann auch doof vorkomme.

MIT ODER OHNE SCHAMHAAR

Laut einer Studie der Uni Leipzig enthaarten 2008 fast 97 Prozent der Frauen und 79 Prozent der Männer regelmäßig Teile ihres Körpers. Dieser Trend geht mittlerweile wieder zurück. Körperbehaarung ist aktuell unter sehr jungen Menschen wieder hip, befeuert von Stars wie Lourdes Leon, der Tochter von Pop-Ikone Madonna, die mit ihren zur Schau getragenen Achselhaaren sehr lukrative Werbedeals an Land ziehen konnte. Insgesamt ist unser Schönheitsideal aber noch geprägt vom Bild des enthaarten Körpers. Das bezieht sich jedoch vor allem auf den Bereich Achsel und Bein. In unserer Community stellen wir fest, dass viele uns von sogenannten Cuts im Schamhaarbereich berichten. Sie stutzen die Schambehaarung zum Beispiel zu einem Landing Strip. Das heißt, die Haare werden senkrecht über den Venushügel etwa zwei Fingerbreit stehen gelassen, der Rest wird abrasiert. Außerdem gibt es den Bikini Cut, dazu werden die Haare insgesamt in der Länge etwas gestutzt und an den Seiten so abrasiert, dass nichts rechts und links zum Bikinihöschen herausschauen kann. Hollywood Cut bedeutet Glatze, und eher selten berichten uns unsere Hörerinnen von Natur pur.

> **YVONNE:** Was eigentlich merkwürdig ist, denn viele Männer schreiben uns, dass sie das durchaus okay und sogar schön finden, wenn Frauen untenrum behaart sind. Das Vorurteil, dass dadurch der Geruch stärker ist, kann ich als Frau, die mit Frauen schläft, überhaupt nicht bestätigen, und die Männer, die uns dazu schreiben, empfinden das zu 80 Prozent auch nicht so.

NICOLE: Trotzdem hatte ich auch immer das Gefühl, dass Männer uns Frauen dazu drängen, uns zu rasieren. Kann es sein, dass das durch Pornos kommt?

YVONNE: Keine Ahnung. Ich mag Pornos, aber ich habe noch niemanden dazu gedrängt, sich zu rasieren.

NICOLE: Sind Frauen, die auf Frauen stehen, denn generell eher rasiert oder eher unrasiert?

YVONNE: Ich habe eine riesengroße Abneigung gegen Verallgemeinerung. Punkt. Aber wenn du mich nach meiner Erfahrung fragst: Ältere Lesben lehnen es oft ab, sich zu rasieren, während jüngere damit oft überhaupt kein Problem haben.

NICOLE: Und würdest du sagen, du bist eher jünger oder älter?

YVONNE: Verrate ich dir nicht, aber du kannst gerne mal in meine Hose gucken, um das zu checken!

Körperrasur begleitet die Menschen, seit sie die Werkzeuge dazu haben. Und in der Regel ist die Motivation dazu eine modische oder ästhetische. Schon bei den alten Ägyptern und auch den alten Griechen galten Schamhaare als hinterwäldlerisch und barbarisch. Die Römer rasierten sich mit Bimssteinen, oder sollte man lieber sagen, sie rubbelten die Haare und die zarte Haut darunter einfach weg? Über die Jahrhunderte konnten Archäologen Bronzeschaber, Haifischzähne, Muscheln und andere Dinge, die scharf waren, als Werkzeuge identifizieren, die zur Entfernung von Körperhaaren benutzt worden waren.

NICOLE: Erinnerst du dich daran, als Vito Schnabel, der damalige Lover von Topmodel Heidi Klum, mal ein Bild ihrer Füße postete und daraufhin ein Shitstorm losbrach?

YVONNE: Wegen ihrem Fuß?

NICOLE: Nein, weil man auf dem großen Zeh, wenn man ganz genau hinsah und das Bild stark vergrößerte, ein schwarzes Haar erkennen konnte. Einer ihrer Follower hat dann gleich darunter geschrieben: »Heidi hat Haare auf den Zehen, wie sympathisch!« Und sofort ging eine gigantische Diskussion darüber los, ob das wirklich sympathisch oder einfach nur ekelhaft sei.

YVONNE: Also sorry, ich muss das jetzt und hier noch mal ganz klar sagen: Haare auf den Zehen sind ekelhaft. Das sorgt bei mir für sofortige Flaute im Bett. So was sieht doch immer aus wie ein Männerfuß!

NICOLE: Aber würdest du auf Männer stehen und nicht auf Frauen, fändest du das vielleicht okay. Ganz viele Frauen haben Haare auf den Zehen, und man kann ja wohl auch mal vergessen, die bei der Beinrasur zu entfernen.

YVONNE: Sollte man aber lieber nicht – Haare auf den Zehen sehen aus wie Pfote!

NICOLE: Eine ehemalige Kollegin von mir hat sich diese Zehenhaare für unglaublich viel Geld weglasern lassen. Das hat Monate gedauert, aber irgendwann ist dann wohl tatsächlich nix mehr nachgewachsen. Auch wenn du so dagegen stänkerst – ich finde, Haare auf dem Zeh sind voll okay!

YVONNE: Geiles Gedicht. Lass uns mal zur Schambehaarung zurückkommen, sonst wird mir übel.

NICOLE: Vielleicht noch ein paar Fakten, bevor es weitergeht. Hat ja nicht jeder in so viele Hosen geschaut wie du!

Nahezu alle Menschen haben Schamhaar, es gibt nur wenige genetisch bedingte Ausnahmen. Wie viele Haare wir im Schambereich haben, ist sehr unterschiedlich. Bei sehr vielen Menschen wachsen die Schamhaare bis in den Analbereich hinein, und zwar egal, ob Mann oder Frau. Bei Rothaarigen, Hellblonden und Schwarzhaarigen haben die Schamhaare oft die gleiche Farbe wie die Kopfhaare. Bei allen anderen sind die Schamhaare meist dunkler als die Kopfhaare. Es gibt stark gekräuseltes bis fast glattes Schamhaar. Bei uns allen ist das Haar untenrum kräftiger als auf dem Kopf.

Schamhaare wachsen zwischen 0,2 und 0,4 Millimeter am Tag, und genau wie die Kopfhaare fallen sie irgendwann aus und werden durch nachwachsende Haare ersetzt.

YVONNE: Und stimmt es, dass man auch untenrum Haarausfall haben kann?

NICOLE: Kann man! Und zwar durch bestimmte
Erkrankungen und Medikamente oder einfach, weil man altert. Männer und Frauen haben
im Alter oft Achsel- und Schamhaarausfall.

> **YVONNE:** Ach, das freut mich. Ich habe mich schon
> gefragt, wie lange ich die Verrenkungen noch hin-
> bekomme, um mich in der Poritze zu rasieren!

Auch in unserer Community ist die Diskussion pro oder kon-
tra Rasur seit Jahren in vollem Gange. Dabei fühlen sich die
meisten Verfechter der Körperrasur, wie ihre Vorgänger in den
letzten Jahrtausenden, ästhetisch motiviert. Sie berichten, dass
sie es einfach schön finden, wenn Körperstellen, insbesondere
intime Stellen, komplett nackt sind. Vor allem Frauen geben
in verschiedenen Studien an, sich ohne Schamhaar attraktiver
und weiblicher zu fühlen. Nur sehr wenige Befragte machen
sich Sorgen um unangenehme Gerüche durch Haare im Intimbereich. Zum Glück. Die Wissenschaft ist sich zunehmend
darüber einig, dass Schamhaare eine positive und wichtige
Funktion haben. Zum Beispiel halten sie Bakterien von den
empfindlichen Schleimhäuten im Schambereich fern. Außerdem glaubt man, und hier kommen wir wieder auf das Vorurteil mit den Gerüchen, dass bestimmte Sexualduftstoffe sich in
den Schamhaaren verfangen und so potenzielle Partner anlo-
cken. Schamhaar kann demnach also tatsächlich in der Lage
sein, Duftstoffe zu speichern, allerdings im positiven Sinne.
Unterbewusst registrieren Sexualpartner die Duftstoffe aus
dem Schamhaar und fühlen sich dadurch, laut Wissenschaft,
stark angezogen.

YVONNE: Woher weißt du, dass diese Studie nicht von sehr stark behaarten Wissenschaftlerinnen und Wissenschaftlern, denen jedes Mittel recht ist, um sich nicht enthaaren zu müssen, fingiert wurde?

NICOLE: Damit sich das Thema Intimrasur in eine neue Richtung entwickelt? Das kann natürlich sein, aber ich gehe jetzt einfach mal davon aus, dass diese Liga der sehr haarigen Betrügerinnen und Betrüger aufgeflogen wäre, bevor sie ihre Thesen in die Welt hätten setzen können.

Karsten (47) aus Heinsberg schrieb uns nach unserem allerersten Podcast zum Thema »Schambehaarung«:

Ich finde, dass ihr Frauen (und Männern) auch Mut machen solltet, ihre Haare untenrum zu behalten. Ich stehe voll drauf. Einmal meinte eine Frau, dass sie es irgendwie animalisch findet, dass ich weibliche Schamhaare mag. Kann sein, aber ist das unnormal? Ich habe noch nie gefunden, dass Frauen MIT Schamhaaren untenrum unangenehm riechen. Im Gegenteil, und mich macht es mega an, wenn ich die Frau erst erforschen darf und nicht auf den ersten Blick alles sehe. Ich habe mal eine komplett rasierte Frau mit dem Mund befriedigt, und irgendwie war sie nicht so toll rasiert. Optisch ist das im ersten Moment nicht so aufgefallen, aber der Venushügel hatte richtig harte Stoppeln. Das fand ich unangenehm. Wenn ich gemein wäre, würde ich sagen: Das war, wie einen Kerl zu küssen. Da ist Schamhaar wirklich viel, viel schöner. Es ist weich, es ist geheimnisvoll. Das ist natürlich und sexy.

NICOLE: Eine Zeit lang war es ja total in, sich überall am Körper mit Heißwachs die Haare entfernen zu lassen. Das wäre mir heute auch zu viel Act. Ich bin längst wieder beim guten alten Rasierer, aber damals ging ich sehr regelmäßig in ein Waxingstudio in der Nähe des Hackeschen Marktes in Berlin. Bei einem meiner ersten Besuche wurde ich Ohrenzeugin, wie eine Dame sich die Poritze enthaaren ließ. Es war ihre Po-Premiere, und allem Anschein nach brauchte sie etliche Anläufe, ehe sie bereit war, sich im Vierfüßlerstand auf der Liege kniend heißes Wachs in die Poritze pinseln und anschließend mit einem Vliesstreifen wieder abreißen zu lassen.

> **YVONNE:** O mein Gott. Das stelle ich
> mir unfassbar schmerzhaft vor!

NICOLE: Eine Bekannte von mir macht das regelmäßig und behauptet, man gewöhnt sich ganz gut daran. Nach eigener Aussage war ihre Poritze nach den ersten Malen regelrecht entzündet, und es war wohl schmerzhaft, wenn im Sommer die leicht verschwitzten Backen über den frisch malträtierten Stellen aneinander rieben, aber heutzutage, sagt sie, hätte sie Hornhaut in der Poritze!

> **YVONNE:** Halleluja!

Das bringt uns zu der Frage: Wer enthaart eigentlich mit welchen Methoden welche Körperstellen? Laut einer von der Firma Philips in Auftrag gegebenen Studie greifen 91 Prozent der Befragten im Bereich der Achseln zum Rasierer. Auch im Intimbereich schlägt der Rasierer mit 90 Prozent alles andere.

Lediglich bei den Beinen greifen die Befragten in gleichen Teilen zu Rasierer, Epilierer und Waxing. Waxing ist grundsätzlich, ebenso wie die Rasur, an allen Körperstellen möglich. Unter dem Begriff Brazilian Waxing werden in den Studios mehrere Enthaarungsmethoden zusammengefasst. Im Grunde geht es aber um die komplette Haarentfernung mit Warmwachs oder Zuckerlösungen, dem sogenannten Sugaring. In beiden Fällen bleiben die behandelten Stellen etwa vier Wochen glatt. Das ist ähnlich lang wie durch das Epilieren, also das Entfernen oder auch Ausreißen des Haares mitsamt der Wurzel durch ein entsprechendes Epiliergerät. Letzteres ist für den Intimbereich nicht so gut geeignet, denn Schamhaare sind fest verwurzelt und die Haut dort sehr empfindlich!

Alle Methoden, die das Haar mitsamt der Wurzel entfernen, können nach unserer Erfahrung teils auch schmerzhaft sein. Trotzdem gab es in den Neunzigerjahren den großen Run auf die Epilierer und zu Beginn der 2000er einen regelrechten Boom von Waxing-Studios. Aus unserer Community berichten mittlerweile auch viele Männer, dass sie sich dort die Rückenhaare oder die Haare auf den Pobacken entfernen lassen.

> **YVONNE:** Nicht ganz ungefährlich im Sommer! Mein lieber Schwiegervater war immer sehr behaart. Als er sich in einem Sommer von seiner Frau überreden ließ, sich alle Haare am Körper zu entfernen, hatte er den schlimmsten Sonnenbrand seines Lebens. Haare sind ja auch ein Schutz!

NICOLE: Wenn sie irgendwie fast fellartig sind, auf jeden Fall. Hat er sich auch die Scham-

haare entfernen lassen? Ihr seht euch doch
regelmäßig auf seinem Nackt-Campingplatz!

> **YVONNE:** Ja, da sehen wir uns regelmäßig, weil Nackt-
> Campen sein großes Hobby ist, aber ich bemühe mich,
> den Blick immer oben zu halten. Augenkontakt, wenn
> du verstehst! Deshalb habe ich mir alles unterhalb
> noch nicht so genau angeschaut! Wenn du möchtest,
> checke ich das beim nächsten Mal für dich. Bis dahin
> lass uns noch kurz über diese Studie sprechen.

Gemeint ist die große Studie von Philips dazu, wer sich womit
an welchen Stellen enthaart. In derselben Studie wurde auch
gefragt, wie viel Zeit die Teilnehmer pro Woche für das Enthaaren aufwenden. Bei den Frauen waren es 30 Minuten wöchentlich, bei den Männern nur 15, und das, obwohl auch die Bartra-
sur eingerechnet wurde. Ein anderer interessanter Fakt: Jeder
zehnte Mann gab an, innerhalb dieser 15 Minuten wöchentlich
außerdem noch die Haare in der Nase zu stutzen, und zwar
mehrheitlich nicht mit einem sicheren und dafür entwickelten
Nasenhaarschneider, sondern mit der Nagelschere.

> **YVONNE:** Also diese Studie gibt ja einiges her.
> Wie kann es sein, dass Männer viel mehr Haare
> haben, aber viel kürzer an sich herumrasieren?

NICOLE: Ist doch klar. Wir Frauen sind gründlicher. Männer rasieren ihr Gesicht, stutzen ein bisschen rund um
den Penis und stecken sich dann noch schnell eine Nagelschere in die Nase, und schon sind sie fertig. Wir rasieren
unsere Achseln, widmen uns dann unserem Intimbereich

und müssen dafür, wenn es ganz ordentlich sein soll, auch noch einen Spiegel bemühen, anschließend rasieren wir unsere laaaaaangen Beine und dürfen dabei ja auch die Zehen nicht vergessen, damit Menschen wie du keinen Anfall bekommen, wenn sie an uns runterschauen!

> **YVONNE:** Jetzt bist du schon wieder beim Zeh! Du bekommst von mir ein Verbot, über Zehenhaare zu sprechen! Vergiss die haarige Pfote in der Sandale, und kümmere dich um den Inhalt von Schlüpfern!

Nach Zahlen, Fakten, Eindrücken und der wissenschaftlichen Erkenntnis zur Schambehaarung kommen wir mal zur gesellschaftlichen Kritik. Frauenrechtlerinnen war und ist der Trend zur Intimrasur oft ein Dorn im Auge. Das Argument dagegen: Das tun Frauen nur, um wie Kinder auszusehen. Um ihr Gegenüber in Sicherheit zu wiegen, zu signalisieren, man sei keine starke Persönlichkeit, sondern eher schwach.

Natürlich ist es im Bereich des Möglichen, dass das die unterbewusste Motivation für einige Frauen ist, sich zu rasieren. Andererseits stempelt diese Aussage alle rasierten Frauen als schwach und unterlegen ab.

Unserer Ansicht nach gilt auch hier: Leben und leben lassen. Nach unserer Erfahrung fühlen Männer und Frauen sich immer dann am stärksten, wenn sie zu sich selbst gefunden haben. Wenn sie an sich, an ihrem wunderbaren Körper herunterschauen und ihren Frieden mit dem machen, was sie sehen. Wer es glatt mag, okay, wer sein Schamhaar liebt, auch okay. Partner, die sich darüber uneinig sind, müssen erstens dringend reden und finden zweitens ja vielleicht einen ganz guten Kompromiss. Wie wäre es mit Schamhaarexperimenten? Das lockert manche verbissene Diskussion über das Thema auf und sorgt außerdem für neuen Wind in der Beziehung. Unser Vorschlag: Rasiert euch gegenseitig, und zwar zunächst nicht komplett, sondern Buchstaben oder Herzchen ins volle Schamhaar, ein paar Wochen später versucht ihr es komplett und lasst danach die Pracht gemeinsam so lange wachsen, wie es geht. Wer hat das längere Schamhaar, und wo wächst es überall hin, wenn man es nicht begrenzt?

> **YVONNE:** Coole Paar-Idee. Meine Freundin und ich geraten bei dem Thema auch immer mal aneinander. Ich liebe nämlich Schamhaarexperimente, und sie mag es eher glatt. Dabei hat sie meine Buchstaben-Muschi bei unserem Kennenlernen sehr beeindruckt ...

NICOLE: Buchstaben-Muschi? Was ist das?

> **YVONNE:** Ich habe mir in meiner Sturm-und-Drang-Zeit für Frauen, die ich unbedingt erobern wollte und in die ich sehr verliebt war, meine Schamhaare so rasiert, dass auf meinem Venushügel der Anfangsbuchstabe ihres Namens zu sehen war. Ein Schamhaar-Buchstabe – was meinst du, wie beeindruckt die Frauen waren. Meine heutige Freundin war in unserer ersten Nacht so fasziniert davon, dass wir kaum geschlafen haben.

NICOLE: Ja, weil sie vor Lachen nicht in den Schlaf gekommen ist. Eine Buchstaben-Muschi, ich fasse es nicht. Trägst du die heute auch noch?

YVONNE: Nur zu besonderen Anlässen. Ich glaube, ich habe meiner Freundin irgendwann auch mal mein Y ins Schamhaar rasiert, oder war das bei einer anderen ...? Na, bevor ich mich jetzt um Kopf und Kragen schreibe: Ich finde, man sollte generell in Beziehungen mit dem Thema Rasieren spielerischer umgehen.

NICOLE: Dann kann man sich auch gegenseitig ein bisschen helfen. Am schwierigsten ist es ja wohl, alleine unter der Dusche stehend alles zu erwischen, was wichtig ist!

YVONNE: Deshalb sage ich ja auch immer wieder: Kniet euch regelmäßig über einen Spiegel. Erstens könnt ihr dann ganz prima checken, was bei euch untenrum so los ist, und zweitens entgeht euch dann garantiert kein Haar mehr.

Jasmin (32) aus der Nähe von Olpe: Neulich habt ihr in eurem Podcast über Schamhaare gesprochen, und ich möchte dazu noch Folgendes loswerden. Ich finde immer, dass Schamhaare zwar ganz sexy aussehen, aber vom lieben Gott unglücklich geplant sind. Ich bin aktuell Single, schlafe aber prinzipiell mit Männern UND Frauen. Vor allem, wenn ich mit Frauen schlafe, rasiere ich mich gern. Wenn zwei Frauen miteinander schlafen, ist wahnsinnig viel Flüssigkeit im Spiel – also wenn es gut ist! Und dann hängen ungekürzte Schamhaare nach dem Sex gerne mal wie ein nasser Lappen an einem herunter. Das mag ich gar nicht, weil es einfach nicht gut aussieht. Wohingegen beim Sex mit Männern die Feuchtigkeit aus mir und dem Sperma des Mannes sich eher in mir, also drinnen abspielt. Da stören mich die Haare eigentlich überhaupt nicht. Es gibt sicher noch mehr

Leute wie mich, für die es kein Entweder-oder gibt, sondern die mal Schamhaare haben und mal glatt sind.

Stimmt, Janine und das folgt ja genau unserem Prinzip: Seid nicht verbissen, sondern spielerisch mit eurem Körper. Deshalb hier noch ein paar nützliche Tipps für alle, die ihr Schamhaar nur ab und zu mal loswerden wollen. So geht es einfach, und man vermeidet lästige Pickelchen weitestgehend: Am besten erledigt man die Intimrasur unter der Dusche oder gleich danach, jedenfalls dann, wenn man überall glatt sein möchte und nicht nur auf dem Venushügel. Dafür unbedingt ein Bein hochstellen und für gute Beleuchtung sorgen. Ein Spiegel kann tatsächlich nicht schaden. Wem das zu anstrengend und sportlich ist, der kann sich auch einfach nackt und breitbeinig auf den Boden setzen. Dadurch sieht man die zu mähende Wiese besser. Das gilt übrigens auch für Männer, die Hoden und Dammbereich glatt halten wollen.

Wichtig: Vor der Rasur alles schön mit lauwarmem Wasser einweichen. Rasiergel und Schaum helfen dabei, die empfindliche Haut so wenig wie möglich zu reizen. Eigentlich rasiert man gegen die Wuchsrichtung. Ganz kurze Haare sollte man aber lieber doch mit der Wuchsrichtung rasieren, sonst gibt es schneller Pickelchen. Nach dem Rasieren an den entsprechenden Stellen auf Lotions mit Parfüm verzichten und frische Luft an die betroffene Körperregion lassen. Optimal ist es, sich kurz nackt auf dem Bett auszustrecken, dann trocknet die Haut an der Luft und kann sich ein bisschen erholen. Außerdem gewöhnt sich die oft sehr zarte Haut an den entsprechenden Stellen leichter an die Prozedur.

Viele verwenden mittlerweile zusätzlich zur Rasur oder zur Enthaarungscreme sogenannte IPL-Geräte, die mit »Intensed

Pulsed Light«, also Licht mit bestimmter Wellenlänge arbeiten. Lichtblitze veröden dabei das Haar an der Wurzel. Das ist
heutzutage weitestgehend schmerzfrei. Das Ergebnis ist zwar
meistens nicht wie versprochen eine komplette, dauerhafte
Enthaarung, aber zumindest wachsen die Haare an den bear-
beiteten Stellen vereinzelter und sehr viel langsamer nach, was
auch für weniger harte Stoppeln sorgt. Allerdings sind diese
Geräte nicht billig, und man muss sich wirklich sehr sicher
sein, dass man für immer und ewig an den Stellen, die man
mit IPL bearbeitet, haarfrei bleiben möchte. Beendet man die
Behandlung nach einer längeren Zeit, wachsen zwar wieder
Haare, aber viele der Wurzeln können doch geschädigt sein,
sodass der Haarwuchs dann nicht mehr regelmäßig ist.

> **YVONNE:** Na, das war ja ursprünglich auch
> das Ziel. Hast du nicht auch so ein Ding?

NICOLE: Ja, aber ich bin oft zu faul, das regelmäßig zu machen. Rasieren ist so schön einfach. Aber
im Prinzip mache ich das. Meine Kinder sagen dann
immer:»Mama blitztdingst sich wieder«, weißt du,
wie dieses Gerät im Film *Men in Black,* wo man durch
den Lichtblitz des Neutralisierers alles vergisst!

> **YVONNE:** Verstehe, und machst du das überall?

NICOLE: Das darf man im Prinzip überall am
Körper anwenden, muss aber darauf achten, dass
es unterhalb der Augen ist. Ich mache das überall mal so ein bisschen. Sogar auf den Zehen.

YVONNE: Jetzt geht das schon wieder los!

NICOLE: Entschuldige bitte! Vergiss den Zeh, wir haben Post und müssen noch mit einigen Enthaarungsmythen aufräumen.

Henriette (19) aus Kevelaer schreibt uns:

Ich rasiere mir die Achseln und die Beine, seit ich etwa 15 bin. Jetzt habe ich einen sehr tollen Mann kennengelernt, der sportlich ist und für seinen Sport den kompletten Körper rasiert. Ich finde das wahnsinnig schön. Er drängt mich zwar nicht, mich auch untenrum zu rasieren, aber ich habe das Gefühl, dass ich neben ihm manchmal wirke wie ein Zotteltier, wenn ihr versteht, was ich meine. Ich habe den Wunsch, mich mehr zu rasieren, im Intimbereich, aber zum Beispiel auch an den Armen. Jetzt meine Frage: Aktuell sind meine Haare dunkelblond. Wenn ich jetzt alles rasiere, wächst das dann nicht total schwarz nach?

Keine Panik. Nicht der Rasierer, sondern Genetik und Hormone sind verantwortlich dafür, wie dick ein Haar ist und welche Farbe es hat. Der Rasierer schneidet es nur kurz über der Hautoberfläche ab. Dadurch wirkt das nachwachsende Haar erst einmal dicker.

Auch die Farbe ist erst dunkler, weil das Haar, vor allem an Stellen, die immer mal die Sonne sehen, noch nicht ausgeblichen ist. Wer sein Haar nach der Rasur eine Weile stehen lässt, kann sehen, dass es ausbleicht und dadurch, dass es heller wird, auch wieder schmaler wirkt.

Wem das zu lange dauert, der kann die nachwachsenden dunklen Haare an den Beinen oder auch im Gesicht mit

Körperhaar-Bleiche aufhellen. »Brazilian Body Veil« nennt sich die Methode. Veil ist englisch und bedeutet Schleier. Die Körperhaare werden nicht entfernt, sondern wirken wie ein niedlicher heller Schleier auf sonnengebräunter Haut. Etwa seit 2019 ist der Trend auch in Europa angekommen. Damals zeigten verschiedene Stars wie zum Beispiel Heidi Klum ihren Körper mit goldenen Härchen statt glatter Haut. Klingt erst einmal verführerisch: Nie wieder rasieren, epilieren, waxen. Allerdings darf man nicht vergessen, dass das Ausbleichen von dunklen Haaren nur mit erheblichen Mengen an Chemie möglich ist. Für den Schambereich mit seinen empfindlichen Schleimhäuten ist das nicht zu empfehlen.

Auch bei Enthaarungscremes gilt Vorsicht. Nicht alle sind für den Intimbereich geeignet. Für erste Schamhaarexperimente wie bei Henriette eignet sich der Rasierer sicher am besten. Danach wächst garantiert alles wieder nach, und man kann in aller Ruhe ausprobieren, was man an sich selbst mag und was nicht.

Demian (27) aus Leipzig: Habt ihr neulich im Podcast gesagt, dass homosexuelle Männer gerne ihren Körper komplett rasieren? Dazu muss ich euch sagen, ich bin offen schwul, und ich bin stark behaart, und ich habe extrem viele Fans. Allerdings hatte ich die gleichen Vorurteile. Als ich das erste Mal nach Berlin gefahren bin, um durch die Clubs zu ziehen, habe ich mich vorher auch komplett rasiert. In meiner Vorstellung waren nur alte, dicke Männer mit Schnauzbart auch am Körper behaart, und ich stellte mir vor, dass meine Körperhaare in meiner Zielgruppe nicht gut ankommen würden. Aber da habe ich mich komplett getäuscht. Eine gepflegte Behaarung von Bauch und Brust über einem gut trainierten Körper kommt ganz im Gegenteil super an.

Viele Bekannte haben auch längst mit dem ganzen Enthaaren aufgehört. Neulich hatte mein bester Freund ein Date mit einem Mann, der Haare vom Nacken bis runter auf die Pobacken hatte, sah aus wie ein Affe, meinte er und fand das ganz geil. Wichtig ist nur, dass alles zusammenpasst, finde ich. Also schwarze Haare am Bauch und dann Glatze in der Hose sieht irgendwie merkwürdig aus. Und umgekehrt genauso. Im Intimbereich bei Männern sieht es einfach immer am besten aus, wenn alles schön kurz gestutzt und gepflegt ist. Vielleicht noch ein Tipp auch an heterosexuelle Männer: Wenn ihr euren Schwanz nicht in einem riesengroßen Gebüsch versteckt, sondern die Haare schön kurz haltet, sieht er auch größer aus! 😌

NICOLE: Ach, super Tipp. Das muss ich gleich mal zu Hause am Gatten ausprobieren! Apropos, ich hänge immer noch bei deinen Muschi-Buchstaben. Du hattest doch vor einer Weile auch das ganze Gegenteil?!

YVONNE: Muschi-Zahlen?

NICOLE: Quatsch, ich meine dein Schamhaarexperiment, wo du alles hast wachsen lassen.

YVONNE: Das war erst mal ganz komisch. Weil man auf dem Venushügel zwar schnell Stoppeln hat, wenn man drei Tage lang nicht rasiert, aber Schamhaare ansonsten ja tatsächlich langsam wachsen. Ich wollte wissen, wie lang sie insgesamt werden, aber habe nach ein paar Wochen abgebrochen, weil meine Freundin das gar nicht mochte und mir echt aufs Dach gestiegen ist!

NICOLE: Oh, Trouble in Hair-adise! Und wie hat es sich angefühlt? Also nicht der Ärger, sondern die neuen Haare?

YVONNE: Wie ein kuscheliges Kissen in der Hose! Ich habe mir in der Zeit auch total gerne in die Unterhose gefasst, das war wie so eine kleine weiche Katze! Ich musste mich im Büro sehr zusammenreißen, nicht andauernd die Hand in die Hose zu schieben.

NICOLE: Und was genau hast du da gemacht mit der Hand in der Unterhose? Das Kätzchen gekrault? Klingt niedlich!

YVONNE: Vergiss es! Schaff dir dein eigenes Unterhosen-Kätzchen an!

3. KAPITEL

Pornos

Wir versetzen uns einmal kurz in einen griechischen Tempel so etwa im Jahr 475 vor Christus. Die Blütezeit Athens mit gigantischen Bauten, riesigen Säulenvorhöfen, kühlen Innenräumen mit reich verzierten Decken, Böden und Wänden. Wir lassen uns nieder, heben den Blick und sehen herrliche Wandbilder in Stein gehauen, Reliefs und Giebelfiguren. Darauf prangen keine frommen Szenen, sondern das, was Besuchern und Göttern damals offenbar ein bisschen mehr Spaß gemacht hat: knallharter Sex! Männer, die in Frauen stecken. Frauen, die auf Männern reiten, und immer wieder auch Kerle, die es Kerlen auf die kreativsten Arten besorgen. Ganz schön heiß, fanden damals sicher auch die weiblichen Besucher und finden wir Frauen heute noch.

FRAUEN LIEBEN GAYPORNOS

Anna-Maria (31) aus Eberswalde: Was denkt ihr über Frauen, die sich gerne Gaypornos anschauen? Vor einigen Monaten war ich total neugierig und habe mir einfach mal einen Schwulenporno angeguckt. Erst hatte ich ein paar Bedenken, denn ich nutze mein Dienst-Laptop auch privat und habe mich gefragt, ob unsere Onlineabteilung das irgendwie nachvollziehen kann. Ich musste die einschlägigen Seiten ja auch erst mal googeln, weil ich gar keine Ahnung hatte, wo man solche Filme findet. Vor meinem geistigen Auge kam die Anfrage von den Onlinern: »*Sag mal, Anna, liegt da ein Fehler vor, oder hast du letzten Donnerstag bei Google die Suche ›Gay‹, ›Schwul‹, ›Sex‹, ›anal‹ und ›Arschfick + Video‹ eingegeben?*«* Na ja, ich habe all diese Bedenken dann in einem Anflug von Neugierde, gemischt mit Geilheit, über Bord geworfen – und was soll ich sagen ... Es gibt nichts Erregenderes als hübsche muskuläre Männer, die Sex miteinander haben! Das Rumknutschen ist jetzt nicht so meins, aber ich persönlich finde Schwulensex absolut heiß! Es ist eigentlich auch nichts anderes, als wenn Männer sich Pornos mit zwei Frauen anschauen, oder?*

Zuschriften dieser Art bekommen wir viele, und immer wieder folgt dann die bange Frage: Bin ich normal?

NICOLE: Also, ich finde es auch sehr interessant, zwei Männern beim Sex zuzugucken! Kann ich total nachvollziehen.

YVONNE: Zwei Männer beim Sex finde ich auf jeden Fall heißer als die Vorstellung, dass ich mit einem Mann Sex habe. Ich meine, wenn das hübsche Körper in Ekstase sind – dagegen kann man ja wohl nix haben.

NICOLE: Die müssen gar nicht unbedingt solche Adonisse sein. Es geht ja mehr um den Akt als darum, dass die Jungs theoretisch auch Model sein könnten.

YVONNE: Ist ja interessant. Dass du auf dicke, behaarte Heteros stehst, hast du im Podcast schon öfter erzählt, aber dass du auch auf dicke Homos stehst, war mir neu! Okay, also, was antworten wir Anna-Maria?

Kurz gesagt: Wir denken nur Gutes über Frauen, die auf Gaypornos stehen – und ja klar ist das normal! Fangen wir mal ganz vorne an: Definiere normal! Normal ist doch nicht nur das, was man gemeinhin als Mainstream bezeichnet. »Licht aus, knutschen, vögeln und dann Gute Nacht, Schatz.« Es gibt kein Gesetz, das besagt, dass Heterosexuelle nur Heteropornos anschauen müssen, lesbische Frauen Lesbenpornos und homosexuelle Männer Gaypornos. Normal ist bei der Pornoauswahl wie im Leben alles, was allen Beteiligten Spaß macht, was alle wollen und was niemandem wehtut (es sei denn, auch das macht allen Beteiligten Spaß!).

Wenn Frauen schwulen Männern gerne beim Sex zuschauen und Gaypornos mögen, ist das nicht nur normal, diese Frauen befinden sich auch in bester Gesellschaft. Viele Frauen stehen nämlich darauf: 25 Prozent, also ein Viertel aller deutschen Nutzer des Porno-Streamingdienstes Pornhub, waren laut einer Umfrage von Statista im Jahr 2019 Frauen.

Pornhub kann mithilfe von Google Analytics auch herausfinden, wonach die Nutzerinnen am häufigsten suchen. Und siehe da, die beliebtesten Kategorien der weiblichen Nutzer sind »Lesbian« und »Gay«, also gleichgeschlechtliche Pornos.

NICOLE: Was guckst du eigentlich für Pornos? Ich meine so als Frau, die auf Frauen steht?

YVONNE: Iiiiich? Ich gucke doch keine
Pornos. Gott bewahre. Das ist ja ekelhaft!

NICOLE: Yvonne! Jeder, der unseren Podcast
kennt, weiß, dass du regelmäßig Pornos schaust
und sogar ganze Pornonachmittage einlegst!

YVONNE: Aber müssen das auch unsere Leser
gleich erfahren? Bisher bin ich hier als schön-
geistige Kulturfreundin rübergekommen.

NICOLE: »Rübergekommen« stimmt, der
Rest ist gelogen. Also, was schaust du?

YVONNE: Ich bin, um es ehrlich zu sagen, viele
Jahre ziemlich wahllos gewesen und habe alles angeguckt, wo es um Sex ging. Heutzutage mag ich
am allerliebsten gut gemachte Frauenpornos.

Okay. Das schauen wir uns später noch sehr viel genauer an.
Bleiben wir erst einmal kurz bei den Filmen, in denen Frauen
miteinander Sex haben. Da haben wir Frauen was mit den
Männern gemein – die lieben solche Pornos nämlich auch.
Lesbensex macht Lust. 2016 war »Lesbian Porn«, wie schon
erwähnt, einer der meistgesuchten Begriffe auf Pornhub. Lusti-
ger Fakt: Gleich hinter »Lesbian Porn« war der meistgeklickte
Suchbegriff »Step-mom«, also »Stiefmutter«.

NICOLE: Unter Porno-Konsumenten ist der Ruf der
Stiefmutter also wesentlich besser als im Märchen.

YVONNE: Tja, hätte die Stiefmutter im Märchen mal weniger Energie darauf verschwendet, anderen Menschen das Leben schwer zu machen, und dafür öfter mal ein bisschen geknutscht, gefummelt oder onaniert, wäre sie sicher auch beliebter gewesen. Aber ich will jetzt über Lesbenpornos reden und nicht über Märchen. Was mich bei vielen dieser Filme extrem stört, ist, wenn ich sofort erkenne, dass der Sex Fake ist. Mir ist schon klar, dass in einem Porno nicht jede Frau per se Lust hat und viele der Darstellerinnen auch gar nicht auf Frauen stehen, aber dann verkauft es wenigstens nah an der Realität. Eine »Lesbe« mit extrem langen Fingernägeln, die unbeholfen zwischen den Beinen der anderen Lesbe herumstochert – also bitte! Und wenn sie dann noch schaut, als würde sie in eine Zitrone beißen, wenn sie den Kitzler der anderen mit der Zunge berührt, glaube ich echt gar nichts mehr. Wer soll da einen hochbekommen?

NICOLE: Du bekommst »einen hoch«?

YVONNE: Na klar, der Kitzler ist ein Wunderwerk, den wir spätestens im nächsten Kapitel besprechen. Wenn ich einen hochkriege, dann meine ich nicht einen Penis, sondern meinen Kitzler. Und ich bekomme keinen hoch, wenn ich auf Anhieb sehe, dass die beiden Frauen im Film heterosexuell und sehr schlechte Schauspielerinnen sind!

NICOLE: Ich glaube, Männer sind da weniger kritisch als du. Was Männer an der Vorstellung, dass zwei Frauen miteinander schlafen, am allermeisten mögen, ist ja der Moment, wo die »Erlösung« kommt. Und die Erlösung ist ein Mann. In solchen Filmen und in der Vorstellung der Männer ist es doch so: Wenn zwei Frauen miteinander schlafen, merken sie irgendwann, es fehlt was. Und dann geht die Tür auf, und ein potenter Mann kommt herein mit einem Riesending. Und der regelt das dann. Bei beiden.

> YVONNE: Jaaaa, stimmt, ich bin ja auch nur lesbisch, weil ich drauf warte, dass mich ein richtiger Mann endlich erlöst. Im Ernst, ich möchte in Lesbenpornos authentische Lesben sehen. Es wird doch wohl auch Pornodarstellerinnen geben, die auf Frauen stehen.

NICOLE: Dreh du doch Lesbenpornos. Bei deinen vielen Erfahrungen mit Frauen bist du sicher eine High-Performerin im Lesbenporno-Business und kannst eine Menge Geld verdienen.

> YVONNE: Ich denke, da hätte meine Freundin stark was dagegen. Aber ich kann es ihr ja mal vorschlagen. Bis dahin kritisiere ich fleißig weiter Lesbenpornos und schaue immer mal Gaypornos.

Lucy Neville forscht an der University of Leicester in Großbritannien zu Sexualität und Sexualverhalten. Sie hat sich explizit damit beschäftigt, warum Frauen so gerne Männersex und Gaypornos anschauen und rund 500 Frauen dazu befragt. In ihrem Buch *Girls Who Like Boys Who Like Boys* berichtet sie sehr informativ und sehr unterhaltsam über die Ergebnisse.

Neville sagt, so neu oder überraschend sei dieses Phänomen gar nicht. Es gelte als bewiesen, dass der Film *Brokeback Mountain* extrem großen Erfolg vor allem bei Frauen hatte. Wir erin-

nern uns an den Plot: Zwei Cowboys – Cowboys! *Der* Inbegriff
des harten heterosexuellen Kerls – verlieben sich ineinander
und haben in einer Szene nachts in ihrem Zelt am Lagerfeuer
mitten in der Wildnis den ersten heißen, harten Sex.

NICOLE: O Gott, ist das ein heißer Film. Den mochte ich
so gerne! Zwischen den beiden gab es ja auch eine richtige
Liebesgeschichte, und dann der Moment, wo sie es tun!

> **YVONNE:** Du meinst, wie der eine der beiden kurz mit
> Spucke alles bei dem anderen befeuchtet und dann wild
> und leidenschaftlich über ihn herfällt? Das war großartig!

Insgesamt kommen auch Spielfilme mit sehr expliziten Sexszenen zwischen Männern in unserer Community gut an. Es
muss nicht mal unbedingt ein Porno sein. Auch heiße Anspielungen und angedeutete Ausschweifungen sind beliebt und
für manch einen, der in seiner Beziehung nicht offen darüber
reden kann, dass er Pornos mag, auch leichter zu erklären. Wer
Der Fremde am See, Die 120 Tage von Sodom oder auch *Week-
end* als DVD im Schrank hat, wirkt einfach film- oder kunst-
interessiert, obwohl diese Filme extrem knisternd und teils
pornös sind. Auch bei verschiedenen Serien-Megahits lässt
sich das feststellen. *Game of Thrones* zum Beispiel: Diese Serie
erfreut ebenfalls mit zahlreichen und detailverliebten Sexszenen. G. R. R. Martin, der Autor, erzählte 2014 in einem Inter-
view, dass er oft Zuschriften von Fans bekomme, die explizit
um mehr heiße Sexszenen zwischen Männern gebeten hätten.
Die überwiegende Zahl dieser E-Mails stammte von Frauen,
berichtet Lucy Neville, die diese Briefe ausgewertet hat. Das
Phänomen Frauen und Gaypornos ist definitiv ein so großes,

dass sich bereits die Wissenschaft ausführlich damit auseinandergesetzt hat.

> **YVONNE:** Genau deshalb habe ich diese Serie
> gesuchtet. Ich finde es großartig, wenn Porno-
> grafie in vermeintlicher Popkultur versteckt ist. Ein
> bisschen Handlung, ein bisschen Kulisse, tolle
> Landschaft und unendliches Herumgeficke!

NICOLE: Ich habe immer gedacht, diese Serie ist Mist.
Aber wenn du das so sagst ... Läuft die noch irgendwo?

*Miranda (41) aus der Nähe von Hamburg: Hallo ihr Besties. Ich
muss euch mal ein paar Anmerkungen zu eurer Podcast-Folge
über die Pornos schicken. Ich wurde vor 41 Jahren als Junge
geboren und habe mich immer verkehrt gefühlt. Diese ganze
Geschichte haben Abertausende Menschen weltweit durch, und
ich will sie nicht noch mal erzählen. Aber ich will euch sagen,
dass sexuelle Begierde echt vielfältig ist. Mein Leben lang, bis
ich so weit war wie jetzt, habe ich davon geträumt, als Frau
mit einem Mann zu schlafen. Ich bin nämlich nicht schwul,
sondern heterosexuell, und seit ich den richtigen Körper dafür
habe, lebe ich das auch endlich voll aus und bin, bis auf größere
Anfangsschwierigkeiten, sehr glücklich. Ich bin eine glückliche,
mittlerweile verliebte und vergebene Frau, die – und jetzt, Ladys,
kommt ihr wieder ins Spiel – seit Neuestem auch ganz gerne
mal einen Blick in Schwulenpornos wirft. Zwei Männer, die miteinander Sex haben, das auszuleben, ist mittlerweile Lichtjahre
von mir entfernt, aber vielleicht finde ich es genau deshalb ein
bisschen scharf, den Jungs zuzuschauen! Ich bin so was von Frau,
dass ich mir das einfach gönne!*

Also, sind wir uns einig: Die Frauen, die sich trauen, mal einen Blick in einen Schwulenporno zu werfen, finden es ziemlich oft ziemlich gut. Egal, ob sie heterosexuell sind, transgender oder homosexuell und eigentlich mit Frauen schlafen. Bleibt noch das Warum. Viele unserer Hörerinnen schreiben uns und fragen sich und uns, warum es eigentlich so ist, dass sie das mögen. Warum finden viele Frauen Gaypornos geil?! Es gibt doch schließlich Millionen von Pornos für Heteros, in denen ganz klassisch Männer mit Frauen und umgekehrt Sex haben.

Grund eins: Männer können besser gucken als denken – Frauen auch. Stets hieß es, dass die weibliche Sexualität nicht so sehr visuell sei. Forscherin Lucy Neville meint, dass das schon lange nicht mehr gilt. Im Gegenteil: Frauen lieben die schönen Körper in Schwulenpornos, durchtrainierte Arme, Brust, Knackhintern, hübsches Gesicht. Diesen gelebten Körperkult finden sie in den üblichen Heteropornos nicht oder nur selten.

NICOLE: Och nö. Finde ich nicht! Ich hab mich ja hier schon geoutet. Von mir aus können das auch die Bären sein, die Haarigen, etwas Runderen, ich brauche gar nicht diese Modeltypen.

YVONNE: Du bist abartig! Ich mag das, wenn Typen mit muskulösen Körpern miteinander schlafen. Außerdem, und das ist ein ganz wichtiger Punkt für mich, kommen mir Schwulenpornos viel authentischer vor. Im Gegensatz zu angeblichen Lesben im Lesbenporno, die dann aber wie gesagt so lange Fingernägel haben, dass sie sämtliche Muschis aufschlitzen, glaube ich den Typen in den Gaypornos ihre Geilheit.

NICOLE: Das liegt vielleicht auch daran, dass man Männern per se Geilheit unterstellt.

YVONNE: Aber das haben wir ja mittlerweile gelernt: Das, was man aufgrund seiner Erziehung, seiner Umstände, seiner bisherigen Erfahrung annimmt, stimmt oft nicht. Ich finde, die Kerle sehen einfach megaerregt aus, und ich schaue mir gerne ihre Penisse an. Wann bekomme ich sonst so was schon zu sehen?! Und dann denke ich oft: Als Kerl würde ich genauso aussehen!

NICOLE: Wie ein Pornodarsteller?

YVONNE: Wie ein gepflegter, hübscher Pornodarsteller! Ja!

Hier haben wir Grund zwei für viele Frauen, sich Gaypornos anzuschauen: Frauen suchen im Porno viel mehr als Männer authentische, nachvollziehbare Sexszenen. Sie wollen realistische Geilheit sehen. Bei Heteropornos vor allem im Mainstreambereich kommt das oft zu kurz.

Und noch etwas ist wichtig: In Gaypornos hängt an dem Geschlechtsorgan oft noch ein schöner Mann. Ganz anders als bei den meisten Heteropornos. Da ist es genau andersherum: ein Geschlechtsorgan auf Solopfaden. Der Mann dazu? Ist kaum zu sehen. Oder vielmehr, es konzentriert sich alles auf eins: seinen Penis. »The disembodied cock« nennt Lucy Neville das – der körperlose Penis. Frauen, so sagt die Forscherin, reicht das nicht, um in Stimmung zu kommen. Frauen wünschen sich eher ein Gesamtpaket aus Körper plus nachvollziehbarer Geschichte.

Zada (51) aus Ludwigshafen: Als ihr neulich über Pornos gespro-
chen habt, musste ich so lachen. Ihr habt recht. Das, was am klas-
sischen Porno total schlimm ist, ist die Handlung. Bzw. die nicht
vorhandene Handlung. Dingdong, Handwerker da, Klamotten
runter, abgespritzt! Da komme ich gar nicht erst in Stimmung,
weil ich immer denke: Hä? Wer macht denn so was? Sofort mit
jemandem zu vögeln, der grade geklingelt hat, um irgendwas
zu reparieren. Ich glaube, das ist eine total männliche Vorstel-
lung, dass sie überall einfach ihren Penis reinstecken können.
Ich merke an mir, dass ich es viel erregender finde, wenn sich
so eine Handlung anbahnt. Wenn man sich fragt, ob sie zusam-
menkommen, und ein bisschen mit den Protagonisten leidet, das
Knistern spürt und dann erlöst wird, wenn sie übereinander her-
fallen. Stichwort Bridgerton. Kennt ihr diese Serie? Das ist zwar
kein Porno, aber so geil angelegt, dass man bei den Sexszenen
das Gefühl hat, man ist selbst dabei. Und das gilt auch für den
Porno. Ich wünsche mir im Porno mehr Handlung, um das, was
ich da sehe, auch mitfühlen zu können.

Fehlende Handlung ist ein Grund, warum viele Frauen mit
Heteropornos nicht allzu viel anfangen können und lieber auf
Gaypornos ausweichen, die von einem Großteil wenigstens als
überwiegend authentisch empfunden werden.

   Ein weiterer Grund ist die Rolle der Frau in diesen Filmen.
Gefühlt geht es darin seit Jahrzehnten nur um eins: den Spaß
des Mannes. Die Frau ist dazu da, seine Bedürfnisse zu befriedigen. Was kriegen wir da geboten? Die Frau, die bereits vor
Lust erzittert, wenn sie den Mann und seinen Penis sieht. Die
Frau, die sich kaum beherrschen kann, wenn er sie nur mal
kurz berührt. Und wo berührt er sie? Am Busen, dann reibt er
wie wild zwischen den Beinen, und schon ist sie fast bewusst-

los vor Lust – und kann es kaum abwarten, ihn dann minutenlang oral zu befriedigen und sich seinen Penis so weit in den
Mund zu schieben, bis er zu den Ohren wieder rauskommt. Ihr
Körper, ihr Mund, ihre Scheide, ihr Poloch – alles ist ständig zu
sehen, und ständig verschwindet darin ein Penis.

NICOLE: Ups, steigern wir uns da vielleicht rein?

YVONNE: Können wir mal ein Fenster aufmachen,
bitte? Jetzt ist mir gerade ganz heiß geworden!

NICOLE: Okay, wenn man das so beschreibt, klingt
es doch irgendwie erotisch. Aber trotzdem finde
ich tatsächlich aus diesem Grund keinen Zugang
zu Heteropornos. Mir gefällt die Rolle der Frau
einfach gar nicht. Immer ist sie das Objekt, das
jemand zur Befriedigung seiner Lust benutzt. Ein
Mann, manchmal auch zwei oder drei. Sie klemmt
dazwischen, und überall wird ihr etwas reingesteckt.

YVONNE: Wie eine Befriedigungsmaschine ohne Mitspracherecht. Das vermittelt kein gutes Frauenbild.

NICOLE: Die Frau ist nicht selbstbestimmt dabei. Sie
wird hergenommen, und danach darf sie nach Hause
gehen. Vorher vielleicht noch mal feucht durch-
wischen, wenn da einer reingespritzt hat. Das hat
absolut nichts mit Gleichberechtigung zu tun. Und es
macht mich leider auch nicht an, weil ich diese Ebene
immer mitdenke: Sie ist nur die gevögelte Requisite.

YVONNE: In der Schwulenwelt kehrt sich das um. Bei einem Dreier hängt ein Mann dazwischen. Wird von hinten genommen, bläst vorne. Aber trotzdem kommt es gleichberechtigt rüber, weil die auch zwischendurch die Positionen wechseln.

NICOLE: Und aus der Sicht einer heterosexuellen Frau sage ich, man sieht auch mal Sex, den man so nicht kennt. Also wann guckt man als Heterofrau schon mal zwei Männern beim Vögeln zu?!

YVONNE: Genau! Und das ist hochgradig erregend. Selbst für mich, als lesbische Frau! Ich sehe mir das total gern an.

Zur Wahrheit gehört allerdings auch, dass es bei Schwulenpornos – und da unterscheiden sie sich nicht von Heterofilmen – schöne und scheußliche gibt. In manchen sind nur modelähnliche Kerle vor einer Wahnsinnskulisse zu sehen. Da wird in prächtigen Villen gevögelt oder im Sonnenschein auf einem Felsen am Meer, umrahmt von Jachten. Und dann gibt es die andere Kategorie, wo das Budget gnadenlos zugeschlagen hat und der Sex im Hinterzimmer von einem heruntergekommenen Billardladen stattfindet.

Durch die Verbreitung des Internets haben Letztere, nämlich Amateurpornos, in allen Bereichen zugelegt. Da, wo in den Achtzigerjahren noch eine riesige Crew am Set eines Pornos gearbeitet hat, konnten plötzlich Gerda und Karl-Heinz die Kamera aufbauen und losvögeln. Oder sagen wir lieber, Dieter und Karl-Heinz, denn es geht ja hier um Gaypornos. Hunderttausende Deutsche drehen ihre Privatpornos entweder nur für sich oder, um damit etwas Geld zu verdienen.

NICOLE: Ich kannte mal ein Pärchen, die haben das ganz offen überall erzählt, dass sie gemeinsam erotische Filme drehen. Sie meinten dann, dass sie sich das halt gerne danach noch mal anschauen und sich gegenseitig so megaerotisch finden, dass sie keine weiteren Anheizer oder Pornos mit anderen Menschen darin brauchen.

YVONNE: Sind die immer noch in deinem Bekanntenkreis? Die würde ich ja gerne mal kennenlernen!

NICOLE: Leider nicht, und die Geschichte geht auch nicht gut aus. Denn irgendwann, so erzählte mir eine gemeinsame Bekannte, kamen die beiden auf die Idee, das Ganze zu kommerzialisieren. So nach dem Motto: Wir filmen uns ja eh gerne beim Sex, warum damit kein Geld verdienen. Das klang wohl anfangs ganz gut. Ich habe gehört, man kriegt um die 250 Euro für Sex mit dem eigenen Partner, und zwar für Homo- wie für Heterosexuelle!

YVONNE: Cool! Ich kenne viele Paare, bei denen mittlerweile so wenig läuft, dass ein finanzieller Anreiz gar nicht so schlecht wäre!

NICOLE: Mensch, es geht darum, dass diese zwei netten Leutchen Pornostars in ihren eigenen Amateurfilmen werden wollten. Dann haben sie wohl ein paar Filme gedreht und hochgeladen, aber leider wurden die kaum angeklickt, und deshalb haben sie damit auch fast nix verdient. Dann haben sie es mit Selbstbefriedigung versucht. Dafür gibt es wohl so um die 150 Euro, wenn es die Frau macht. Das hat sie dann eine Weile

getan, aber er wurde extrem eifersüchtig, und schließlich haben sie sich getrennt. Ist das nicht traurig?

YVONNE: Vom coolen, verliebten Amateur-
pornopärchen über die einsame Selbstbefriedigung zum Liebes-Aus. Ja, das ist traurig.

Die Entkommerzialisierung der Pornografie war tatsächlich
eine große und nachhaltige Bewegung. 2006 gründete sich
das Sexportal YouPorn, das mittlerweile Tausende Nachahmer
weltweit hat, wie zum Beispiel Xtube, Pornhub, xHamster und
unzählige andere. Das Prinzip ist immer gleich. Jede und jeder
kann dort seine Filme hochladen und nach redaktioneller Prü-
fung der breiten Öffentlichkeit zugänglich machen. Im Premi-
umbereich sind die Filme dann kostenpflichtig. Auf den meisten dieser Portale sind mittlerweile Heteropornos mit allen
Spielarten, wie zum Beispiel Amateur, kinky, BDSM, genauso
vertreten wie Gaypornos.

*Musti (27): Hey, ihr zwei. Ich finde es voll okay, wenn meine Frau
sich gerne Pornos mit zwei Männern anguckt. Ich gucke mir ja
auch Filme mit zwei Frauen an. Komisch finde ich aber, wenn
das solche Fetisch-Filme sind. Neulich hat sie für uns beide so
was rausgesucht, da hatten alle eine Maske an und wurden auf
die eine oder andere Art gequält. Da habe ich mich gefragt, ob
sie das jetzt geil findet oder warum sie so was raussucht. Glaubt
ihr, dass Filme auch die sexuellen Wünsche verändern können?*

Gegenfrage, Musti: Wirst du ein Sportler, weil du regelmäßig
die Sportschau guckst? Nein. Und durch das Anschauen von
Schwulenpornos wird deine Freundin auch nicht zum homose-

xuellen Mann und überrascht dich demnächst mit Umschnall-Penis und Gleitcreme. Filme haben ebenso wenig die Macht, sexuelle Vorlieben zu verändern. Allerdings können sie den Horizont erweitern, und das könnte bei deiner Frau natürlich jederzeit passieren. Was man nicht kennt, das kann man sich auch nicht wünschen. Erst die Kenntnis über etwas kann in einem Menschen den Wunsch danach reifen lassen. Wir würden dir und jedem, der solche Zweifel hat, raten, das einfach anzusprechen. Versuche es doch beim nächsten Mal, wenn sie wieder so einen Film anschleppt. Frag sie geradeheraus, ob sie sich das, was ihr dort seht, auch im Bett vorstellen könnte. Wenn sie Ja sagt und du nicht total abgeneigt bist, überlegt vielleicht gemeinsam, wie ihr das umsetzen könnt. Es müssen ja nicht gleich Maske und Peitsche sein. Ein bisschen fesseln und den Popo ganz sanft versohlen ist schon mal ein guter Einstieg. Besprecht vorab ganz genau, was ihr euch wünscht. Wer sollte den dominanten Part haben? Wie weit könnte die »Qual« gehen? Dass bei BDSM oder auch Sado-Maso immer mal einer der Beteiligten um Gnade bettelt, ist quasi normal. Damit es aber keine Missverständnisse gibt, solltet ihr unbedingt ein sogenanntes Safe-Word vereinbaren, das euch beiden zeigt: Hier geht es nicht um lustvolles Gewinsel, sondern gerade ist echt ein Punkt erreicht, wo einer nicht mehr weitermachen will.

Aber kommen wir zurück zu den Gaypornos, die Mustis Frau ja anscheinend auch ganz gerne schaut.

Was erwartet frau, wenn sie sich die ersten Gaypornos anguckt? Die Antwort: Die ganze Bandbreite, die es auch im Heteroporno gibt, aber mit Ausflügen in Praktiken, die sie vielleicht so noch nie gesehen hat.

NICOLE: Ich sage, haltet die Fernbedienung in Griffweite. Dann könnt ihr schnell wegschalten, wenn es euch zu heftig wird.

YVONNE: Na, das gilt aber auch für Heteropornos.

Bei den Spielarten, den Varianten, den verschiedenen Vorlieben, Fetischen und Extremen ist es bei Schwulenpornos nicht anders als beim Heterosex und den entsprechenden Filmen. Es gibt nichts, was es nicht gibt. Knutschen, fummeln, Blow-Jobs, Handbetrieb, Analverkehr mit dem Penis oder mit Fingern, der ganzen Hand, der Faust oder auch dem Arm. Für viele Männer ein Genuss, der die Prostata stimuliert. Allerdings einer, der vorbereitet werden sollte, indem das Poloch langsam gedehnt wird. Und natürlich ist es, je extremer es wird, auch die Grenze zum Schmerz, die durchaus lustvoll sein kann. Manch einer findet es ja reizvoll, heißes Kerzenwachs auf die Haut zu träufeln. Das tut weh und kann gleichzeitig sehr lustvoll sein, wenn man so etwas mag.

YVONNE: Das Krasseste, was ich je in einem Porno gesehen habe: Da saß einer auf einer Art Gynäkologenstuhl, und sein Freund hatte schon einen Arm komplett drin. Und dann hat er noch den zweiten reingesteckt!

NICOLE: Ist ja wie Kinderkriegen von hinten. Ich frage mich, wie das möglich ist!?

YVONNE: Da kannst du mal sehen, was für ein Leistungsträger der Schließmuskel in unserem Körper ist.

NICOLE: Anatomisch hochinteressant. Ob der Schließmuskel anschließend allerdings noch das leisten kann, was er vorher konnte? Ich weiß nicht ...

> **YVONNE:** Ich schätze mal, der eine oder andere hat sich bestimmt Gedanken drüber gemacht, sich noch ganz andere Kaliber in den Po zu stecken. Ich zum Beispiel denke grade an ... eine Melone!

NICOLE: Och nöö. Jetzt kommt wieder Sex mit Gemüse. Das hatten wir doch schon. Lasst das arme Gemüse in Ruhe! Bis eben fand ich es noch sexy, mir vorzustellen, wie lustvoll das alles sein kann, was ich da im Schwulenporno entdecke. Und jetzt kommst du mit einer Melone im Hintern!

Sorry, aber erlaubt ist, was den Beteiligten gefällt. Und wie gesagt, gerade die authentische Lust der Männer ist es, die viele Frauen zu begeisterten Gayporno-Zuschauerinnen macht. Die gleichberechtigte Geilheit und der offenbar natürliche Anspruch auf den Orgasmus lassen uns Frauen diese Filme viel unvoreingenommener anschauen als so manchen Heteroporno, in dem unser eigenes Geschlecht oft nicht besonders gut wegkommt, um es mal vorsichtig auszudrücken.

> **YVONNE:** Weißt du eigentlich, was »schwule Mädchen« sind?

NICOLE: Leute wie du?

> **YVONNE:** Ich bin ein homosexuelles Mädchen, du Honk!

NICOLE: Ein Song von »Fettes Brot«?

> **YVONNE:** Auch! »Schwule Mädchen« nennt man, wie
> ich neulich erfahren habe, auch die Frauen, die sich
> sexuell zu homosexuellen oder bisexuellen Männern
> hingezogen fühlen. Nicht zu verwechseln mit Frauen,
> die sich einfach gerne mit schwulen Männern umge-
> ben oder deren Kumpels schwule Männer sind.

NICOLE: Das ist aber auch praktisch. Du kannst
ausgehen und Spaß haben, überall in Ruhe was trinken und wirst nicht angebaggert. Der schwule Kumpel als Bollwerk und nette Begleitung gleichzeitig.
Haben wir auch im Freundeskreis und sagen dazu
offen und sehr liebevoll »Schwulenmuttchen«.

> **YVONNE:** Die sind aber nicht gemeint, sondern
> Frauen, die die Vorstellung ganz geil finden, mit einem
> homosexuellen Mann zu schlafen, und zwar als Frau
> oder – und jetzt wird es kompliziert – als Mann. In der
> Vorstellung dieser Frauen geht ein heißer Film dazu
> ab, wie sie Männer als Mann vögeln und nicht als Frau.
> Ein interessanter Grund für Frauen, sich Gaypornos
> anzuschauen. Dazu haben wir auch Post bekommen.

*Frauke (48): Ihr Lieben, ich bin verheiratet und habe zwei mitt-
lerweile fast erwachsene Kinder. Ich habe mein ganzes Leben
lang mit Männern geschlafen und würde mich als stockhetero
bezeichnen. Neulich habt ihr über sexuelle Fantasien gesprochen, und genau deshalb schreibe ich heute. Wenn ich so über
meine sexuellen Fantasien nachdenke, dann weiß ich gar nicht*

genau, ob ich wirklich ganz normal bin. Es ist kompliziert. Ich denke beim Sex und bei der Selbstbefriedigung an Männer. Aber: In meiner Fantasie bin ich auch ein Mann. Ich habe einen Penis und schlafe mit diesen Männern, und zwar so, dass sie vor mir knien und ich tief in sie eindringe. Jetzt, wo ich an unserem Küchentisch sitze und das so nüchtern als Mail an euch in den Laptop tippe, kommt es mir noch verrückter vor. Ich schaue mir auch gerne, wenn ich mal Zeit für mich habe und sicher bin, dass niemand zu Hause ist oder bald nach Hause kommt, Schwulenpornos auf dem Handy an. Ich finde das so heiß, dass ich schon totales Herzrasen kriege, wenn ich nur plane, mir gleich so einen Film anzusehen. Das ist einfach um ein Vielfaches erregender als Heteropornos. Mit denen kann ich gar nichts anfangen. Aber wenn ich zwei Männern beim Sex zugucke, geht bei mir voll die Fantasiemaschine an, und ich stelle mir vor, wie ich einem Mann meinen Penis in den Mund stecke oder mich zwischen seinen Pobacken reibe und dann in ihn eindringe. Das ist mir alles so peinlich, bitte verratet im Podcast nicht meinen Wohnort, der ist so klein, da weiß jeder sofort, wer ich bin. Aber könnt ihr mir bitte sagen, ob ihr so was schon mal gehört habt oder ob ich vielleicht irgendwie total abartig bin?!

Sexuelle Fantasien, die sich unter erwachsenen, gleichberechtigten Menschen abspielen, sind per se niemals abartig. Und das, was du berichtest, Frauke, haben wir in der Tat schon gehört. Du bist mitnichten allein. In der Fantasie ist vieles möglich, ohne andere zu verletzen, und vor allem, ohne bewertet zu werden – und das ist hier ganz wichtig. Diese Kategorien »abartig«, »peinlich«, »nicht normal« solltest du nicht als Maßstab an deine Fantasien und Träume anlegen. Das, was sich für dich in diesem Moment gut anfühlt, ist nicht verboten. Deine

Fantasien gehören dir allein, sie sollen dich beflügeln, dir Freude bereiten, und du musst dich dafür nicht rechtfertigen. Es ist allerdings ganz toll, dass du sie mit uns teilst und so all den anderen, denen es genauso geht, zeigst: Es gibt unendlich viel rechts und links des Weges, und all das ist okay.

> **YVONNE:** Ich stelle mir auch total gerne vor, ein Mann zu sein. Selbstverständlich nur im Bett, sonst wäre mir das zu anstrengend.

NICOLE: Und was heißt das, du bist ein Mann in deiner Fantasie? Du guckst an dir runter und hast einen Pimmel und behaarte Beine?

> **YVONNE:** So in etwa. Eigentlich mache ich mir nicht so viele Gedanken um den Rest. Es ist eher so, dass ich in meiner Fantasie, in meinem privaten Sexfilm im Kopf, an mir runterschaue und einen riesengroßen, fleischigen Penis habe.

NICOLE: Wie groß ist das Ding, und welche Farbe hat es? Sorry, dass ich da so genau nachfragen muss, aber ich möchte schon wissen, wie der Penis meiner besten Freundin aussieht, auch wenn es nur in der Fantasie ist!

> **YVONNE:** Er ist riesig, sag ich doch, sehr lang, sehr dick und schweinchenrosa und mit Adern durchzogen. Ich würde sagen: eine richtige Fleischpeitsche!

NICOLE: Oh! Und schläfst du dann in deiner Vorstellung mit Männern oder Frauen?

YVONNE: Da bleibe ich mir treu. Ich bin in meiner Fantasiewelt ausnahmsweise heterosexuell und vögele mit meiner gigantischen Fleischpeitsche nur Frauen!

Gut, aber das ist der Story von Frauke ja eigentlich sehr ähnlich. Die heterosexuelle Frauke hat in ihrer Fantasie einen Penis und vögelt Kerle, und die homosexuelle Yvonne hat einen noch viel größeren Penis und vögelt Frauen. Insgesamt haben wir jetzt schon einige Motivationen gesammelt, die Frauen haben, um sich Gaypornos anzuschauen: schöne Körper, gleichberechtigter Sex, echte Geilheit, persönliche Fantasien.

Bleibt die Tatsache, dass sich die meisten der Frauen, die sich an uns wenden und uns berichten, dass sie Gaypornos mögen, mit der Frage herumschlagen: Bin ich normal? Darf ich das?

Gegenfrage: Woher stammt dieses Schuldgefühl, diese Scham? Kein Mann käme auch nur im Entferntesten auf die Idee, sich unnormal zu finden, weil er gerne zwei Frauen beim Sex zusieht. Übrigens: Auch keine Frau käme auf die Idee, das bei einem Mann unnormal zu finden.

Um herauszufinden, warum wir Frauen uns oft so unwohl mit der Freude an Gaypornos fühlen, müssen wir noch einmal die Wissenschaft bemühen. Die Sexualwissenschaftlerin Lucy Neville, die wir früher in diesem Kapitel schon haben zu Wort kommen lassen, hat sich auch mit diesem Aspekt auseinandergesetzt. Bei ihren Interviews mit Frauen, die gerne Schwulenpornos anschauen, fiel ihr immer wieder auf, wie sehr sich diese Frauen damit beschäftigen, dass es nicht sein kann, Pornos und besonders Schwulenpornos zu mögen.

Neville glaubt, das gehe darauf zurück, dass Frauen in der gesellschaftlichen Wahrnehmung nicht als sexuelle Wesen gelten – trotz allem Wandel der Rollenbilder. Die Attribute, die wir mit Frausein und Weiblichkeit gleichsetzen, sind Zartheit, Dezenz, Fürsorge. Weiblich zu sein bedeutet auch heutzutage für uns noch, die eigenen Bedürfnisse hintanzustellen und sich um andere zu kümmern. Ausgelebte sexuelle Begierde, aggressive Lust, Befriedigung von Bedürfnissen in Fantasie oder Realität passen da oft nicht hinein.

Janna und Serena (beide 17) aus Dresden: Wir zwei sind beste Freundinnen und kein Paar, falls ihr das dachtet. Wir kennen uns seit der Grundschule und machen fast alles zusammen. Irgendwann haben wir angefangen, Sex-Education zusammen zu gucken, und fanden das nicht nur lustig, sondern auch spannend. Später haben wir dann auch mal echte Pornos angeschaut, um noch ein bisschen mehr zu erfahren. Und zwar alles, was es da so gab, Filme mit Männern und Frauen, reine Frauenfilme, die wir aber nicht toll fanden, und Männerfilme, wo zwei Kerle es sich gegenseitig besorgen. Das war schon heiß und auch interessant.

Bisher haben wir mit niemandem darüber gesprochen. Seit ein paar Wochen haben wir aber beide einen Freund, und wir fragen uns, ob wir mit denen darüber reden können. Was ist eure Erfahrung? Stößt Jungs das eher ab, oder finden sie das gut? Es geht ja eben nicht nur um Pornos, sondern um Männerfilme, also Homopornos. Unser Problem ist nämlich, wenn wir es ihnen sagen und sie das voll schlimm finden, dann macht das hier schnell die Runde, und dann stehen wir total blöd da!

In der Tat geht man bei Jungs sehr selbstverständlich davon aus, dass sie irgendwann, während sie heranwachsen, mal Pornos oder zumindest pornografische Bilder angeschaut haben.

Bei Mädchen gilt das leider immer noch als ungewöhnlich. Euch beiden können wir sagen: Nach unserer Erfahrung finden Jungs und Männer es eher gut, wenn Mädchen und Frauen sexuell aufgeschlossen sind. Sie werden euch vermutlich nichts Schlechtes unterstellen, wenn ihr ihnen erklärt, dass ihr diese Filme gerne anseht und das nicht nur interessant, sondern auch erregend findet. Heterosexuelle junge Männer sind allerdings oft weniger aufgeschlossen als Mädchen im gleichen Alter. Ihr könnt also nicht unbedingt damit rechnen, dass sie gemeinsam mit euch Gaypornos konsumieren. Aber das muss ja auch nicht sein. Bleibt im Dialog mit ihnen, sagt ihnen, was ihr mögt, und schaut euch die Gaypornos als Freundinnenritual weiterhin zu zweit an. Ihr könnt euch sicher sein, ihr seid mit eurer Vorliebe nicht allein. Es gibt unzählige Studien aus den vergangenen Jahren, die zeigen, dass immer mehr Jugendliche schon früh Pornografie in allen Spielarten konsumieren.

NICOLE: Leider gehört aber auch zur Wahrheit, dass das gar nicht so gut für ganz junge Menschen ist. Und das sage ich jetzt nicht nur, weil ich selbst Mutter bin.

YVONNE: Das stimmt. Zu viel Pornokonsum tötet die Fantasie und setzt gerade bei jungen Leuten falsche Maßstäbe. Niemand ist immer geil und immer bereit, so wie in diesen Filmen, niemand kann stundenlang Sex haben. Es ist total wichtig, das immer wieder zu sagen: Sex ist keine Performance, kein Leistungssport, wo man liefern muss, sondern er sollte euch glücklich und ausgeglichen machen.

NICOLE: Man sollte sich von seinem Bauchgefühl und seiner Lust treiben lassen und sich fragen: Gefällt mir das, was ich da tue, oder möchte ich vielleicht gerade lieber etwas anderes tun? Völlig wurscht, wie es aussieht.

YVONNE: Meistens ist es ja sogar so: Die Dinge, die sich am besten anfühlen, sehen am blödesten aus. Die würden es niemals in einen Hochglanz-Porno schaffen. Die Performance im Sinne von pornotauglichen Sexstellungen sollte jedem, nicht nur jungen Leuten, total egal sein. Was zählt, ist das gute Gefühl!

NICOLE: Untenrum!

YVONNE: Ganz genau!

Wenn wir das im Hinterkopf haben, können wir sagen: Frauen sollen unbedingt mit ihrer Sexualität offensiver umgehen. Das heißt nicht, man muss überall damit hausieren gehen, dass man Pornos schaut und dazu sexuell aktiv ist. Aber es bedeutet, sich in einem sicheren Kreis aus Partner und/oder Freunden nicht zu verstellen, um alte Rollenbilder zu bedienen. Frauen, die offen mit ihrer Sexualität umgehen und dazu stehen, was sie mögen, sind kein bisschen weniger weiblich als Frauen, die das bewusst verschweigen.

Aber uns ist auch klar: Rollenbilder, die seit Jahrhunderten bestehen, sitzen tief und unbewusst fest. Es braucht Zeit, bis dies aufbricht und sich verändert. Doch immerhin reden Frauen darüber, in Internetforen oder auch bei uns im Podcast »Ladylike«.

Wichtig ist aber auch: Pornokonsum sollte niemals die Fantasie ersetzen. Es ist von Bedeutung, dass man auch durch den »Film im Kopf«, seine persönlichen Fantasien, in Stimmung kommt. Warum? Weil unsere eigene Fantasie uns ganz viel darüber sagt, was für Menschen wir sind. Was wir mögen, was nicht. Das ist wichtig. Auf der anderen Seite ist eine Fantasie nicht die Realität. In unserem Kopf können wir alles durchspielen, was wir wollen. Das heißt aber noch lange nicht, dass wir es auch wirklich erleben wollen. Wir können uns Schwulenpornos ansehen, das genießen und dabei auch herrlich masturbieren. Wir sind deshalb weder ein schwuler Mann in einem Frauenkörper, noch wollen wir Sex mit schwulen Männern, jedenfalls mehrheitlich nicht. Die Gedanken sind frei!

YVONNE: Es gibt einfach Dinge, die findet man in der Vorstellung erregend, würde sie aber in der Realität niemals machen. Ich kenne viele heterosexuelle Frauen, die gerne lesbische Pornos schauen, weil es sie total erregt. Die sind aber nicht lesbisch.

NICOLE: Vielleicht sind sie es tief im Inneren doch. Sie müssten es nur mal ausprobieren.

YVONNE: War das jetzt ein konkretes Angebot? Willst du mir was sagen?

NICOLE: Nein, ich bin schließlich eine verheiratete Frau! Aber all das, worüber wir sprechen, schreit doch danach, dass da mehr sein muss. Wieso findet man zum Beispiel die schwule Welt total geil, wenn man eine heterosexuelle Frau ist? Da ist doch mehr unter der Oberfläche, oder?

YVONNE: Auf jeden Fall, und zwar eine völlig freie Fantasie, in der alles möglich ist! Du hast bestimmt auch Fantasien, die du von der Vorstellung her total sexy findest, aber niemals in die Tat umsetzen würdest.

NICOLE: Absolut. Aber ich rede lieber über *deine* geilen Fantasien als über meine.

YVONNE: Okay – stell dir mal vor: Du bist Single, du triffst im Kölner Karneval zwei offensichtlich schwule Männer, mit denen du dich gut verstehst – und die laden dich dann ein, mit zu ihnen auf ein Bier zu kommen. Dort gestehen sie dir, dass du die einzige Heterofrau bist, bei der sie schwach werden würden, und beginnen miteinander rumzumachen. Würdest du dich drauf einlassen?

NICOLE: Ich weiß nicht, in der Realität ist das schon 'ne andere Nummer als in der Fantasie. Natürlich würde ich mich geschmeichelt fühlen, aber mitmachen? Ich glaube nicht!

YVONNE: Lüge! Du hattest doch mal was mit einem bisexuellen Mann.

NICOLE: Aber das hat er mir erst hinterher gesagt. Ich war davon ausgegangen, dass er hetero ist.

YVONNE: Doch du hast dich zu ihm hingezogen gefühlt.

NICOLE: Ja, das stimmt. Er war aber auch wirklich wahnsinnig hübsch.

YVONNE: Siehst du. Sind die Grenzen nicht manchmal fließend? Fantasie – Wirklichkeit ... Du bist ein schwules Mädchen!

PORNOS NUR FÜR FRAUEN

Dagmar (41) aus Königswinter: In einem eurer letzten Podcasts hat Yvonne auch darüber gesprochen, dass es tolle Pornos von Frauen für Frauen gibt. Früher hatte ich mit Pornos gar nichts zu tun, aber seit zwei Jahren habe ich einen wunderbaren Mann an meiner Seite, der mich da so ein bisschen herangeführt hat. Mein Freund sieht sich gerne Pornos an, und er teilt das mit mir. Das finde ich gut. Wenn er das alleine machen würde, während ich auf der Arbeit bin, würde ich mir auch glatt ein bisschen betrogen vorkommen. Wir gucken uns die Filme gerne zusammen am Wochenende an, und währenddessen haben wir auch meistens Sex. Und da ist auch schon mein Problemchen. Er kommt viel schneller auf Touren als ich. In diesen Filmen geht es ja meist relativ schnell zur Sache. Das ist für meinen Schatzi okay, aber für mich zu flott. Oft bin ich noch gar nicht so weit. Als ich neulich bei euch von den Frauenpornos hörte, dachte ich, das wäre vielleicht etwas für mich, und mein Freund meinte, ich soll mich doch mal von euch beraten lassen!

YVONNE: Na klar! Diese Beratung kann ich direkt übernehmen. Wie ich zu Beginn des Kapitels ja schon kurz sagte, mag ich einfach nicht mehr so wahllos Pornos konsumieren. Ich bin weiterhin ein Riesenfan von Pornofilmen, aber weil mir herkömmliche Heteropornos wie so vielen Frauen aus der

Community keinen Spaß mehr machen, habe ich
meine Filmbibliothek ein bisschen ausgemistet.

NICOLE: Sind denn noch Gaypornos dabei,
oder sind die auch rausgeflogen?

> **YVONNE:** Na, du kennst mich, an manchen Din-
> gen hänge ich so sehr, dass ich sie schlecht ent-
> sorgen kann, auch wenn sie mir auf den Nerv
> gehen. Bei dir ist das zum Beispiel so!

NICOLE: Vielen Dank!

> **YVONNE:** Nein, im Ernst. Es gibt noch ein paar Gay-
> pornos, und zwei, drei meiner liebsten Heteropornos
> sind auch noch da, aber den Rest habe ich entsorgt
> und mit Pornos von Frauen für Frauen ersetzt. Und
> zwar, weil ich festgestellt habe, dass ich erstens
> mit dem Frauenbild besser klarkomme und zwei-
> tens auch die Storys dahinter viel mehr mag.

Insgesamt schauen nach unserer Erfahrung und etlichen
Erhebungen zwar immer noch weitaus weniger Frauen als
Männer Pornos. Aber es werden mehr. Und wenn Frauen
Pornos gucken, dann sind sie zunehmend auf der Suche
nach neuen, frauenfreundlichen Inhalten. Viele schauen, wie
eben beschrieben, deshalb lieber Gaypornos. Andere suchen
auch dazu Alternativen und werden mehr und mehr fündig.
Die Frauen aus unserer Community berichten, dass sie sich
authentische, nachvollziehbare Szenen wünschen, die nicht
frauenverachtend sind. Verständlich. Mit dem Hintergedan-

ken im Kopf, dass man sich eigentlich über die Darstellung der stets verfügbaren Frau ärgert, kann ja auch niemand lüstern werden.

NICOLE: Während meines Studiums wohnte ich über einer Videothek. Das war toll. Damals machten die Geschäfte noch um 18:30 Uhr zu, und das war der Ort, wo ich mich auch nach Ladenschluss noch mit Schokoriegeln und Prosecco versorgen konnte. Außerdem gab es in dieser Zeit keinen Sonntagnachmittag für mich ohne einen Stapel von VHS-Kassetten mit den neuesten Hollywoodfilmen.

YVONNE: Hollywoodfilme oder Pornos?

NICOLE: Nein, tatsächlich Hollywood. Aber links neben der Kasse begann der Pornobereich nur für Erwachsene, und während meiner kompletten Studienzeit war der erste Film in der obersten Reihe des ersten Regals einer mit dem schönen Titel *Donnerfotzen!*

YVONNE: Donnerfotzen? Na, das klingt ja wahnsinnig erotisch. Wer leiht denn so was aus?

NICOLE: Habe ich mich auch immer gefragt, aber da der Film über Jahre verfügbar war, muss es ja Abnehmer gegeben haben. Eigentlich ärgere ich mich, dass ich den nie ausgeliehen habe. Im Nachhinein hätte mich echt brennend interessiert, was eine Donnerfotze genau ist und was sie so treibt.

YVONNE: Also sicher ist, das war kein FemPorn! Wenn Frauen etwas garantiert nicht wollen, dann, dass man erst ihr wunderschönes Geschlechtsteil verunglimpft und dann ihre Sexualität auf dieses verunglimpfte Geschlechtsteil reduziert.

Ganz im Gegenteil. Gefragt sind gute Plots, selbstbestimmte Frauen, knisternde Erotik, Diversität und Vielfalt. Vorreiterin und Urmutter der Pornofilmerei für Frauen ist die schwedische Regisseurin Erika Lust. Bei ihr sind Frauen zwar durchaus attraktiv, aber so, wie der liebe Gott sie geschaffen hat. Kein, wie am Porno-Set oft üblich, gebleichter Analbereich, keine aufgepumpten Brüste, kein Bunny-Kostüm.

Yasmina (32) aus Brühl: Ich danke euch für den Tipp mit Erika Lust. Und daher gleich mal ein Tipp von mir zurück. Five Hot Stories For Her. Das sind fünf sehr heiße verfilmte Kurzgeschichten. Ich bin so begeistert! Die habe ich meiner besten Freundin als DVD geschenkt. Wenn mir jemand vor zwei Jahren gesagt hätte, dass ich mal einer Freundin Pornos schenke, hätte ich ihn oder sie für verrückt erklärt. Aber hier ist das mit der Erotik so geil gemacht, das ist überhaupt nicht schäbig. Also danke, danke, Ladys!

Gerne, gerne. Wichtig ist zu den neuen Frauenpornos zu sagen: Lasst euch nicht abschrecken davon, dass diese Sexfilme auch unter dem Etikett »Feministischer Porno« daherkommen. Die Lust steht wie bei den herkömmlichen Pornos im Mittelpunkt, aber die Sicht darauf ist durchweg weiblich. In diesen Filmen finden Dinge Platz, die in der üblichen, sehr männlich geprägten Porno-Industrie undenkbar sind. Als da wären: Handlung, gleichberechtigt agierende Darsteller, tolle Sets, in denen nach-vollziehbarer, lustvoller Sex stattfindet.

Auch hinter der Kamera finden sich ganz andere Struktu-ren als in der Mainstream-Porno-Industrie. Dort sind Männer meist die Produzenten der Filme, Männern gehören die Fir-men, die diese Filme herstellen, Männer sind die Filmverleiher, und Männer sind es, die damit am meisten Geld verdienen. Selbst unter den Darstellern an den Sets war es jahrzehnte-lang üblich, dass männliche Pornostars mehr verdienten als weibliche.

> **YVONNE:** Und all das sieht man dann auch. Am Ende ist die Frau in diesen Filmen diejenige, die es vorne und hinten reinbekommt, ob sie Spaß hat oder nicht.

NICOLE: Wir haben ja in unserem Podcast auch schon mal darüber gesprochen, dass weibliche Darstellerinnen in Pornos oft unter Schmerzmit-teln arbeiten, weil die Strapazen bei so einem Dreh-tag mit zwölf Stunden echt nicht ohne sind.

> **YVONNE:** All das hat mir persönlich die Lust an den herkömmlichen Filmen genommen. Jeder soll sich anschauen, was ihn glücklich macht, aber ich bin mittlerweile froh, dass es Alternativen gibt.

NICOLE: Und welche Portale würdest du empfehlen?

> **YVONNE:** pinklabel.tv ist gut, aber auch welovegood-sex.com und pinkwhite.biz. Das würde ich jetzt mal für eine erste anturnende Schnupperrunde empfehlen.

Der Markt für solche FemPorn-Filme wird von Jahr zu Jahr größer. Immer mehr Frauen entdecken ihre Lust am Sexfilm, seit sie sich darin vertreten fühlen. Seit 2006 gibt es sogar einen eigenen Award für die Szene: die Feminist Porn Awards. Erika Lust, die schwedische Regisseurin, gilt, wie schon erwähnt, als absolute Urmutter weiblicher Pornos. In einem ihrer Projekte mit Namen *XConfessions* verfilmt sie die Fantasien ihrer Userinnen. Zum Beispiel »Sex bei Ikea«. Die Amerikanerin Courtney Trouble ist ebenfalls ein Star der Szene. Selbst Pornodarstellerin, Regisseurin, Mutter, bisexuell, rein äußerlich das Gegenteil der üblichen Pornosternchen und dennoch oder gerade deshalb extrem erfolgreich in queer und kinky Pornografie. Also verfilmtem Fetisch-Sex.

> **YVONNE:** Ist überhaupt wichtig zu sagen, dass es im feministischen Porno natürlich alles gibt wie im Mainstream auch. Männer mit Frauen, Frauen mit Frauen, Männer mit Männern, BDSM und Fetisch. Aber darüber hinaus eben auch Dinge, die du nie im Mainstream-Porno sehen würdest.

> **NICOLE:** Dass eine Frau sagt:»Komm endlich, ich wollte heute noch 'ne Folge *Bridgerton* anschauen«?

> **YVONNE:** Auch. Und viel mehr Diversität. Die Gründerin der Plattform pinkwhite.biz, die ich ja schon empfohlen habe, hat mal einen Film rausgebracht, da verführt eine Frau im Rollstuhl ihre WG-Mitbewohnerin. Das klingt jetzt vielleicht etwas merkwürdig, ist aber echt heiß. Und danach fragt man sich, warum man die Vorstellung vorher seltsam fand, denn auch das gehört ja zum Leben. Warum

sollte eine Frau im Rollstuhl keine sexuellen Bedürfnisse haben oder nicht die Macht, jemanden zu verführen?!

Crash Pad Series heißt die Reihe, in der diese halbstündige Szene vorkommt. Ihre Macherin Shine Louise Houston ist studierte Filmemacherin. Ihr Studium finanzierte sie sich durch die Arbeit in einem Sexshop, wo ihr immer öfter auffiel: Frauen suchen nach speziellen Filmen, wollen das Herkömmliche nicht mehr. Interessanter Fakt zu ihrer Arbeit. Alle Beteiligten am Filmset sprechen vorher über die Sexszenen, darüber, was sie selbst erregend finden, und einigen sich so darauf, was genau gedreht wird. Jeder macht nur das, was ihm auch tatsächlich gefällt. Dadurch wirkt der Sex im Film nicht nur authentisch, er ist es oft auch.

Thorben (43) aus der Nähe von Aachen: So, Ladys, jetzt kommt es ganz dicke. Jetzt bekommt ihr mal eine FemPorn-Empfehlung von einem Kerl! Meine Freundin steht total auf euren Podcast und wollte nach der Folge über die Frauenpornos auch mal welche sehen. Da es sicher keinen Mann gibt, der Nein sagt, wenn seine Liebste mit ihm Pornos gucken möchte, habe ich sofort zugesagt, war aber skeptisch. Ganz ehrlich, was soll man auch denken, wenn es um »feministische Pornos« geht. Ich dachte irgendwie an Frauen mit Damenbart im Holzfällerhemd, die es sich gegenseitig mit den Fingern besorgen und danach Männern die Schwänze abschneiden. Und ich glaube, ganz viele Männer denken so. »Feministischer Porno« klingt einfach brutal unsexy. Egal, habe ich natürlich trotzdem mitgeguckt und fand es dann gar nicht schlecht. War einfach ein Sexfilm. Ich denke mal, das Feministische war, dass die Frauen darin im Bett das gemacht haben, worauf sie Lust hatten, und wahrscheinlich war es auch hinter der Kamera gleichberechtigter. Meiner Freundin hat es total gefallen, und so haben wir uns da mal weiter vorgearbeitet. Teils nach euren Empfehlungen, teil aber auch einfach per Zufall, und so sind wir auf Madison Young gestoßen. Ihre BDSM-Filme sind super. Ganz groß. Wir sind Fans geworden. Absolute Empfehlung von mir, vielleicht schaut ihr mal rein!

> **YVONNE:** Wir waren mal ein Podcast nur für Frauen, und jetzt ist es so weit, dass Männer aus der Community uns feministische Pornos empfehlen. Wie sollen wir das denn finden?

NICOLE: Megageil?

> **YVONNE:** Absolut! Vielen Dank. Das schaue ich mir auf jeden Fall bei meinem nächsten Pornonachmittag mit an. Klingt interessant.

Auch toll: Ms Naughty, die es in ihren Filmen immer wieder schafft, dass Sex nicht komplett verbissen wirkt. In ihren Streifen wird gelacht, und trotzdem wird es nicht albern, sondern bleibt erotisch. Michelle Shnaidman hat das Portal »Bellesa« gegründet, eine Seite mit frauenfreundlichen Gratis-Pornovideos und Blogs. Ihre Motivation: Sie wollte an einem Sonntagnachmittag allein zu Hause einen Porno schauen und fand rein gar nichts, das sie tatsächlich angemacht hätte.

Mittlerweile gibt es neben den Portalen, die wir hier schon empfohlen haben, etliche andere, und es kommen monatlich neue dazu. Auch klar ist: Manche Menschen können mit Pornografie nichts anfangen, egal ob sie gay, queer, feministisch oder sonst etwas ist, und das ist völlig in Ordnung. Wichtig ist auch beim Sexfilm: Immer auf den Bauch hören. Mag ich das? Dann ist das okay. Weltweit mögen es Millionen Menschen. Daran gibt es nichts, wofür man sich schämen muss. Mag ich das nicht? Auch in Ordnung, sehr viele Menschen können Pornos nichts abgewinnen und rufen bei der Selbstbefriedigung oder beim Sex lieber »eigene Filme« auf, also Szenen aus der Fantasie, die sie heißmachen. Denjenigen, die sich generell für Pornografie interessieren, möchten wir empfehlen, sich auch mal mit feministischen Pornos zu vergnügen, um eventuell neue, spannende Alternativen zum Mainstream zu finden.

YVONNE: Ich dachte gerade wieder an ...

NICOLE: Frauenpower?

YVONNE: Nein! An einen Himmel voller bebender Donnerfotzen!

NICOLE: Du alte Romantikerin!

4. KAPITEL

Orgasmus

Leonie (18) aus Leipzig: Ich habe seit fünf Monaten meinen ersten festen Freund und ein großes Problem. Ich kann einfach nicht kommen, wenn er in mir ist. Von außen funktioniert alles ganz normal. Sobald Reibung an meinem Kitzler ist, komme ich, aber innen drin ist wohl was kaputt, oder habe ich keinen G-Punkt? Gibt es Frauen ohne G-Punkt? Meine beste Freundin Yvette schwärmt sehr von ihrem G-Punkt und wie toll es sich anfühlt, wenn der Penis ihres Freundes diesen trifft. Der Orgasmus von innen soll viel intensiver sein als der von außen. Was stimmt mit mir nicht?

VAGINAL VS. KLITORAL

Diese Art von Frage gehört zu den meistgestellten unserer Hörerinnen. Es ranken sich viele Mythen um den klitoralen und vaginalen Orgasmus bei einer Frau. Ist der eine besser als der andere? Wo genau liegt der G-Punkt?, und viele mehr. Wir haben uns in unserem Podcast »Ladylike« sogar regelmäßig darüber gestritten.

NICOLE: Ja, weil du nicht zugeben willst, dass es den vaginalen Orgasmus nicht gibt.

YVONNE: Seht ihr, es geht schon wieder los. Nicole, in meiner langen sexuellen Karriere als lesbische Liebhaberin habe ich sehr, sehr viele Orgasmen erlebt, die durch innere Stimulation entstanden sind. In vielen Nächten, manchmal auch am Tag bin ich innerlich explodiert, weil dieses Gefühl so unbeschreiblich schön war. Ein Feuerwerk der Lust hat sich in mir abgespielt, und du möchtest ernsthaft immer noch behaupten, dass es den vaginalen Orgasmus nicht gibt.

NICOLE: Ich weiß, dass es ihn nicht gibt, denn als heterosexuelle Liebhaberin bin ich quasi eine ausgewiesene Expertin im Empfangen von Penetrationen, und das allein reicht eben nicht aus, um zu kommen. Es ist sehr schön, keine Frage, und steigert die Lust einer Frau auch ins Unermessliche, aber den Orgasmus erlebt frau ausschließlich über die Klitoris. Sag, dass ich recht habe!

YVONNE: Niemals!

Die Wahrheit liegt in der Mitte. Fakt ist auf jeden Fall, dass es keinen Orgasmus gibt, an dem die Klitoris nicht beteiligt ist. Ohne klitorale Stimulation kein Orgasmus! Der Punkt ist nur, dass die Klitoris jahrtausendelang nicht ganzheitlich betrachtet wurde, denn sie ist so groß und komplex, dass sie sowohl von außen als auch von innen stimuliert werden kann. Der klitorale Orgasmus ist also gleichzeitig auch der vaginale Orgasmus, weil die Klitoris auf innere und äußere Reize reagiert.

Erst in den letzten Jahren rückt die gesamte Anatomie der Klitoris mehr und mehr in den Fokus der modernen Aufklärung. Selbst renommierte Biologieprofessoren fielen aus allen Wolken, als sie die Komplexität der Klitoris zum ersten Mal sahen. Zu verdanken haben wir das der australischen Urologin und Chirurgin Helen O'Connell. 1998 schrieb sie zum ersten Mal über die weit verzweigte, tief liegende Struktur der Klitoris. Bis dahin wurde diese in den meisten wissenschaftlichen Büchern auf der gesamten Welt ausschließlich als Punkt, Strich oder kleines Dreieck abgebildet. In Deutschland gibt es über 80 Verlage, die Schulbücher herausgeben, und bis heute wird die Komplexität der Klitoris gerade mal in einem einzigen deutschen Schulbuch ausführlicher dargestellt.

Kaum zu glauben, wenn man bedenkt, dass Helen O'Connell über Jahrzehnte in mehreren Publikationen ihre Forschungsergebnisse über die Klitoris veröffentlichte. Dabei beschrieb sie zum Beispiel, dass das klitorale System starke Parallelen zum Penis aufweist. Die äußere sichtbare Klitoris ist nur die Spitze des gesamten Systems. Im Inneren befinden sich zwei große zwiebelförmige Schwellkörper und zwei lange Nervenstränge, die extrem empfindlich und noch viel raumgreifender als die des Mannes sind. Diese reichen bis an die Vorderwand der Vagina, und genau das ist auch der Bereich, der als G-Punkt bezeichnet wird.

2010 gelang es O'Connell erstmals, eine stimulierte Klitoris in einem 3-D-Bild darzustellen und ihre mehr als 15.000 Nervenenden im Beckenbereich zu zeigen. Die Klitoris ist also ein gigantisches Wunderwerk der Natur und muss in ihrer Komplexität noch viel penetranter in den menschlichen Fokus gerückt werden.

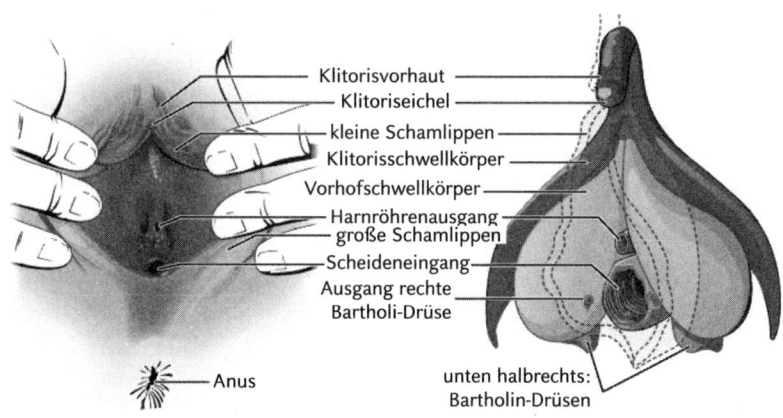

Klitorisvorhaut
Klitoriseichel
kleine Schamlippen
Klitorisschwellkörper
Vorhofschwellkörper
Harnröhrenausgang
große Schamlippen
Scheideneingang
Ausgang rechte
Bartholi-Drüse

Anus

unten halbrechts:
Bartholin-Drüsen

Vulva: Sicht von außen und von vorn, Sicht von innen und von vorn-seitlich.

YVONNE: Siehst du, Nicole, ich hatte schon immer das Gefühl, bei Erregung einen riesigen Ständer in der Hose zu haben. Das habe ich mir nicht eingebildet. Ich glaube, meine klitoralen Schwellkörper sind besonders groß.

NICOLE: Natürlich, ist ja klar, du hast den Allergrößten von allen Männern und allen Frauen. Ist sicher schwer für dich, im Alltag mit so einem großen Schwellkörper zu leben, oder?

YVONNE: In der Tat gab es da schon Situationen, die zu leichten Komplikationen geführt haben. Ich hatte mal ein heißes Date am Strand von Mykonos. Sie hatte langes schwarzes Haar, dunkelblaue Augen und extrem volle Lippen. Die Sonne ging gerade unter, und wir lagen knutschend ineinander geschlungen am Strand.

NICOLE: Nackt?

YVONNE: Natürlich nicht, es waren ja noch ein paar Leute am Strand. Wir lagen zwar etwas abseits, aber dennoch war klar, wir konnten dort unmöglich vögeln. Unsere Küsse wurden aber immer intensiver, und unsere Körper schmiegten sich im Hauch von nichts immer enger aneinander. Ich konnte ihre Haut spüren, ihr Atem wurde immer intensiver, ihre Bewegungen immer eindeutiger. Als ich in ihren Schritt fasste, spürte ich durch ihre engen Shorts, dass der Vulkan kurz vorm Ausbruch stand. Und zwischen meinen Beinen bahnte sich ein Urknall an.

NICOLE: O nein, Durchfall?

YVONNE: Du bist unmöglich! Nein, meine Erregung war auf dem absoluten Höhepunkt. Ich hätte alles dafür gegeben, jetzt mit ihr allein am Strand zu sein, aber wir mussten uns bremsen und haben dann langsam das Gas rausgenommen. Wir haben uns für den nächsten Tag bei ihr im Hotelzimmer verabredet, um zu beenden, was an jenem Abend so verheißungsvoll begann.

NICOLE: Und was hat das alles jetzt mit deinen gigantischen Schwellkörpern zu tun?

YVONNE: Das habe ich dann auf der Toilette bemerkt.

NICOLE: Doch Durchfall?

YVONNE: Nein, aber ich konnte nicht pinkeln. Ich musste so nötig, aber es ging einfach nicht. Meine klitoralen Schwellkörper waren so angeschwollen, dass es unmöglich für mich war zu pullern. Ich war damals 18 und wusste noch nichts von der Komplexität der Klitoris, aber ich habe deutlich gespürt, dass an der Erregung der Frau weit mehr als ein kleiner Kitzler involviert ist. Und bis heute hat sich das nicht verändert – wenn ich total hot bin, kann ich nicht pinkeln.

Das gleiche Phänomen beobachtet man bei vielen Männern, die mit einem steifen Penis auch nicht pinkeln können. Hier liegt die Ursache ebenfalls an den Schwellkörpern und der starken Durchblutung während der Erregung. Die Geschlechtsorgane von Frauen und Männern ähneln sich also viel stärker, als wir lange Zeit dachten. Die Klitoris ist weit mehr als der äußere Teil, der als Kitzler sichtbar ist. Vielmehr ist es so wie bei einem gigantischen Eisberg: Nur die Spitze ragt aus dem Wasser hervor, während sich unter dem Meeresspiegel das gigantische Ausmaß des Meeresriesen verbirgt. Dieses Wissen um die Klitoris lässt die unzähligen Diskussionen um den klitoralen und vaginalen Orgasmus in einem völlig neuen Licht erscheinen, denn Fakt ist: Es gibt keinen weiblichen Orgasmus, an dem die Klitoris nicht beteiligt ist – mal wird sie von innen stimuliert und mal von außen, mal mit Druck und mal mit Reibung, mal intensiver und mal etwas zarter. Es gibt bei der Frau keinen Standard-Orgasmus, jede Frau kommt individuell und muss sich überhaupt nicht mit anderen Frauen vergleichen. Im gesamten Beckenbereich stehen uns 15.000 Nervenenden zur Verfügung, also auch mindestens 15.000 Arten, um zu kommen. Jede Frau kann das Potenzial ihrer Klitoris selbst erforschen, aber dafür müsst ihr euch betrachten, berühren, fühlen und spüren.

SELBSTBEFRIEDIGUNG

Lucy (37) aus Stuttgart: Ich bin seit fünf Jahren Single und habe es langsam aufgegeben, mein Match zu treffen. Ich bin total aufgeschlossen und verliebe mich sowohl in Frauen als auch in Männer. Aber irgendwie habe ich einen Hang zu Menschen, die viele Probleme mit sich herumtragen und mich immer hinhalten. Erst fängt alles mit einem riesigen Sexknall an, und danach spielen sie das Distanzspiel mit mir. Na ja, vielleicht bin ich auch die Verrückte. Auf jeden Fall kann ich nicht sagen, dass ich unglücklich bin. Ich habe viele Freunde, gehe oft aus und befriedige mich fast täglich selbst. Früher habe ich mir dafür oft ein komplettes Drehbuch ausgedacht, was dann in meinem Kopf ablief – aber seit drei Jahren bin ich viel zu faul dafür. Ehrlich, es ist so bequem, ab auf die Couch, Laptop aufgeklappt, Pornoclip abgedrückt, Hand in die Hose, und nach drei Minuten fällt die gesamte Anspannung des Tages ab, und ich bin nur noch glücklich. Am Wochenende nehme ich mir manchmal sogar einen halben Tag Zeit und befriedige mich über Stunden selbst – klar mit Pause. Mein Rekord liegt bei zehnmal am Tag. Ich mach's mir dabei immer nur mit der Hand und bin echt glücklich mit mir. Aber vielleicht ist so viel Selbstbefriedigung gar nicht gut. Kann dadurch meine sexuelle Wirkung auf andere zurückgehen? Soll ich mich weniger selbst befriedigen, um vielleicht doch noch einen Freund oder eine Freundin zu finden?

Wow, herzlichen Glückwunsch. Es ist überhaupt nicht selbstverständlich, so ein absolut gesundes Verhältnis zu sich und der Selbstbefriedigung zu haben, und das gleich vorneweg: Es gibt keinen Grund zu denken, dass das nicht gut sei. Im Gegenteil, Frauen, die sich regelmäßig selbst befriedigen, wissen genau, was sie wollen und wie sie kommen, das ist ein großer Vorteil im Bett. Wenn ich nicht weiß, wie ich komme und was ich will, ist die Wahrscheinlichkeit für sexuelle Frustration mit der Partnerin oder dem Partner sehr hoch, denn woher soll eine andere Person wissen, welches meine sexuellen Vorlieben sind, wenn ich es selbst nie herausgefunden habe. Frauen, die sich nicht selbst befriedigen, wirken oft unsicherer und weniger selbstbewusst auf andere. Frauen, die ihren Körper kennen und sich häufig selbst Lust verschaffen, wirken auf andere selbstsicherer und sexuell anziehender. Es besteht also kein Grund zu glauben, dass zu viel Selbstbefriedigung irgendwie schaden könnte.

> **YVONNE:** Ich kann mir ein Leben ohne Selbstbefriedigung überhaupt nicht vorstellen. Es ist so wichtig zu wissen, was einem Spaß macht und was nicht. Voraussetzung ist natürlich, dass jede Frau weiß, wie ihre Vulva aussieht. Darum muss ich an dieser Stelle auch noch mal sagen ...

> **NICOLE:** ... hockt euch über einen Spiegel und schaut, wie ihr zwischen den Beinen ausseht. Ja, Yvonne, wir wissen es jetzt.

> **YVONNE:** Ich kann es nicht oft genug sagen, denn viele Frauen schauen sich nicht komplett an, dabei ist die Vulva das größte Wunderwerk der Natur. Ein bun-

ter Schmetterling mit kleineren oder größeren Flügeln, mehr oder weniger Nektar – super individuell, einzigartig und schön. Ich liebe die Vulven-Schmetterlinge.

NICOLE: Manchmal glaube ich, du bist vollkommen verrückt, aber auf die niedliche Art und Weise. Also, wie oft lässt du denn deinen Schmetterling fliegen?

YVONNE: Es kommt darauf an, wie ich mich fühle. Sonne ist auf jeden Fall ein gigantischer Katalysator, und wenn meine Freundin auf Dienstreise ist.

NICOLE: Hast du es dir auch schon mal auf der Arbeit selbst gemacht?

YVONNE: Uuuuh – ich habe auf jeden Fall schon sehr oft darüber nachgedacht, aber es ging immer nicht, weil ich sehr lange in Großraumbüros gearbeitet habe, und alle anderen Räume hatten Glaswände. Das Risiko war mir immer zu hoch, und auf dem Klo turnt mich nicht an. Ich bin eine klassische Heimrunterholerin.

Die meisten Frauen und Männer befriedigen sich am liebsten zu Hause selbst, weil sie da im geschützten Raum sind. Zu Hause können sie außerdem auf diverse Sextoys zurückgreifen und jederzeit einen Pornofilm gucken. Männer schauen lieber Pornos, und Frauen benutzen häufiger Sextoys. Laut dem Portal Statista masturbieren mittlerweile 70 Prozent aller Frauen mit Sextoys.

Carola (56) aus Ismaning: Ich hatte meinen ersten Orgasmus mit 52 Jahren. Ich komme aus einem sehr strengen katholischen Elternhaus. In unserer Familie wurde über das Thema Sex, Nacktheit und Gefühle nie gesprochen. Meinen Körper habe ich immer nur kurz gesehen, wenn ich mich gewaschen habe, ansonsten hatte ich kaum eine Beziehung zu ihm. Er war Mittel zum Zweck, aber sicher kein Vergnügungsort für mich. Das Wort Selbstbefriedigung habe ich mit Anfang 18 zum ersten Mal gehört, in der Gemeinde wurde ein Junge dabei erwischt und sehr streng dafür getadelt und bestraft. Meine Mutter machte am Abendbrottisch nur kurz eine abfällige Bemerkung zu dem Vorkommnis: »*Es ist ekelhaft und schändlich, sein Geschlecht auf so eine Art und Weise zu berühren.*« *Seit dem Vorfall habe ich nicht im Traum daran gedacht, mich ohne Not im Schritt zu berühren. Mit 20 habe ich meinen Mann kennengelernt und schnell geheiratet. Den Beischlaf empfand ich immer als notwendiges Übel, um die Lust des Mannes zu befriedigen. Ich selbst habe kaum etwas dabei empfunden.*

Vor sechs Jahren habe ich die Scheidung eingereicht, es wurde auch aus anderen Gründen unerträglich. Seit der Scheidung fühle ich mich wie befreit, ich habe mein Glück in einer Frauensportgruppe gefunden, wir unternehmen viel und reden über alles. Es kommt mir manchmal wie eine verspätete Pubertät vor. Ich war ja so ein unerfahrenes, treudoofes Schaf. Meine Sportfreundin Hanni hat mir zum 52. Geburtstag ein Sexspielzeug geschenkt, einen sogenannten Auflege-Vibrator, der den Kitzler stimuliert. Es war mir so peinlich, erst vor ihr und dann vor mir selbst, weil ich mich so sehr schämte. Hanni sprach mir aber viel Mut zu, und eines Nachts habe ich es einfach ausprobiert. Ich habe mich lange geduscht, bin dann ins Bett gegangen, habe das Licht gelöscht, mein Nachthemd hochgezogen und den Vib-

rator draufgelegt. Ich kann gar nicht beschreiben, was dann passiert ist, mein Schamgefühl wich schnell, und plötzlich war da nur noch Glück. Noch nie in meinem Leben hatte sich etwas so gut angefühlt. Ich schrie auf vor Lust und habe danach minutenlang geweint vor Glück. Dieser erste Orgasmus hat in meinem Leben alles verändert, ich fühle jetzt endlich, dass ich am Leben bin, und bin Frauen wie euch so dankbar, dass ihr über diese Themen so offen in eurem Podcast sprecht. Ich befriedige mich seitdem sehr oft und freue mich fast jeden Tag, dass ich meine sexuellen Bedürfnisse jetzt endlich befriedigen darf, ohne Scham und Angst.

Die Revolution der Selbstbefriedigung ist glücklicherweise in vollem Gange, im Hier und Jetzt ist es mittlerweile die Ausnahme, sich nicht selbst zu befriedigen. Das Reden darüber wird immer selbstverständlicher, und die Industrie, die sich darum entwickelt hat, ist mittlerweile ein Multimilliardengeschäft. Sextoys sind in und mittlerweile so stylisch, dass frau sie sogar in jeder Handtasche mitnehmen kann.

NICOLE: Das sind regelrechte Lifestyleprodukte. Ich habe einen kleinen Vibrator to go, der aussieht wie ein Lippenstift, ein anderer sieht aus wie ein neues Smartphone, den kann ich sogar im Haus rumliegen lassen, wenn meine Schwiegermutter zu Besuch kommt.

> **YVONNE:** Am besten finde ich die Partner-Sextoys mit Fernbedienung. Du erinnerst dich doch noch an unser Experiment?

NICOLE: Auweia, ja, ich weiß gar nicht, ob wir das eigentlich durften. Aber es war ja für unseren Podcast. Yvonne und ich haben uns jeweils einen kleinen Vibrator, der aussah wie ein Miniaturgebirge, in den Slip gelegt und mit einem Magnetknopf von außen fixiert. Er saß also bombenfest im Slip. Dazu gab es eine Fernbedienung, mit der man die Vibrationsstufen regeln konnte.

> **YVONNE:** Ich hatte die Fernbedienung für Nicoles Vibrator, und du hattest die Fernbedienung für meinen Vibrator. Dann haben wir eine Podcast-Folge live mit den Vibratoren in unseren Höschen moderiert, und immer, wenn ich überhaupt nicht damit gerechnet habe, hat Nicole dafür gesorgt, dass es in meinem Höschen ordentlich brummte und ich mich nicht mehr auf die Moderation konzentrieren konnte.

NICOLE: Du warst aber auch nicht zimperlich mit der Fernbedienung, meine Liebe. So hoch wie du habe ich die Vibrationsstufen nie gestellt, ich habe gedacht, meine ganz Hose explodiert. Das waren echt krasse Momente.

Für uns war das eher ein lustiges Experiment, für Paare kann das natürlich sehr erotisch sein, wenn man in der Lage ist, über eine App oder eine Fernbedienung von jedem Ort auf der Welt ein Sextoy zu steuern, was die Partnerin oder den Partner zum Höhepunkt bringt. Da sprechen wir dann von der Selbstbefriedigung 2.0.

Die meisten mögen es allerdings ganz intim und allein, frei nach dem Motto »Selbstbefriedigung ist an und für sich«. Die Gründe für die Masturbation sind dabei sehr vielfältig. Laut

dem Portal Statista sind die Top-Five-Gründe für ein Schäfer-
stündchen mit sich selbst bei Frauen:

1. Befriedigung sexueller Bedürfnisse
2. Entspannung oder Stressabbau
3. Sexuelles Vergnügen
4. Mit dem eigenen Körper wohler fühlen
5. Weil mein Partner nicht da ist.

> **YVONNE:** Bei Nicole steht auf Platz eins
> der Gründe für Masturbation, weil der Phy-
> siotherapeut den Raum verlässt, oder?

NICOLE: Du kennst wirklich keine Grenze, oder? Das
habe ich dir im Vertrauen erzählt, und du posaunst es
hier einfach so heraus. Ich habe es ein einziges Mal
auf der Liege meines Physiotherapeuten gemacht, ich
habe mich dort nicht jedes Mal vergnügt. Ich kann mich
aber noch genau an den Tag erinnern. Ich war total
gestresst, als ich dort ankam, und dann heißt es ja bei
der Physiotherapie auch erst mal ordentlich mitmachen.
Manche Übungen für den Rücken sind sehr schmerzhaft, also zusätzlicher Stress, und als mein Physio
am Ende sagte: »Bleiben Sie jetzt noch zehn Minuten
entspannt liegen«, da ergab eben eins das andere.

> **YVONNE:** Und hast du dann auch rich-
> tig laut gestöhnt dabei?

NICOLE: Natürlich, die Patienten im Wartezim-
mer sollten doch auch auf ihre Kosten kommen. Das

meine ich selbstverständlich ironisch. Ich habe
mich doch unter Kontrolle. Das war in einer Minute
erledigt, und ich war leise wie ein Mäuschen.

Fast alle Frauen, die sich regelmäßig selbst stimulieren, bekommen den Orgasmus deutlich schneller als beim Geschlechtsverkehr. Kein Sex ist so sicher wie der mit sich selbst. Wer mit sich selbst schläft, hat zu keiner Zeit zu befürchten, dass er sich mit irgendeinem Virus ansteckt. Die Orgasmusquote liegt bei nahezu 100 Prozent, wenn man sich selbst befriedigt. Masturbation liefert Glückshormone in einer Essenz, wie es Drogen nie könnten, ohne dass wir körperliche Konsequenzen zu befürchten hätten. Im Gegenteil, sie regt das Herz-Kreislauf-System an, befreit den Geist und endet immer fröhlich und glücklich. Sie ist das Beste, was wir unserem Körper schenken können, weil sie nichts kostet, jederzeit verfügbar und so erfüllend ist. Selbstbefriedigung ist ein Wundermittel, das wir so oft zu uns nehmen können, wie wir wollen, ohne dass es jemals schädlich ist. Also reißt die Fenster auf und schreit es laut hinaus: »ICH MASTUBIERE!«

Keine Frau würde das jemals tun, und das sollte sich dringend ändern. Natürlich müssen wir es nicht laut aus dem Fenster schreien, aber warum, verdammt noch mal, sind wir nicht stolz darauf zu masturbieren? Warum ist dieses Thema immer noch mit so viel Scham besetzt, als hätte es die sexuelle Revolution in den Siebzigern nie gegeben? Es muss endlich selbstverständlich werden, dass wir uns auch über Selbstbefriedigung austauschen. Jede macht es, aber keine redet drüber. Seien wir doch stolz drauf, dass wir uns so etwas Wundervolles schenken können. Mal ehrlich, wir erzählen uns bis ins Detail, wie der letzte Urlaub an der Ostsee war, welche Farbe

der Himmel am ersten, zweiten und dritten Abend hatte. Wie
wohlig-warm die Wellen gegen unsere heißen Körper stie-
ßen, was es alles am Büfett gab. Wie großartig es war, jeden
Tag durch den warmen Sand zu laufen, welche Wohltat für
die Füße, die ja durch die vielen Gänge auf der Arbeit voll
Hornhaut waren. Wir kennen die Diagnose jeder Krankheit
unserer Freundinnen bis ins Detail, tauschen uns darüber aus,
wie Pippi und Kacka am besten aus den Babysachen entfernt
werden können. Ja, selbst über Schnodder, Eiter und Ohren-
schmalz, und das sind wirklich sehr ekelerregende Substan-
zen, reden wir offener als über eine der schönsten Sachen der
Welt – die Selbstbefriedigung.

NICOLE: Ich rede auch nur mit dir darüber, noch nicht mal mit meinem Mann.

> **YVONNE:** Weil du weißt, dass du von mir die besseren
> Tipps bekommst. Ich bin da total offen und rede schon
> immer mit meinen Freundinnen und Freunden darüber,
> ob sie wollen oder nicht. Mir ist das Thema einfach zu
> wichtig. Ich sage auch manchmal knallhart Verabre-
> dungen ab, weil ich mit mir selbst verabredet bin.

NICOLE: Und was nimmst du dann als
Begründung? Ich mache es mir selbst?

> **YVONNE:** Genau das tue ich. Ich bin da brutal ehr-
> lich und sage zum Beispiel, dass ich einen tollen
> neuen Porno habe, den ich unbedingt schauen möchte,
> und dabei befriedige ich mich, so oft ich Lust habe,
> selbst. Ich mache es mir dann auch richtig schön für

mich, Kerzen, Snacks, ein Glas Wein und eine kuschelige Decke. Ich liebe diese Abende mit mir selbst.

NICOLE: Und wie oft schaffst du es denn so?

YVONNE: Kommt natürlich immer auf die Tagesform an, mein Rekord liegt bei zehn Mal nacheinander, natürlich mit entsprechenden Pausen dazwischen. Aber im Schnitt liege ich bei einem gemütlichen Abend mit mir immer so bei drei Mal.

NICOLE: So viel Zeit habe ich gar nicht, mir mal einen gemütlichen Abend mit mir allein zu machen. Ich stehe da eher auf kurze Quickies mit mir selbst. Aber nur, wenn mein Mann nicht da ist.

YVONNE: Lügnerin, ich glaube dir kein Wort.

Masturbation ist selbst in vielen Partnerschaften ein absolutes Tabuthema. Jeder macht es für sich, aber niemand spricht darüber. Im Gegenteil, oft wird Befriedigung sexueller Lust mit sich selbst von der Partnerin oder dem Partner als Betrug empfunden. Dabei bewertet man sein persönliches Vergnügen mit der eigenen Lust natürlich längst nicht so streng wie den Selbstakt des Partners oder der Partnerin. Die Lust mit dem eigenen Körper sollte man sich genauso gönnen wie dem geliebten Menschen an seiner Seite, denn Selbstbefriedigung heißt nicht, dass man keine Lust mehr auf den Geschlechtsakt hat. Im Gegenteil, das Spiel mit sich selbst zeigt, wie wichtig man sich und seine Bedürfnisse nimmt. Es ist wissenschaftlich erwiesen, dass die Selbstliebe in all ihren Facetten die Grundvoraussetzung dafür ist, dass man auch in zwischenmenschlichen Beziehungen viel mehr lieben und geben kann. Nur wer sich selbst liebt, liebt auch andere Menschen.

DAS FÜHLT SIE DABEI

Wann hattest du deinen letzten Orgasmus, und wie war er? Diese Frage wirkt in fast jedem Gespräch immer noch wie ein Ufo. Sie ist auch in unserem aufgeklärten Zeitalter eine absolute Tabufrage. Und genau das muss sich endlich einmal ändern! Die Sexualität nimmt so einen großen Teil unseres Lebens ein, da sollte es sich doch auch ganz natürlich anfühlen, darüber zu sprechen und nach den Höhepunkten der Vergangenheit zu fragen. Schließlich erkundigen wir uns ja auch ganz selbstverständlich nach dem Wohlbefinden, und da gehört eine gesunde Sexualität dazu.

Wir haben unsere Community jedenfalls ganz offen danach gefragt: Wie war dein letzter Orgasmus?

Aliyah (25) aus Düsseldorf: Bin gerade ganz frisch mit meinem Boyfriend zusammen, und letzte Nacht war es wie ein Schnellzug, den ich erst ganz weit weg gehört habe. Je näher er kam, desto mehr fing mein Körper an zu zittern. Es war wie ein inneres Beben, das so intensiv wurde, dass es sich fast anfühlte, als würde ich innerlich an einer Stelle zerreißen. Ich wollte nur noch, dass es endlich zu Ende ist und mich der Zug überrollt und meine Lust nur so herausplatzt, und dann habe ich nur noch gestöhnt vor Lust.

Mandy (42) aus Eisenhüttenstadt: Neulich war meine Muschi ganz glitschig. In meinem Kopf war alles schwarz, ich habe an nix mehr gedacht. Bei jedem Stoß dachte ich, gleich explodiere ich, da war so ein innerlicher Druck, mein ganzes Becken puckerte, ich war klatschnass geschwitzt, und dann war es, als hätte jemand den Deckel vom Schnellkochtopf genommen.

Jojamie (34) aus Konstanz: Mein Orgasmus ist jedes Mal der einzige Moment in meinem Leben, wo ich alles komplett ausblende und vollständig und nur in diesem Augenblick bin mit meiner Seele und meinem gesamten Körper. In meiner Vagina findet ein Feuerwerk statt, und jede Faser meines Körpers ist beteiligt, ich bin dann nur noch glücklich und erleichtert.

Clarissa (61) aus Bottrop: Bin gerade Single und habe es mir vor zwei Wochen zum letzten Mal selbst gemacht. Das war nach dem Spinning-Kurs im Fitnessstudio, manchmal macht mich das Gejuckel auf dem Sattel ganz heiß, dann kann ich gar nicht schnell genug nach Hause kommen. Ab auf die Couch, Hand in die Hose, und Plopp, war es auch schon vorbei. Der Orgasmus war nur ganz kurz, so wie wenn du 'ne Flasche Flens aufmachst. Druck raus und dann genießen. Bin danach auch gleich eingeschlafen.

Sofia (29) aus Berlin: Ich habe sie in einer Bar getroffen. Wir haben zu dritt ein paar Cocktails getrunken, dann ein paar Shots. Ich war so blau, und dann wollten sie mich mit zu sich nach Hause nehmen. Ein letzter Drink. Seine Frau gefiel mir so gut, diese grünen Augen, dieser Mund. Er hatte diese süßen schwarzen Locken. Bei mir ist leider nur noch Filmriss, ich sehe ihn über mir, sie küsst meine Brüste. Er fickt mich von hinten, ich lecke sie dabei. Sie sitzt auf mir und reibt sich an mir, dabei hat sie seinen Schwanz im Mund. Ich komme, aber ich fühle es nur wie durch Watte, ein gedämpfter Orgasmus. Wie wenn man laute Musik beim Nachbarn hört, sie ist da, aber man versteht nichts so richtig. Die Bilder im Kopf sind geil, aber der Orgasmus war so lala.

Ruby (18) aus Rostock: Hatte gerade meinen allerersten Orgasmus beim Sex, sonst hat es immer nur geklappt, wenn ich mich selbst befriedige. Meine neue Freundin Mia hat sich ganz viel Zeit genommen und meinen ganzen Körper geküsst, plötzlich war ihr Kopf zwischen meinen Beinen. Sie ist mit ihrer Zunge in mich eingedrungen, hat ganz zärtlich an meinem Kitzler gesaugt und dann immer heftiger. Ich bin fast verrückt geworden vor Lust. Es hat sich angefühlt, als wäre mein ganzer Unterkörper erst eingeschlafen und dann wieder aufgewacht, dieses Kribbeln überall war so, so, so doll. Es hat fast wehgetan, und auf einmal war da nur noch Sonne in meinem ganzen Körper. Ich habe dann lange in ihren Armen geweint, weil ich so etwas noch nie erlebt habe.

Saanvi (35) aus Köln: Jeder Orgasmus fühlt sich an wie ein kleiner Tod, aber im absolut positiven Sinn. Mein ganzer Körper spannt sich an, das Lustzentrum ist meine Yoni, die den Takt der Kontraktionen in meinem ganzen Körper vorgibt. Es ist wie ein Drogenrausch, und meine Yoni legt die Dosis fest. Kurz bevor ich komme, höre ich auf zu atmen. Die gesamte Welt steht für einen Moment komplett still, meine Yoni lässt mich noch etwas zappeln, kurz bevor ich »sterbe«, schießt sie die letzte Dosis Glücksrausch in meinen Körper, und ich schwebe zwischen den Welten und fühle alles und gleichzeitig nichts mehr.

Jede Frau, mit der wir gesprochen haben, beschreibt ihren Orgasmus als etwas absolut Positives und Einzigartiges. Die Intensitäten und Bereiche der Lust sind natürlich von Frau zu Frau individuell, aber was sie fühlt, ist immer positiv, und dennoch ist es so ein großes Tabuthema in unserer Gesellschaft. Darum sind wir ab sofort für eine Orgasmus-Quote. In jedem Gespräch, das wir unter Freundinnen führen, sollte auch das Thema Orgasmus vorkommen. Es ist so ein schönes und wichtiges Thema, der Orgasmus-Anteil muss in jedem Gespräch zehn Prozent betragen, und wir fangen hier und jetzt damit an.

YVONNE: Nicole, wann war dein letzter Orgasmus, und wie war er?

NICOLE: Mmm, das war exakt vor 14 Jahren mit meinem Mann, und dabei ist auch unser zweites Kind entstanden. Wir hatten ja in unserer gesamten Ehe nur zwei Mal Sex, um unsere Kinder zu zeugen. Und ja, dabei hatte ich auch immer einen ganz wundervollen, intensiven Orgasmus.

YVONNE: Und jetzt bitte noch mal im Ernst!

NICOLE: Also gut, ich hatte meinen letzten Orgasmus vor drei Wochen. Mein Mann hat mich zu einem Wellness-Wochenende eingeladen. Das Hotel ist ganz schön gelegen an einem See in Brandenburg. Wir gehen dann immer traditionell eine Runde um den See, das sind circa 20 Kilometer, und dann direkt in die Sauna.

YVONNE: Aber ihr habt doch nicht etwa in der Sauna vor allen Leuten ...

NICOLE: Nein.

        YVONNE: Unter der Dusche?

NICOLE: Nein.

    YVONNE: Ich hab's! Im Ruheraum unter der Decke?

NICOLE: Nein.

            YVONNE: Wo dann?

NICOLE: Ja, man kommt nicht drauf. Besser gesagt, du kommst nicht drauf. Es ist doch völlig klar, wo, natürlich im Bett auf unserem Hotelzimmer. Mein Mann hat wunderbares Dosenbier gekauft, wir lieben eiskaltes Bier, und dann haben wir in meiner Lieblingsstellung Sex gehabt, und ich hatte einen ganz wundervollen, intensiven Orgasmus. Das ist ja das Tolle, wenn man schon sehr lange verheiratet ist, mein Mann weiß ganz genau, welche Knöpfe er drücken muss.

      YVONNE: Und deine Lieblingsstellung ist?

NICOLE: Das verrate ich später. Jetzt bist du erst mal dran, meine Liebe. Wann hattest du deinen letzten Orgasmus, und wie war er?

    YVONNE: Das war vor vier Wochen. Meine Freundin und ich hatten Dating-Night. Ich habe für uns einen Tisch in ihrem Lieblingsrestaurant reserviert, danach waren wir noch in einer Cocktailbar über den Dächern von Berlin, und dann ging es ab nach Hause. Da habe ich unsere Discoleuchte in die Lampe eingeschraubt. Die funktioniert wie eine Glühbirne, schraubst du ein, dann dreht die sich und macht extrem viele bunte Spots im ganzen Zimmer. Dazu habe ich Sia aufgelegt, und wir haben erst mal eine Runde in unserem Wohnzimmer getanzt. Dabei wurde uns immer heißer, und wir haben immer mehr Klamotten ausgezogen, und dann sind wir auf unserem wunderbaren Esstisch aus dunklem Nussbaumholz gelandet.

NICOLE: Seid ihr beim Tanzen gestürzt?

YVONNE: Nein, gelandet im Sinne von bewusst drauf zugesteuert. Ich hatte mir das schon lange mal gewünscht, auf dem Tisch mit ihr zu schlafen.

NICOLE: Und wie war es?

YVONNE: Währenddessen war es ganz toll und aufregend, aber am nächsten Tag sehr, sehr schmerzhaft.

NICOLE: Auweia, ich kann's mir vorstellen. Splitter in der Schamlippe, oder?

YVONNE: Nein, du Witzbold. Der Tisch ist perfekt abgeschliffen und poliert, aber eben extrem hart. Meine Knie waren total blau und haben sehr geschmerzt. Aber so hatte ich wenigstens noch sehr lange was von unserer Dating-Night.

ZU FRÜH KOMMEN

Na, mal ganz ehrlich, um wen geht es wohl jetzt? Wir verwetten beide unsere Unterhöschen darauf, dass 99 Prozent sagen, es geht um Männer und deren frühzeitigen Samenerguss. Seit vielen Jahrzehnten sind wir medial darauf konditioniert, das Zu-früh-Kommen ausschließlich aus der männlichen Perspektive zu betrachten. Die Ejakulation wird dabei sogar als Druckmittel gegen den Mann eingesetzt, denn wenn es zu früh passiert, ist es ein Problem. Warum eigentlich? Wer zum Teufel hat festgelegt, dass es ein Problem ist, wenn der Mann zu früh kommt, und was bedeutet überhaupt »zu früh«? Es gibt doch kein zeitliches Regelwerk für den perfekten Samenerguss, und der Sex hört doch auch nicht auf, nur weil er schon gekommen ist. Kann man das Ganze nicht auch positiv betrachten? Er ist gekommen, und nun kann er seinen Partner oder seine Partnerin auf andere Art und Weise verwöhnen. Sex ist um so vieles komplexer und bietet unendlich viele Möglichkeiten. Ein Samenerguss muss also nicht das Ende, sondern kann auch einfach der Anfang einer wundervollen Liebesnacht sein. Doch wie schon angedeutet, es soll jetzt nicht um Männer gehen, sondern um Frauen, denn auch sie problematisieren das Zu-früh-Kommen immer häufiger.

Marlene (39) aus Oberhof: Endlich habe ich einen Freund gefunden, der voll auf meiner Wellenlänge ist. Er trinkt lieber Aperol Spritz als Bier, fährt lieber Snowboard als Ski und wäscht gern ab. Also bitte, wer begegnet schon so einem Typen. Aber im Bett finden wir einfach nicht so recht zusammen. Ich komme so schnell, und das sogar, ohne groß vorher erregt gewesen zu sein. Das Schlimmste ist, ich spüre auch gar nicht so richtig, dass ein Orgasmus im Anmarsch ist. Ich werde nach wenigen Minuten total von dem Gefühl überrumpelt, und dann ist es auch nur so ein »Piff, puff, vorbei« – nix Besonderes. Mein Freund reagiert jedes Mal sehr süß und verständnisvoll und hört dann gleich auf, aber ich habe dann so ein schlechtes Gewissen. Ich verstehe auch nicht, was da bei mir passiert. Wenn ich es mir allein mache, habe ich es total unter Kontrolle, aber beim Sex mit meinem Freund geht's nicht. Was kann ich tun, um meinen Orgasmus länger hinauszuzögern?

Nichts! Du musst dich von deinem Freund trennen und kannst es dir ab sofort nur noch selbst machen. Das war natürlich ein Scherz. Ganz ehrlich, erst mal ist es doch total beeindruckend und positiv zu betrachten, dass dein Freund und sein kleiner Freund so eine nachhaltige Wirkung auf dein Lustzentrum haben. Weshalb das passiert, ist relativ schnell erklärt. Wir haben in diesem Buch schon ausführlich über die Komplexität der Klitoris gesprochen. Sie hat 8000 Nervenenden und kann damit auf die unterschiedlichsten Arten und Weisen von innen und außen stimuliert werden. Im gesamten Beckenbereich sprechen wir von 15.000 Nervenenden, die an einem Orgasmus beteiligt sein können. Die Wahrscheinlichkeit, als Frau zu kommen, liegt also rein von den körperlichen Voraussetzungen her bei nahezu 100 Prozent. Und da es so derartig viele Nervenenden sind, ist die Wahrscheinlichkeit ebenfalls sehr hoch, früh zu kommen. Was per se nichts Schlechtes ist und auch kein Problem darstellen muss. Denn wie schon gesagt, ein Orgasmus muss nicht das Ende eines Liebesaktes sein, sondern kann den Auftakt darstellen. Es kommt immer auf die Betrachtungsweise an.

YVONNE: Ich komme manchmal auch sehr schnell beim Sex und bin dann oft froh, dass der erste Druck schon mal weg ist und es jetzt richtig losgehen kann. Denn unter drei Mal pro Nacht, Nachmittag oder Morgen mache ich es sowieso nicht.

NICOLE: Boah, du alter Sexprolet, da merkt man echt, dass du einfach zu viel Zeit und keine Kinder hast. Ich bin auch sehr früh, wenn mein Mann und ich früh kommen, aber aus anderen Gründen.

YVONNE: Ah, verstehe, du bist in einem Alter, wo du nicht mehr so lange feucht bist.

NICOLE: Na, vielen Dank, das ist nicht das Problem. Aber mit Kindern gibt es nur noch sehr, sehr wenige Zeitfenster, in denen Sex möglich ist. Abends bin ich unter der Woche zu k.o. für Sex, und tagsüber sind die Kinder immer da.

YVONNE: Und was ist, wenn die Kinder in der Schule sind?

NICOLE: Witzig, dann arbeiten wir. Also bleiben nur sehr geringe Zeitfenster am Wochenende, wenn die Kinder bei Freunden sind, oder ganz früh morgens, wenn sie noch schlafen. Und dann muss es schnell gehen. Und ich bin sehr froh, dass einer von uns beiden immer schnell kommt.

YVONNE: Und der andere?

NICOLE: Ist dann beim nächsten Mal dran, damit haben wir überhaupt kein Problem. Hauptsache, es geht schnell, und das bedeutet nicht, dass es nicht schön ist. Wir lieben Fünf-Minuten-Sex sehr.

YVONNE: Hast du denn jetzt mal fünf Minuten?

NICOLE: Nicht mit dir!

Gibt man bei Google die Wortgruppe »zu früh kommen« ein, erscheinen über 50 Millionen Einträge. Das Verrückte ist, dass sowohl für Männer als auch für Frauen das Zu-früh-Kommen dabei über 50 Millionen Mal als Problem wahrgenommen wird. Aus dieser Problematisierung hat sich ein Multimilliardengeschäft entwickelt. Allein in Deutschland gibt es Tausende Medikamente und Heilmittelchen für beziehungsweise gegen das Problem. Das Zu-früh-Kommen wird außerdem häufig als sexuelle Funktionsstörung (Orgasmus-Dysfunktion) diagnostiziert, und es können neben leichten pflanzlichen Mitteln auch Therapien und Antidepressiva verschrieben werden.

In Deutschland litten laut einer aktuellen Studie 33 Prozent aller Männer und 46 Prozent aller Frauen in den letzten zwölf Monaten an einem oder mehreren sexuellen Problemen.

Wir möchten nicht bestreiten, dass es sexuelle Probleme gibt, und wir möchten auch nicht bestreiten, dass bestimmte Probleme unbedingt ärztlich betreut werden müssen, aber es gibt auch Grenzen. Nicht alles, was im Bett passiert, ist ein Problem. Wann kommt eine Frau oder ein Mann zu früh? Nach einer Minute, zwei Minuten, drei Minuten? Und wer legt das eigentlich fest? Warum werden Männer und Frauen unter solch einen Druck gesetzt?

Es gibt keine zeitlichen Richtlinien für zu frühes oder zu spätes Kommen. Wir müssen ganz individuell auf uns und unseren Körper hören: Was macht mir eigentlich Spaß? Was bereitet mir Lust? Was möchte ich von meinem Partner? Und dann ist es wie so oft im Leben, die Kommunikation ist der Schlüssel. Redet mit euren Partnern über eure Empfindungen, Wünsche und Bedürfnisse. Lasst euch von außen nicht vorgeben, wie euer Sexleben sein muss. Ja, im Porno sehen die Darstellerinnen und Darsteller perfekt aus, wechseln spielerisch die Stellungen und haben immer Lust. Halten 30 Minuten lang durch und kommen dann am besten noch zusammen in einem gigantischen Rausch. Sorry, aber das hat mit der Wirklichkeit nichts zu tun. Es ist eine Illusion, wie ein Zaubertrick. Du nimmst an, etwas zu sehen, was es nicht gibt. Und die Wirklichkeit ist doch so viel schöner, echte Menschen, echte Emotionen, echte Liebe, echte Haut, echte Lust, echte Orgasmen. Und ja, es ist völlig normal, nach einer Minute zu kommen, das passiert uns ständig, nur redet keiner drüber. Das echte, wahre Sexleben ist keine Leistungsgesellschaft, es ist Liebe und Verständnis füreinander.

> **YVONNE:** Ich stehe ja auch total drauf, meine Partnerin einfach nur ganz lange nackt zu betrachten.

NICOLE: Iiiih, wie so ein Spanner.

> **YVONNE:** Nein, im Bett natürlich. Ich mag es, ihre Haut und ihre Bewegungen zu betrachten, und mich macht es auch wahnsinnig an, wenn nur sie kommt und ich mit einer Monstererregung einschlafe.

NICOLE: Ja, mir reicht es auch manchmal aus, dass wir einfach nur wissen, dass wir uns immer noch heiß machen können und von dem anderen erregt sind. Neulich war ich mit dem Auto auf dem Nachhauseweg und irgendwie so angeturnt, dass ich mir schon genau überlegt habe, was ich gleich mit meinem Mann anstellen würde. Ich habe mich da so reingesteigert und so einen Druck zwischen meinen Beinen gespürt ...

> **YVONNE:** ... dass du auf den Autositz gepullert hast.

NICOLE: Nein, dass ich es gar nicht abwarten konnte, auf die Einfahrt zu fahren, die Autotür aufzureißen und den Schlüssel in die Haustür zu stecken. Ich wollte, dass er mich auf der Stelle nimmt, wir hatten zum Glück sturmfreie Bude. Also, ich schleudere die Tür auf und rufe ganz laut: Schaaaaatz, kannst du bitte mal ganz schnell kommen ...

> **YVONNE:** Und er läuft oberkörperfrei auf dich zu und sagt:»Na, Baby, wo hättest du es gern? Auf dem Küchentisch oder gleich hier im Flur?«

NICOLE: Ganz anders. Ich stehe da, bereit für die Nummer unseres Lebens, und er kommt um die Ecke geschossen mit Gummihandschuhen und einem Pömpel in der Hand und sagt:»Das Klo ist schon wieder verstopft, ich glaube, wir brauchen Rohrreiniger.« Innerhalb von einer Sekunde war ich untenrum vollkommen erloschen.

Claudine (52) aus dem Münsterland: Ich habe auch so ein Desaster erlebt, alles, was ich wollte, war, ganz schnell zu kommen, und dann begann der Horror: Es war letztes Jahr im Sommer, ich war da gerade wieder mal ein Vierteljahr Single und voll heiß auf Sex. Meine vorherige Beziehung hatte nicht viel hergegeben, und ich war recht ausgehungert. Ich war in diversen Dating-Apps unterwegs und lernte da 'nen scheinbar netten und heißen Typen kennen. Er war Lehrer, ich bin Krankenschwester. Wir schrieben uns 'ne Zeit lang, und es wurde immer heißer. Ich hatte Spätschicht an dem Tag und konnte unerwartet früher gehen. Da dachte ich, ach ja, ich könnte mit dem Typen noch was klarmachen. Ich schrieb ihm frühzeitig, da er 'ne Stunde von mir weg wohnte, aber er las die Nachricht ewig nicht. Ich dachte um 23 Uhr dann nicht mehr, dass es was würde, und aß etwas. Mit Wurst und Zwiebeln! Beim letzten Bissen schrieb er plötzlich, dass es ihm leidtue und er eingeschlafen sei und ob es für ein Treffen jetzt zu spät wäre. Ich sagte zu, aber erwähnte auch, dass ich Zwiebeln gegessen hätte. Für ihn kein Problem, ich könnte ja 'nen Kaugummi oder so essen. Als er dann kam, sah er auch so aus wie auf den Fotos. Na, wie schön, dachte ich mir. Wir quatschten etwas zum Aufwärmen. Dann fingen wir an zu knutschen. Kurz darauf meinte er: Na, du riechst schon arg nach Zwiebeln. Ich nahm noch mal 'nen frischen Kaugummi, und weiter ging's. Wir befummelten uns heiß und zogen uns stückweise dabei aus. Ich war so erregt und setzte mich auf ihn. Dabei fasste ich ihn an der behaarten Brust an und war auf dem besten Ritt zum Höhepunkt, da nahm er kurz vor meinem Orgasmus meine Hände und meinte:»Kannst du bitte die Hände da wegtun, es ziept so an den Haaren.« Ups, dachte ich noch, na ja gut, pass ich halt bissl auf. Voller Ekstase ritt ich weiter im Galopp. Ich dachte dann wohl wieder an nichts mehr, da kam das gleiche Spiel mit den Haaren. Und kurz darauf noch ein drittes Mal. Dann stieg ich ab und meinte: »Du weißt jetzt schon, dass du mich dreimal um meinen Orgasmus gebracht hast?« *Er guckte nur erstaunt. Wir fummelten etwas weiter, küssten uns, und ich fing an, etwas zu blasen. Mittendrin stoppte ich allerdings und meinte:* »Ich hör jetzt mal auf, weißt schon, wegen der Gleichberechtigung.« *Sein Gesicht war unbezahlbar. Es lief dann nicht mehr recht viel. Er ging, und ich hörte zum Glück nie mehr von ihm. Ich war völlig fassungslos über diese Nullnummer, und gerade weil er vorher so geile, heiße Sachen schrieb, wie zum Beispiel:* »Das wird the best night ever.«

Also, liebe Frauen, meine Erfahrung ist, mit 'nem heißen Handwerker erlebt ihr sicher besseren Sex. So mancher Studierter leidet an Selbstüberschätzung!!! Habt den besten Sex, den ihr euch wünscht, und hört nie auf, danach zu suchen ... Bussi!!!

5. KAPITEL

Sexuelle Orientierung

»Warum gibt es immer noch Menschen, die extrem viel Zeit damit verbringen, Liebe zu verbieten?« Mit dieser Frage legt die Künstlerin Pink den Finger genau in die Wunde, die unsere heutige Zeit nach wie vor prägt. In ihrer aktuellen Dokumentation *P!nk: All I Know So Far* wird das Leben von Pink on tour dokumentiert. Die Sängerin setzt sich seit dem Beginn ihrer Karriere für sexuelle Vielfalt und Toleranz ein. Ihr ist es wichtig, mit ihren Songtexten, ihren Liveshows und ihrer Crew ein Statement für Toleranz und Akzeptanz zu setzen. Die Message ist nicht neu, aber leider von höchster Bedeutung, um die Ketten immer noch bestehender Liebesdogmen endgültig zu sprengen. Obwohl wir bereits im 21. Jahrhundert leben, werden Menschen wegen ihrer sexuellen Orientierung in verschiedenen Teilen der Welt weiterhin ausgegrenzt, verfolgt, eingesperrt, gefoltert und im schlimmsten Fall sogar zum Tode verurteilt. Das lehnen wir zutiefst ab. Jeder Mensch auf der Welt soll frei entscheiden können, wen er liebt und mit wem er zusammenleben möchte. Solange alle Beteiligten freiwillig eine Beziehung eingehen, ist jede Form der Liebe willkommen.

HOMOSEXUALITÄT

*Leonie (19), gerade unterwegs: Ich reise momentan durch Aust-
ralien und bin ziemlich weit weg von all meinen Freunden und
meiner Familie. Mir geht es hier megagut, und immer beim
Autofahren oder beim Putzen höre ich euren Podcast »Ladylike«. Ich liebe euch zwei Ladys. Ihr seid so authentisch und
echt, und ich finde eure Stimmen richtig angenehm. So, nun
aber zu meinem »Problemchen«. Ich dachte immer, dass ich auf
Männer stehe, hatte aber noch nie einen Freund ... oder Sex. Ich
weiß nicht, mich hat einfach noch nie jemand so richtig umgehauen. Klar, ich hatte diese betrunkenen Partyrummachereien,
aber immer, wenn es dann so kurz vorm Sex war, hab ich die
Reißleine gezogen. Die Tatsache, dass ich Jungfrau bin, beschäftigt mich ehrlich gesagt nicht so sehr, da ich weiß, dass ich an
sich »bereit« bin und auch Sex haben könnte, wenn ich wollte,
doch ich hab eben noch niemanden gefunden, mit dem ich es
so richtig will. Aber jetzt kommt mein großes Dilemma: Ich vermisse meine beste Freundin aus Deutschland so sehr! Klar, ich
vermisse auch andere Freundinnen und Freunde, aber sie ... Ich
vermisse sie, glaub ich, ein bisschen zu sehr. Sodass es nicht
mehr richtig freundschaftlich sein kann. Wir sind uns eigentlich
fast zu 100 Prozent gleich. Wir mögen die gleichen Dinge, wir
denken gleich, und wir haben auch beide die gleichen Ansichten,
was Sex angeht, sie ist auch noch Jungfrau. Und ich hab schon
in Deutschland gemerkt, dass da irgendwie etwas zwischen uns
ist. Auf Partys tanzen wir immer ziemlich heiß zusammen, und
manchmal gibt's auch ein Bussi hier und da, nur kurz und ohne
Zunge, aber trotzdem muss da doch mehr sein. Ich weiß einfach
nicht, was ich davon halten soll, aber ich träume in letzter Zeit
davon, sie mal so richtig zu küssen und mit ihr rumzumachen.*

Wir wurden auch schon mal gefragt, ob wir was miteinander haben, und dann waren wir nur so: »*Nein, haha, das ist eine Frauenfreundschaft.*« *Aber auch wenn wir nicht feiern gehen, sind wir immer ziemlich touchy unterwegs. Halten Händchen, und wenn wir beieinander übernachten, kuscheln wir auch. Ich liebe sie einfach so sehr als beste Freundin, und ich will nichts kaputt machen, wenn ich sie mal so richtig abknutsche – OMG, wie sich das anhört. Ich weiß ja auch nicht, was das zwischen uns ist, ob ich sie jetzt einfach so sehr vermisse oder ob ich wirklich verknallt bin oder ob ich nur neugierig bin. Gefühlt steht halt auch jeder Typ im Universum auf meine beste Freundin, und das macht mich zwar stolz, weil ich so 'ne hübsche Nudel als Freundin habe, aber ich bin dann auch manchmal ein bisschen eifersüchtig. Nicht weil ich die Typen will, sondern weil ich sie will.*

Ich will einfach nicht, dass unsere Freundschaft daran kaputtgeht. Habt ihr Erfahrungen mit der Klassikerstory »*Verliebt in die beste Freundin*«*?*

YVONNE: Ja, ich weiß genau, was du fühlst! Genauso hat es bei mir damals auch angefangen, nur war ich nicht in Australien unterwegs, sondern in Greifswald. Ich habe meine beste Freundin während eines gemeinsamen Schülerprojekts für den Schulclub kennengelernt. Wir waren 15 Jahre jung und haben ab dem Zeitpunkt alles zusammen gemacht, waren voll auf einer Wellenlänge, haben fast jedes Wochenende beieinander übernachtet und ganz viel gekuschelt.

NICOLE: Was, das passt ja gar nicht zu dir, nur gekuschelt, kein Sex?

YVONNE: Ich war noch sehr jung und dachte auch, dass ich auf Männer stehe. Mein ganzes Umfeld hatte mich damals darauf geprägt. Ich wusste gar nicht, dass es auch Homosexualität gibt. Aber ich fühlte mich so sehr zu meiner besten Freundin hingezogen und habe jede Nacht davon geträumt, sie zu küssen.

NICOLE: Und warum hast du es nicht getan?

YVONNE: Aus den gleichen Gründen wie Leonie, ich hatte einfach Angst davor, unsere Freundschaft aufs Spiel zu setzen. Ich dachte, ich könnte es nicht ertragen, wenn sie mich ablehnt und nicht so für mich empfindet wie ich für sie. Was aber interessant war, ist, dass ich meine Gefühle für sie nicht infrage gestellt habe. Ich hatte von Anfang an das Gefühl, es ist vollkommen richtig, sie zu lieben.

NICOLE: Ja und dann? Jetzt spann uns doch nicht so auf die Folter!

YVONNE: Es sind erst mal viele Wochen und Monate vergangen, und dann gab es eine Party im Jugendclub. Wir waren beide auf der Tanzfläche und haben ganz eng miteinander getanzt, und ich habe gespürt, heute ist der Abend, an dem ich alles auf eine Karte setze. Wir sind dann kurz vor die Tür gegangen, um frische Luft zu schnappen. Wir standen ganz allein draußen, über uns der Sternenhimmel, und plötzlich legte der DJ den neuen Song von Bon Jovi, *Always*, auf. Wir waren beide riesengroße Bon-Jovi-Fans. Nach dem Comeback der Band in den Neunzigern ...

NICOLE: *Langweilig!!!* Was ist dann passiert?

YVONNE: Jetzt sei doch nicht so ungeduldig. Also, der Song beginnt, ich nehme sie erst lange in den Arm, dann drehen sich unsere Köpfe zueinander, wir schauen uns an, und ich küsse sie einfach, bringe die Zunge ins Spiel, und sie bricht einfach ab.

NICOLE: Was war los, hattest du Mundgeruch, oder hast du ihr auf die Lippe gebissen?

YVONNE: Nein, sie war einfach noch nicht so weit. Wir haben uns dann täglich lange Briefe hin und her geschrieben und sie auf dem Schulhof ausgetauscht. Darin haben wir viel über unsere Gefühle füreinander geschrieben und was wir uns wünschen. Und zum Glück hat sie für mich auch mehr als Freundschaft empfunden, und dann kam jene Nacht.

NICOLE: Und dann bist du komplett über sie hergefallen und hast alles rausgelassen.

YVONNE: Hallo noch mal, ich war 15. Also, ich habe bei ihr übernachtet, und ihre Eltern waren nicht da. Sie hat dann in ihrem Zimmer alles ganz romantisch mit Kerzen ausgestattet. Wir haben im Bett köstliches Bami Goreng aus der Dose gegessen und Fanta Mango getrunken.

NICOLE: Du verarschst uns. Wer isst und trinkt so etwas zu einem romantischen Date.

YVONNE: Zum letzten Mal, wir waren 15-jährige Mädchen und haben Bami Goreng und Fanta Mango geliebt, wie so viele Teenager damals. Es war der Himmel auf Erden für mich, im Hintergrund lief wieder Bon Jovi, und da haben wir uns geküsst, erst ganz vorsichtig, dann haben sich unsere Münder langsam geöffnet. Als sich unsere Zungen berührt haben, hat mein ganzer Bauch gekribbelt, und dann haben wir uns immer leidenschaftlicher geküsst.

NICOLE: Und ihr hattet euer erstes Mal zusammen?

YVONNE: Nein, wir haben die gesamte Nacht ausschließlich geknutscht. Das war so unglaublich. Bis morgens um drei Uhr nur Küsse, und das war so schön und so erfüllend. Fürs Küssen sollte sich jeder auch heute noch viel Zeit nehmen. Der ganze Körper sprudelt dann nur so vor Glückshormonen.

NICOLE: Ihr habt irgendwann aber schon noch mehr gemacht als nur knutschen oder Schmusebärchen?

YVONNE: Natürlich, wir waren ja dann auch zwei Jahre zusammen, und ich bin sehr glücklich, dass meine erste große Liebe damals genauso gefühlt hat wie ich.

Die erste große Liebe beziehungsweise das erste Verliebtsein erleben die meisten Menschen während der Pubertät oder kurze Zeit danach. Es ist in vielen Fällen ein Freund oder eine Freundin, für die das Herz entflammt, woraus die erste Beziehung entsteht. Natürlich ist immer ein Risiko dabei, Gefühle zu gestehen, aber so ist es nun mal mit der Liebe. Wer für

immer schweigt, wird das große Feuerwerk der Gefühle niemals erleben. Natürlich ist es möglich, dass die Gefühle nicht
erwidert werden, aber auch das ist ein Erfolg, denn erstens hast
du über deine Empfindungen gesprochen und klar formuliert,
was du möchtest. Das verdient Respekt. Zweitens hast du das
Versteckspiel beendet, bist über deinen Schatten gesprungen
und wirst dir nie wieder die Frage stellen: Was wäre, wenn?
Und drittens passiert alles aus einem bestimmten Grund, und
da du klar und mutig warst, wirst du viel schneller für einen
neuen Menschen offen sein, der deine Gefühle teilt. Du ver-
lierst also am Ende gar nichts, im Gegenteil, du gewinnst mehr
Selbstsicherheit.

Spielt die sexuelle Orientierung eines Menschen dabei
eine Rolle? Nein. Ist es wichtig, vor dem Liebesgeständnis zu
wissen, welche sexuelle Orientierung jemand hat? Nein. So
viel zur Theorie, allerdings sieht es in der Praxis oft anders
aus. Geprägt durch gesellschaftliche, kulturelle und religiöse
Zwänge, wird es all den sexuellen Orientierungen, die nicht
dem heterosexuellen Normativ entsprechen, in der Liebe von
allen Seiten schwerer gemacht. Wie soll also jemand, der durch
sein Umfeld vermittelt bekommt, nicht der sexuellen Norm
zu entsprechen, und dadurch schon genügend Diskurse mit
sich selbst führt, den Mut finden, zum ersten Mal im Leben
jemand anderem seine Liebe zu gestehen? Unter diesen Voraussetzungen ist es für Homosexuelle also ungleich schwerer
als für Heterosexuelle. Denn dieses Geständnis wird nicht nur
die Reaktion eines Menschen nach sich ziehen, sondern die
des gesamten menschlichen Umfelds.

NICOLE: Das stimmt! Als heterosexuelles Mädchen
war es schon nicht leicht, meiner ersten großen

Liebe Manolo meine Gefühle zu gestehen, aber
es war ein Ding zwischen uns. Ich habe mich nie
gefragt, wie sein oder mein Umfeld reagiert.

YVONNE: Das war bei mir leider anders, meine
erste Freundin und ich haben unsere Liebe komplett vor unseren Eltern versteckt. Sie dachten
immer, dass wir nur beste Freundinnen wären. Wir
dachten immer, wir würden unseren Eltern Ärger
machen, was im Nachhinein total unbegründet war.

NICOLE: Wie haben deine Eltern reagiert?

YVONNE: Meine Mutter war nur traurig, dass ich es ihr so
lange verheimlicht habe. Sie hätte es gern persönlich von
mir erfahren. Und mein Vater hat gesagt: Hauptsache, dir
geht es gut, du kannst lieben, wen immer du möchtest.

NICOLE: Wie hat es deine Mutter denn erfahren?

YVONNE: Sie hat zufällig einen Brief gelesen, in dem meine damalige Freundin den Sex
der letzten Nacht noch mal in jedem Detail,
jeder Stellung, jedem Orgasmus beschrieb.

NICOLE: Das ist nicht dein Ernst?! Also bruta-
ler auf die Zwölf geht es ja wirklich nicht.

YVONNE: Ganz genau, aber sie hat
es zum Glück gut verkraftet.

NICOLE: Und deine Freunde?

> **YVONNE:** Haben es von Anfang an gewusst und nie
> wirklich ein Problem damit gehabt. Im Gegenteil, als
> wir unser Einjähriges hatten, haben sie eine Durch-
> sage auf dem ganzen Schulhof übers Schülerradio
> gespielt und uns gratuliert, dazu gab es einen gro-
> ßen Blumenstrauß und ein Sextoy. Danach wusste
> dann wirklich jede Schülerin und jeder Schüler, dass
> wir ein gleichgeschlechtliches Pärchen waren.

NICOLE: Gab es danach Anfeindungen?

> **YVONNE:** Überhaupt nicht, für die ganze Schule war es
> vollkommen selbstverständlich. Erst jetzt wird mir so
> richtig klar, was das zum damaligen Zeitpunkt bedeutet
> hat. Im Osten der Neunzigerjahre haben viele homosexu-
> elle Menschen in Deutschland nämlich eine sehr gewalt-
> geprägte Form der Diskriminierung erfahren müssen.

Leider erleben Frauen, die Frauen lieben, oder Männer, die
Männer lieben, auch heute noch verschiedenste Arten von
Diskriminierung. »Trotz Fortschritten in Bezug auf die recht-
liche Gleichstellung in den vergangenen Jahrzehnten, wie
der Öffnung der Ehe für gleichgeschlechtliche Paare im Juni
2017, erleben Lesben, Schwule und Bisexuelle nach wie vor
Diskriminierung – ob in der Schule, im Beruf oder in anderen
Lebensbereichen«, stellt die Antidiskriminierungsstelle des
Bundes fest.

Die EU-Grundrechteagentur FRA hat im Jahr 2019 eine groß
angelegte Befragung unter 140.000 EU-Bürgerinnen und -Bür-

gern durchgeführt. Voraussetzung für die Teilnahme war es, dass sich die Personen als lesbisch, schwul, bisexuell, trans- oder intergeschlechtlich beschrieben. Dabei kamen 16.000 der Befragten aus Deutschland. Die Ergebnisse wurden im Jahr 2020 veröffentlicht und waren besonders für Deutschland sehr erschütternd. Denn trotz aller Fortschritte gaben 36 Prozent der Befragten an, in den letzten fünf Jahren vor der Erhebung Erfahrungen mit körperlichen oder sexuellen Übergriffen aufgrund ihrer sexuellen oder geschlechtlichen Identität gemacht zu haben. Das bedeutet, mehr als jeder Dritte wurde wegen seiner sexuellen Orientierung in Deutschland physisch diskriminiert. Damit gehört Deutschland in der EU zu den absoluten Spitzenreitern von sexueller Diskriminierung, denn der EU-Durchschnitt liegt bei elf Prozent. In der gesamten EU hat im Schnitt jeder Zehnte lesbische, schwule, bisexuelle, trans- oder intergeschlechtliche Mensch Erfahrungen mit körperlichen oder sexuellen Übergriffen gemacht, was immer noch enorm viel ist. Aber dass in Deutschland jeder *Dritte* diese Erfahrung macht, ist einfach unbeschreiblich grausam und zeigt, wie viel Arbeit noch vor uns liegt, um endlich absolute Gleichberechtigung herzustellen.

Es kann außerdem nicht sein, dass die Ungleichbehandlung von staatlichen Institutionen lange Zeit befördert wurde. So war es zum Beispiel homosexuellen Männern bis zum Jahr 2015 nicht erlaubt, Blut zu spenden, und das aufgrund ihrer sexuellen Orientierung. Ein Skandal! Zwar wurde diese Ungerechtigkeit im Jahr 2017 von dem Europäischen Gerichtshof gekippt, aber mit einer unfassbaren Auflage, die weiterhin mehr als diskriminierend war. Homosexuelle Männer durften nur dann Blut spenden, wenn sie zwölf Monate lang keinen Sex mit einem anderen Mann hatten. Für keine andere Per-

sonengruppe galt so eine Wartezeit. Erst im Jahr 2021 wurde
diese kaum zu ertragende Ungerechtigkeit nach vielen Diskussionen etwas verändert und die Wartezeit auf vier Monate
verkürzt. Doch weiterhin gilt, dass homosexuelle Männer
Auskunft über ihr Sexualleben geben müssen, bevor sie Blut
spenden dürfen. Dies gilt mittlerweile auch für andere Per-
sonengruppen, die zu einem »sexuellen Risikoverhalten« neigen. Ganz ehrlich, das ist weiterhin mehr als diskriminierend.
Wieso muss überhaupt eine Personengruppe beim Blutspenden Auskunft über ihr Sexualleben geben? Kein Wunder, dass
viele deswegen kein Blut spenden. Das alles schreit vor Ungerechtigkeit, findet aber so jeden Tag in Deutschland statt, und
das vor dem Hintergrund, dass der Bedarf an Blutkonserven
und damit Blutspenden sehr hoch ist. Jeden Tag werden in
deutschen Krankenhäusern 15.000 Blutspenden für Opera-
tionen, für die Behandlung schwerer Krankheiten wie zum
Beispiel Krebs und zur Versorgung von Unfallopfern benötigt.
Immer wieder kommt es zu dramatischen Engpässen, weil zu
wenige Menschen Blut spenden und Blutkonserven nicht sehr
lange haltbar sind.

An diesem Beispiel sieht jeder sehr deutlich, was Diskriminierung im allerschlimmsten Fall für eine Gesellschaft
bedeutet kann, sie kostet nämlich Menschenleben! Darum
sind wir alle gefragt und aufgefordert, Diskriminierung in
jeglicher Form aktiv zu bekämpfen. »Wenn du Ungerechtes
auf der Welt siehst, kannst du nichts tun oder etwas dagegen
tun«, lautet eins unserer Lieblingszitate aus dem Film *Wonder Woman* von 2017 mit den Hauptdarstellern Gal Gadot und
Chris Pine. Jede und jeder ist also gefragt, wenn es darum geht,
sexuelle Diskriminierung zu beenden. Die Starken müssen für
die Schwachen kämpfen. Es ist wichtig, dass wir stets bereit

sind, die Perspektive des Gegenübers einzunehmen, um zu spüren, zu fühlen und zu erleben, wie die Gesellschaft mit ihm oder ihr umgeht und was wir für jeden Einzelnen tun können, um unsere Gesellschaft stetig weiterzuentwickeln und damit menschlicher zu machen. Das sexuelle Normativ darf also nicht durch die Mehrheit der sexuellen Orientierung in einer Gesellschaft geprägt sein, sondern muss dadurch geprägt sein, dass jede Form von sexueller Orientierung darin problemlos stattfinden darf. Und das erreichen wir nur durch mehrheitlich gesellschaftliches Handeln, jeder muss das Wort für andere ergreifen und bei Ungerechtigkeiten regulierend einschreiten. Das beginnt schon im Freundes- oder Kollegenkreis, wenn über Schwulenwitze gemeinsam gelacht wird. Wer mitlacht und nichts sagt, diskriminiert ebenfalls. Sagt ein Kollege zum Beispiel zu einem anderen Kollegen: »Du bewegst dich ja wie eine Schwuchtel«, dann müssen andere eingreifen und klare verbale Grenzen setzen. Das Schweigen, Verlegenheitsschmunzeln oder Weghören in solchen Situationen fördert die Diskriminierung. Ja, es hat nicht die Dimension wie körperliche Übergriffe gegen Homosexuelle, aber es ist Mikrodiskriminierung, die Nadelstiche setzt, welche auf Dauer genauso schmerzlich sein können. Wir haben eine Verantwortung für unsere Gesellschaft und jede Personengruppe, ob schwul, lesbisch, transsexuell oder pansexuell, ob Mann oder Frau, ob schwarz oder weiß – jeder ist gleichermaßen wertvoll.

BISEXUALITÄT

Tommy (21) aus Herne: Ich habe lange mit mir gerungen, ob ich euch schreiben soll oder nicht, doch ich schätze eure offene, sympathische Art, und vielleicht habt ihr ja was Interessantes dazu zu erzählen, ich würde mich freuen, wenn ihr diese Mail in einer Folge besprechen würdet. Ich habe ein Problem. Ich bin bisexuell. Jetzt fragt man sich natürlich, was das Problem sein soll – nun, es wird vielleicht im Laufe der E-Mail klar. Als ich in das Alter kam, in dem man sich für das andere Geschlecht interessiert, hatte ich anfangs nur Augen für die Mädchen. Doch es gab immer so ein Gefühl, was von Zeit zu Zeit aufploppte. Zum Beispiel, als ich eines Tages diesen Traum hatte von dem einen Jungen auf dem Schulhof. Er war ein männlicher Rabauke, der sehr nett zu mir war. Im Traum saßen wir nebeneinander, und dann küssten wir uns. Als ich aufwachte, wusste ich nicht genau, was das zu bedeuten hatte. Dann war da noch mein damaliger bester Freund. Einmal waren wir in der Bibliothek, er saß vor mir, und ich hab nach einem Buch neben ihm gegriffen, und als ich dann sehr nah an seinem Gesicht war, habe ich ihm beinahe einen Kuss auf die Wange gegeben, mein Körper wollte es unbedingt, aber ich konnte mich noch gerade so zügeln. Dieser Moment ist schwer zu beschreiben und hat mich echt verwirrt damals, ich war in der vierten Klasse.

Als ich etwas älter wurde, habe ich die Pornografie für mich entdeckt, nun, sie wurde einem ja fast schon als Gruppenzwang aufgedrängt, alle haben darüber geredet. Als ich dann nach einer Weile durch die Kategorien schlenderte, entdeckte ich ein Gayporno. Ich habe mir einen Film angesehen, und automatisch rutschte meine Hand in die Hose, mein Penis war gleich supersteif. Es war echt heiß. Ich bin so krass gekommen. Ihr müsst

*euch vorstellen, das war für mich so verwirrend und beschä-
mend. Auf was bin ich denn da gerade gekommen?, hab ich
gedacht, Schwule sind doch ekelhaft, die haben Analverkehr
und so, wenn das meine Eltern oder Geschwister herausfinden!
Aber es hat mich so sehr angeturnt. Ich schaue mir bis heute
Gaypornos an und muss sagen, die meisten von denen sind viel
erregender als die Heteropornos. In den Heteropornos werden
die Frauen wie Dreck behandelt, und man sieht einfach, wie
sehr sie es spielen. Bei schwulen Pornos merkt man halt, dass es
denen meistens auch gefällt.*

*Ich würde trotzdem sagen, ich bin etwa 30 Prozent schwul
und 70 Prozent hetero. Über die Jahre wurde ich politisch immer
weiter links, und mein Weltbild geriet ins Wanken. Und heute
bin ich an dem Punkt, wo ich mich ausprobieren will, jedoch
habe ich Angst, dass, wenn ich mich ausprobiere, ich mich vielleicht in einen Mann verliebe. Das ist die große Angst, die ich
habe, denn dann bin ich für meine Familie gestorben, wenn ich
mit einem Mann auftauche. Deswegen ist es ein Problem für
mich. Ich wünschte, ich könnte einfach nur hetero sein und diese
Gedanken und die Neugier würden verschwinden. Bisexualität
im Allgemeinen hat mich immer schon interessiert, und es ist so
verlockend für mich, diese endlich auszuleben.*

*Ich hätte noch viel mehr erzählen können, zum Beispiel, wie
ich mit einem Freund einkaufen war und er dieses T-Shirt anpro-
biert hat, er sah einfach so unendlich scharf aus an dem Tag, ich
hätte ihn am liebsten sofort in der Umkleidekabine genommen.
Mensch, wenn man das liest, denkt man ja, ich wäre stockschwul,
bin ich aber wirklich nicht. Ich mag echt beides. Danke fürs
Lesen.*

Wir können es nicht oft genug aufschreiben, es ist das 21. Jahrhundert, und immer noch wünschen sich Menschen, heterosexuell zu sein, damit es in der Familie oder im persönlichen Umfeld einfacher ist. Immer noch gibt es Menschen wie Tommy, die schlimme Konsequenzen befürchten, wenn sie ihre sexuelle Orientierung voll ausleben. Das kann doch nicht sein. Kein Mensch ist mit seinen Gefühlen falsch unterwegs, alles, was euch glücklich macht und niemanden verletzt, ist erlaubt. Die Frage lautet also: Warum hat das Umfeld immer noch mehr Einfluss auf einen Menschen als seine Gefühle? Selbst in einem so fortschrittlichen und aufgeklärten Land wie Deutschland. Eine Antwort liegt auf jeden Fall in den vorgegaukelten Scheinrealitäten sehr einflussreicher Branchen. Ganz vorne dabei ist das Fußballgeschäft. Der Deutsche Fußball-Bund e.V. ist der Dachverband von 26 Fußballverbänden in der Bundesrepublik Deutschland, denen wiederum mehr als 24.000 Fußballvereine angehören. Im Jahr 2021 hatte der DFB fast 7,1 Millionen Mitglieder.

In Deutschland ist Fußball ein Milliardengeschäft. Keine andere Sportart lockt so viele Zuschauerinnen und Zuschauer in die Stadien und vor die Fernseher. Ist es da nicht ganz besonders erstaunlich und traurig zugleich, dass auch im Jahr 2021 kein einziger aktiver Bundesliga-Fußballspieler offen homosexuell oder bisexuell lebt? Wie soll denn ein junger Mensch wie Tommy frei zu seiner Sexualität stehen, wenn es nicht mal Bundesligaprofis tun. Junge Menschen benötigen Vorbilder, zu denen sie aufschauen können, mit denen sie sich identifizieren können und die ihnen vorleben: So wie du liebst, ist es okay.

Glücklicherweise gibt es inzwischen immer mehr Initiativen, die Menschen dazu ermutigen, zu ihrer Sexualität zu stehen. Im Februar 2021 startete das Fußballmagazin *11 Freunde* eine außergewöhnliche Initiative. Unter #ihrkönntaufunszählen haben 800 aktive Fußballspielerinnen und Fußballspieler homosexuellen Profis ihre Unterstützung zugesichert und sie zum Coming-out ermuntert. Die ganze Welt hat darüber berichtet und hoffentlich einen Denkanstoß für das internationale Fußballgeschäft geliefert.

NICOLE: Was glaubst du denn, wer in der deutschen Fußball-Bundesliga homosexuell oder bisexuell ist?

YVONNE: Auweia, wenn ich jetzt wirklich konkrete Namen nenne, wird unser Buch niemals veröffentlicht, weil eine Armee von Anwälten uns sofort mit Klagen überziehen wird. Aber Fakt ist, dass es viele sind, denn statistisch gesehen sind mindestens zehn bis 15 Prozent der Bevölkerung homosexuell oder bisexuell.

NICOLE: Na gut, dann bieten wir aber hiermit an, dass, wann immer sich ein Fußballprofi outen möchten, er dies sehr gern in unserem Podcast »Ladylike« oder in unserem nächsten Buch tun kann.

YVONNE: Absolut, und wir und unsere gesamte Community sichern hiermit unsere volle Unterstützung zu. Und, Nicole, falls du dich jemals outen möchtest, kannst du das auch jederzeit in meinem Bett tun.

NICOLE: In deinem Bett, wieso ausgerechnet dort?

YVONNE: Na, wenn du dich outest, möchtest du es vielleicht auch direkt ausprobieren!?

NICOLE: Dann lege ich mich lieber zu deiner
Freundin. Stopp, bevor du dich jetzt auf-
regst. Ich habe nicht vor, mich zu outen!

Beleuchten wir die Bisexualität etwas intensiver. In der Theorie steht hinter dem Begriff, dass sich ein Mensch zu beiden
Geschlechtern sexuell und/oder romantisch hingezogen fühlt.
In der etwas moderneren Begriffsdefinition spricht man von
der »Bi+sexualität« und definiert diese laut Queer Lexikon so:
»Eine bi+sexuelle Person fühlt sich romantisch und/oder sexuell zu Menschen zweier oder mehrerer Geschlechter hingezogen. Allerdings sind Definitionen von Bisexualität sehr ver-
schieden und umstritten. Das ›+‹ drückt diese verschiedenen
Definitionen aus und zeigt, dass bi+sexuelle Menschen sich zu
Menschen mehrerer, vieler oder aller Geschlechter hingezogen
fühlen können.«
     Die Theorie ist schon schwierig, und in der Praxis wird es
dann oft noch schwieriger für die jeweilige Person, die sich
nicht nur zu einem Geschlecht hingezogen fühlt.

Fee (35) aus Berlin: Ich bin aktuell Single und liebe Sex mit Män-
nern und Frauen. Für mich ist das Ganze sehr einfach, für mein
Umfeld leider nicht. Bisexualität ist immer noch ein Tabuthema,
und es gibt so viele Vorurteile. Neulich sagt ein Typ in 'ner Bar
zu mir:»Ach, du bist bi, dann musst du immer abwechselnd mit
Männern und Frauen schlafen, weil du immer was vermisst, ent-
weder einen Schwanz oder eine Muschi. Kannst du da überhaupt
eine feste Beziehung führen?« OMG, Augenroll – ich kann es nicht
mehr hören und habe nur gesagt:»Aha, du bist also heterosexuell,
muss echt hart sein, wenn du mit einer Frau zusammen bist, ver-
misst du sicher immer alle anderen Muschis.« Und bin gegangen!

Warum werden wir Bisexuellen immer als Freaks dargestellt? Am schlimmsten war es mal mit einer meiner Ex-Freundinnen. Ich hatte zu unserem ersten Jahrestag einen romantischen Ausflug geplant, wir sind mit den Rädern im Hochsommer an einen Brandenburger See gefahren. Ich hatte dort ein Zelt im Clamping-Style aufgebaut mit Blick auf den See. Dazu gab es Prosecco, frisch gefangenen Fisch überm Feuer und jede Menge Kerzenleuchten. Als wir im Zelt lagen, wurde es immer heißer zwischen uns, erst leidenschaftliche Zungenküsse, dann nur noch nackte Haut, sie mit ihrem Kopf zwischen meinen Beinen, ich schwöre, ich war dem siebten Himmel noch nie so nah, und plötzlich hört sie auf, mich zu lecken. Sie schaut mich an und fragt:»Soll ich dich lieber mit einem Strap-On (Umschnall-Dildo) vögeln? Wir sind jetzt schon ein Jahr zusammen, und du vermisst sicherlich einen Schwanz, oder?« In dem Moment ist mein Herz in tausend Scherben zerbrochen.

Bisexualität wird in der Gesellschaft sehr häufig missverstanden und missgedeutet. Das liegt daran, dass es lange keine umfassende Aufklärung zu diesem Themenbereich gab und dieser leider weniger im Fokus der Gesellschaft stand und steht. Dies wird natürlich zusätzlich durch die Medien befördert, denn hier gibt es häufig und immer noch eine überproportionale Fokussierung auf die heterosexuelle oder die homosexuelle Orientierung. Dass es Unschärfen zwischen diesen beiden »äußeren« Enden der sexuellen Orientierung gibt, wurde lange vollständig ignoriert und prägt das Gesellschaftsbild noch heute. Dazu kommt, dass Menschen es gewohnt sind, in konkreten Kategorien zu denken und anhand von bestimmten Merkmalen zu klassifizieren, wer oder was in welche Kategorie gehört.

»Kategorisierung bezeichnet in der Psychologie den Prozess, Objekte in Untergruppen oder Begriffsklassen einzuteilen. In der Sozialpsychologie gilt die Kategorisierung als eine Ursache für die Entstehung von Stereotypen«, heißt es im Online-Lexikon für Psychologie und Pädagogik. »Kategorisiert werden im Alltag dabei nicht nur Tiere, Gegenstände oder Gedanken, kategorisiert wird auch soziales Verhalten oder Merkmale von Menschen, die soziales Verhalten beeinflussen können.« Das bedeutet, Menschen haben eine bestimmte Vorerwartung, ein bestimmtes Muster, welches Schubladendenken auslösen kann. Schubladendenken kann Hilfe und Orientierung im Alltag geben. Doch dann ist es leider auch so, dass Menschen, die in Schubladen denken, oft unflexibler werden, weil sie immer weniger neue Erfahrungen machen.

Hieran lässt sich schnell die Problematik erkennen, dass das sogenannte Schubladendenken mit der Zeit wenig flexibel ist. Wir alle sind durch verschiedene gesellschaftliche Einflüsse geprägt und entwickeln daraus unser individuelles Schubladensystem, und wenn wir ganz ehrlich in uns hineinhören, wird es im Alter tatsächlich immer schwieriger, dieses zu verändern und sich für neue Schubladen zu öffnen. Jahrtausendelang gab es fast ausschließlich das heterosexuelle Normativ, was die gesamte Menschheit prägte und dadurch nur eine gesellschaftlich anerkannte Schublade in den Köpfen der Menschheit förderte. Nach dem Motto »Die Schublade sexuelle Orientierung = Heterosexualität und nichts anderes«. Zum Glück gab und gibt es in der jüngsten Historie der Menschheit immer Gruppen, die für mehr Vielfalt in dieser Schublade kämpften und kämpfen. Eine der weltweit größten Demonstrationen für sexuelle Freiheit entstand aus der gewalttätigen Razzia der Polizei in der Stonewall Bar in der New

Yorker Christopher Street am 28. Juni 1969. Solche brutalen Razzien waren damals keine Seltenheit, doch an diesem Tag setzten sich Schwule und Lesben gemeinschaftlich zum ersten Mal gegen die Polizei zur Wehr. Die Folge waren tagelange Demonstrationen, Unruhen und Straßenschlachten. Dieser Aufstand ging in die Geschichte ein und wird seitdem in New York jedes Jahr am letzten Samstag im Juni mit einem Straßenumzug gewürdigt. Daraus haben sich im Laufe der Zeit friedliche Demonstrationen auf der ganzen Welt entwickelt. Jedes Jahr gibt es allein in Europa über 250 Städte, die den Ereignissen in der Christopher Street mit der sogenannten Christopher Street Day Parade, kurz CSD oder nur Pride, gedenken. Dafür gehen Millionen Menschen mit bunten Umzügen, viel Lebensfreude und Musik auf die Straße, um sexuelle Gleichberechtigung in Staat, Recht und Gesellschaft einzufordern.

Es brauchte also ein sehr brutales Ereignis, um bestehende Schubladen aufzubrechen und die sexuelle Orientierung eines Menschen neu zu denken. Und wie es dann so oft bei Menschen ist, gelingt dieses Aufbrechen nur sehr schwer und bedingt schnell die nächste Schublade. Nach der uralten Schublade »Alle Menschen sind Heteros und der Rest abartig« folgt die etwas aufgeklärtere, aber immer noch angestaubte Schublade »Okay, dann gibt es jetzt also die Heteros und die Homos – Schublade auf –, die erkenne ich daran, dass er oder sie ausschließlich das gleiche Geschlecht lieben«.

YVONNE: Und was Menschen dann noch für ihre »neue« Schublade brauchen, sind Stereotypen. Die Schwulen sind immer geschminkt und tuntig, und wir Lesben haben alle einen Bart, kurze Haare und tragen am liebsten Holzfällerhemden.

NICOLE: Ja, die Beschreibung passt exakt auf dich, und auf der Couch hast du beim Fernsehschauen auch immer eine Hand in der Hose. Nicht wahr, Al Bundy?

> **YVONNE:** Das mache ich nur zur Beruhigung, es ist eine Art Meditation und gehört jetzt auch gar nicht hierher. VERRÄTERIN!

NICOLE: Im Ernst, das geht auch mir als heterosexuelle Frau tierisch auf den Sack, diese furchtbaren Klischees, die sich um jede sexuelle Gruppierung ranken. Geht mir in meiner Schublade ja auch nicht anders. Dabei sind wir Frauen längst mehr als das Heimchen am Herd, das für den Gatten nach seiner harten Arbeit freudestrahlend die Beine breit macht.

> **YVONNE:** Eben, bei dir ist es ja glücklicherweise genau andersrum, dein Mann putzt, kocht und saugt sehr intensiv, wenn du nach getaner Arbeit nach Hause kommst und Lust hast.

NICOLE: Und dafür liebe ich ihn sehr, er ist die vorbildlichste Feministin, die ich kenne. Deshalb habe ich ihn auch geheiratet.

Es gibt also sehr viel mehr auf der Welt als nur typische Heteros und typische Homos. Die sexuellen Orientierungen sind weitaus fluider, und natürlich sind 1969 nicht nur Schwule und Lesben für ihre Rechte auf die Straße gegangen. Seite an Seite mit ihnen haben auch Bisexuelle, Transsexuelle und viele andere sexuelle Minderheiten gekämpft. Doch leider waren diese Gruppen damals nie so im Fokus wie die Schwulen- und Lesbenbewegung. Doch zum Glück entwickelt sich eine Gesellschaft immer weiter, und mittlerweile wird mehr und mehr für eine allgemeine sexuelle Freiheit gekämpft. Am 24. Juni 2016 erklärte der damalige US-Präsident Barack Obama die New Yorker Bar Stonewall zum Nationaldenkmal. Dabei machte er ganz deutlich klar, dass die berühmte Kneipe das erste Nationaldenkmal der USA sei, das die Geschichte des Kampfes für die Rechte von schwulen, lesbischen, bisexuellen und transgender Menschen erzählt.

Ihr merkt schon, die Schublade beziehungsweise die Schubladen der sexuellen Orientierung werden immer größer und vielfältiger. Und das ist auch bitter nötig, denn viele finden sich in den vorgegebenen gesellschaftlichen Schubladen einfach nicht wieder. Das zeigt auch eine aktuelle Statista-Umfrage unter 13.000 Menschen aus Deutschland. Die Teilnehmer waren zwischen 18 und 69 Jahren alt und wurden befragt, wie ihre sexuelle Orientierung sei. Sie konnten aus fünf verschiedenen Antwortmöglichkeiten wählen. Diese waren heterosexuell, homosexuell, bisexuell, anders und keine Angabe. Das Ergebnis lautete wie folgt: 84 Prozent gaben heterosexuell an, vier Prozent homosexuell, drei Prozent bisexuell, ein Prozent anders, und acht Prozent machten keine Angabe.

Das heißt, insgesamt haben sich neun Prozent überhaupt nicht in der Befragung wiedergefunden, weil ihre sexuelle Orientierung nicht abgebildet war oder sie sich noch nicht ganz darüber im Klaren sind. Das zeigt, dass sich das Kategorisieren von sexuellen Orientierungen vollkommen überholt hat.

PANSEXUALITÄT

*Cara Delevingne (29), Los Angeles: Ich verliebe mich
in Personen. Die Sache ist bei mir: Ich verändere
mich sehr. Ich fühle mich die ganze Zeit anders. An
manchen Tagen fühle ich mich weiblicher. An manchen Tagen fühle ich mich eher wie ein Mann.*

*Miley Cyrus (29), Los Angeles: Ich habe das Wort bisexu-
ell immer gehasst, weil es mich in eine Schublade steckt.
Es ist mir egal, ob jemand ein Junge oder ein Mädchen ist.*

*Demi Lovato (29), Los Angeles: Mit zunehmendem
Alter bemerke ich, wie queer ich wirklich bin.*

*Bella Thorne (24), Los Angeles: Ich bin tatsächlich
pansexuell, und das wusste ich gar nicht. Du magst,
wen du magst. Es muss kein Mädchen oder Junge
sein, kein Er, keine Sie, kein dieses, kein jenes. Es geht
darum, die Persönlichkeit von jemandem zu lieben.*

*Sia (46), Palm Springs: Ich habe schon immer Männer
und Frauen und alles dazwischen gedatet. Es geht mir
nicht um das Geschlecht, sondern um den Menschen.*

*Brendon Boyd Urie (34), Las Vegas: Ich bin mit einer
Frau verheiratet und liebe sie über alles, aber ich hätte
auch kein Problem damit, einen Mann zu lieben, denn
ich verliebe mich in Menschen. Ja, ich denke schon, dass
man mich als pansexuell bezeichnen könnte, denn das
Geschlecht einer Person ist mir wirklich egal. Wenn*

*jemand toll ist, dann ist er toll. Ich verliebe mich einfach
in gute Menschen, deren Herz am rechten Fleck ist.*

Das Model Cara Delevingne, die Künstlerinnen Miley Cyrus, Demi Lovato, Bella Thorne, Sia und Brendon Boyd Urie, Sänger der Band Panic! at the Disco gehören zu den einflussreichsten Stars unserer Zeit. Auf ihren Social-Media-Kanälen erreichen sie täglich zusammengenommen fast 500 Millionen Menschen. Eine halbe Milliarde. Das heißt, die Botschaften dieser sechs Künstlerinnen und Künstler erreichen jeden Tag jeden 16. Menschen auf der Welt. Das ist ein sehr großer Einfluss, den diese Stars haben, und sie nutzen ihn glücklicherweise unter anderem für eine ganz großartige sexuelle Botschaft. Sie alle bezeichnen sich nämlich als pansexuell. Klären wir zunächst einmal den Begriff.

Pansexualität leitet sich von der altgriechischen Vorsilbe *pan* ab. Diese heißt so viel wie gesamt, umfassend, alles. Daraus ableitend bezeichnet die Pansexualität eine sexuelle Orientierung, bei der Personen in ihrem Begehren keine Vorauswahl nach Geschlecht oder Geschlechtsidentität treffen. Pansexuelle Menschen richten ihr Begehren also auf Personen, die sich körperlich ganz vielfältig definieren; wichtig ist ihnen dabei, dass das individuelle Interesse an der Person unabhängig von ihrem Geschlecht immer im Vordergrund steht. Die Anziehung kann spirituell, emotional, romantisch, physisch und/ oder sexuell sein.

Vereinfacht gesagt, Menschen verlieben sich in Menschen ohne jede Art von Vorauswahl.

*Percy (41) aus Hamburg: Boah, was habe ich mich als Papa vor
zwei Wochen blamiert. Ich habe zwei Töchter (Zwillinge, Emma*

und Jada), die mit ihren 14 Jahren gerade mitten in der Puber-
tät sind, und ich will natürlich immer der coole Papa sein, der
nicht nervt und voll cheedo ist. Na ja, es gelingt mir mal besser,
mal schlechter. Ihr müsst wissen, ich bin in einer Kleinstadt im
Süden Nordamerikas in einem sehr religiösen, konservativen
Elternhaus aufgewachsen. Über Sex wurde bei uns nie gespro-
chen, und Nacktheit war auch total tabu. Alles, was nicht der
Norm entsprach, wurde kategorisch abgelehnt. Die Schranken
im Kopf meiner Eltern waren so groß, und um uns herum waren
auch nur religiöse Sturköpfe, die kein Anderssein zuließen. Ich
wollte nur noch weg und war so froh, als ich mit 18 für ein
Austauschprogramm nach Hamburg kam. Alles fühlte sich von
Anfang an so frei an, und ich hatte das Gefühl, endlich atmen
zu können. Ups – jetzt habe ich ganz schön ausgeholt. Ich mach
es kurz, ich bin nie wieder nach Amerika zurückgekehrt, habe
meine bezaubernde Frau Valerie kennengelernt. Wir haben
geheiratet, und ich habe mir geschworen, wenn ich jemals Papa
werde, mache ich alles anders und werde so was von tolerant
und offen sein. Na ja, und dann kam das Gespräch mit meinen
Töchtern, wir haben gerade zusammen gekocht, und da habe ich
die Gelegenheit ergriffen, um mal nach der Liebe zu fragen, und
ich dachte, ich formuliere es möglichst offen, und habe gefragt,
ob die beiden denn schon einen Freund oder eine Freundin
haben. Ich stammelte dann noch rum, dass ja alles möglich ist,
ob homosexuell oder heterosexuell, wäre ja alles kein Problem
und so weiter. Dieser Blick meiner Töchter war so krass, und
dann sagten beide wie aus einem Mund:»Papa, das interessiert
doch heute echt keinen mehr, wer was ist, eure alten Schubla-
den, wir verlieben uns in Menschen.« Ich habe mich so geschämt,
aber war gleichzeitig so unendlich stolz auf die beiden.

In der Tat klingt das nach der reinsten Form der Liebe. Bedingungslos lieben. Nur der Mensch und seine Seele stehen im Vordergrund und nichts Physisches. Das sprengt die Grenzen der Geschlechterrollen komplett, lässt alle Schubladen verschwinden und eröffnet eine Welt, in der wirklich jeder Mensch gleichermaßen liebenswert ist und in der jeder Mensch jeden/mehrere Menschen lieben kann. Wir müssten nie wieder über sexuelle Orientierungen reden, jedes Outing wäre überflüssig, es würde keine Ausgrenzungen aufgrund der präferierten sexuellen Orientierung mehr geben. Stellen wir uns nur einen Moment lang vor, was mit unserer Gesellschaft passieren würde, wenn ab heute jeder Mensch auf der Welt nach seiner Geburt von seinen Eltern mit der sozialen Prägung aufwachsen würde, dass jeder Mensch jeden/mehrere Menschen auf welche Art auch immer lieben kann. Solange alle Beteiligten damit einverstanden sind. Wäre die Welt ein besserer Ort? Auf diese Frage kann es nur eine Antwort geben. JA!

> **YVONNE:** Ich würde so gern noch einen Schritt weitergehen, wenn wir schon bei Gedankenspielen sind ...

NICOLE: Yvonne, bitte nicht jetzt, das war gerade so ein schöner philosophischer Moment. Ich habe immer noch Gänsehaut. Zerstöre ihn jetzt nicht mit deinem rosafarbenen Penis.

> **YVONNE:** Ich will nichts zerstören, aber ja, ich muss jetzt unbedingt über meinen rosafarbenen Penis sprechen. Ich hätte nämlich gern einen. Nicht falsch verstehen, ich liebe meine Honigpflaume sehr, aber ich möchte es einmal fühlen, wie es ist, mit einem Penis zu kommen.

NICOLE: Was hat das denn aber jetzt mit der absolut grenzlosen Liebe zwischen Menschen zu tun?

YVONNE: Ich würde mir einfach von der Evolution wünschen, dass zukünftig jeder Mensch zwischen seinen Geschlechtsmerkmalen jederzeit frei wählen kann.

NICOLE: Also, mal hast du eine Muschi, mal einen Penis, mal Brüste, mal keine ...

YVONNE: Ja genau, und das kann ich ganz normal körperlich steuern, wäre doch ein toller nächster Evolutionsschritt, oder?

NICOLE: Puh, ich weiß noch nicht so genau.

YVONNE: Also, sobald das möglich ist, hätte ich gern einen 25 Zentimeter großen Penis, der ein kräftiges Rosa hat und gern so schöne dicke Adern.

NICOLE: Gut, ich spiele kurz mit. Was würdest du als Erstes damit tun?

YVONNE: Na ja, so ein Gerät müsste man natürlich erst mal vernünftig unter Kontrolle haben, nicht dass ich versehentlich jemanden damit vollspritze. Also würde ich mal etwas üben und mir mehrfach einen runterholen. So lange, bis ich genau weiß, wann und wie ich am liebsten komme.

NICOLE: Aha, und dann übst du weiter an einem Astloch, Staubsauger ...?

YVONNE: Nein, nein, dann würde ich mich direkt auf einen vertrauten Menschen stürzen, mit dem ich üben kann, ohne mich zu blamieren, der mir nichts übel nimmt und schon eine gewisse Erfahrung mit Penissen hat ...

NICOLE: Bitte sprich jetzt nicht weiter, ich mach dabei nicht mit. Nein, auf gar keinen Fall! Ich möchte deinen rosafarbenen Penis weder sehen noch anfassen oder in mir haben. Da hört bei mir die Freundschaft auf.

YVONNE: Nicole, eigentlich hatte ich jetzt daran gedacht, in einen Swingerclub zu gehen, da sind die Menschen nach unseren Erfahrungen ja sehr aufgeschlossen. Wie kommst du darauf, dass ich dich wählen würde?

NICOLE: Ja, wie komme ich bloß darauf? Weil ich dich eben kenne. Und ich weiß genau, dass du mich fragen würdest. Als ob du mit deinem rosafarbenen Ständer in einen Swingerclub latschen würdest. Es war dir ja schon peinlich genug, als du mit mir dort halb nackt an der Bar sitzen musstest für unseren Podcast. Und dann läufst du da mit deinem rosa Ding rein – hahaha!

YVONNE: Wie auch immer, wenn ich dann also wo auch immer mit wem auch immer geübt habe, schlafe ich in aller Ruhe und mit viel Liebe mit meiner Freundin.

NICOLE: Jetzt falle ich vom Stuhl vor Lachen und deine Freundin dann auch! Na ja, bedauerlicherweise ist die Evolution noch nicht so weit. Wir sprechen im nächsten Leben weiter, du rosaroter Panther!

6. KAPITEL

Sich anders fühlen

Britta (49) aus Frankfurt/Oder: Ihr sprecht manchmal darüber, wie man damit umgeht, wenn man merkt, dass man anders ist, weil man sich als nicht-binär empfindet oder im falschen Körper oder homosexuell ist. Aber was ist, wenn ich als Frau mich in Gruppen immer irgendwie fremd fühle, obwohl ich all das nicht bin?

Die sogenannte »Norm« ist ein scharfes Schwert, das einigen wenigen Sicherheit gibt und sehr viele verunsichert. Wer ist schon in all seinem Sein, seinem Denken, Fühlen, Handeln, Leben immer »normal«, und wie würde das überhaupt aussehen?

Wir bekommen häufig Mails von Menschen aus unserer Community, die sich in irgendeiner Form nicht zur »Norm« rechnen. Einige haben damit überhaupt kein Problem, sind sogar sehr stolz darauf, andere empfinden das als sehr belastend. Schauen wir uns die Facetten des »Andersseins« an. Unsere Podcast-Hostin Yvonne zum Beispiel ist gerne anders.

YVONNE: Aha! Endlich. Ich habe schon gedacht, ich komme hier gar nicht mehr zu Wort! Und ja, ich bin total gerne anders.

NICOLE: Aber nicht nur, weil du Frauen liebst, du bist vor allem anders in deinem Auftritt! Da, wo sich mir vor Scham die Fußnägel aufrollen, fühlst du dich richtig wohl.

YVONNE: Zum Beispiel?

NICOLE: Na, zum Beispiel bei unserer ersten gemeinsamen Weihnachtsfeier. Da bin ich fast in Ohnmacht gefallen, als du im Türrahmen standest! Alle Menschen in Jeans und so, wie sie eben aus dem Büro gekommen sind, und plötzlich geht die Tür auf, und da steht der schiefe Turm von Pisa.

YVONNE: Das war eine wunderschöne Hochsteckfrisur!

NICOLE: Du sahst aus, als hättest du Marge Simpson das Toupet geklaut! Yvonne hatte ihre rückenlangen blonden Haare toupiert und zu einem gigantischen Turm aufgestylt. Ich denke, man kann sagen: Sie ist mindestens zu einem Viertel am Ozonloch schuld nach dem Abend! Wie viele Flaschen Haarspray hast du da reingesprüht?

YVONNE: Ist doch egal. Ich sah gigantisch aus!

NICOLE: Und dazu trugst du irgendein Ganzkörper-Paillettending, wie eine Discokugel, und bist gleich auf die Tanzfläche gerannt. Ich kannte

dich erst wenige Monate und hab überlegt, ob
du eventuell vorher einen Hirnschlag hattest.

> **YVONNE:** Ich liebe es einfach, wenn die Leute mich
> so entsetzt anschauen. Ich mag den großen Auftritt
> und wollte noch nie in der Masse untergehen! Und
> ja, stimmt, im Gegensatz zu dir ist mir nur ganz wenig
> peinlich. Im Gegenteil, ich genieße diese Momente und
> werde noch tausendfach darauf angesprochen, wäh-
> rend man bei den meisten anderen gar nicht mehr
> weiß, ob sie überhaupt da waren! ... Warst du da?

NICOLE: Fiesling!

MÄNNER IN MINIRÖCKEN

Kleidung und Styling sind für viele Menschen eine Möglichkeit, ihr »Anderssein« auszudrücken. Kleidung, Schmuck, Frisur zeigen Gruppenzugehörigkeit, aber auch Abgrenzung. Und
für einige ist Kleidung sogar die einzige Chance, sich politisch
zu artikulieren.

Nach der erneuten Machtergreifung der Taliban gibt es eine
weltweite Frauenbewegung, die unter dem Hashtag DoNot-
TouchMyClothes auf Twitter ihren Anfang nahm. Dort zeigen
sich afghanische Frauen in bunten, traditionell afghanischen
Kleidern und protestieren so gegen die Gleichmacherei und
Unterdrückung der Taliban.

Das Phänomen »Protest durch Mode« ist Hunderte von
Jahren alt. Johanna von Orleans oder Jeanne D'Arc wurde
letztendlich auf dem Scheiterhaufen verbrannt, weil sie

Männerkleidung trug und sich beharrlich weigerte, sie abzulegen.

Mahatma Gandhi hätte Hemd und Hose tragen können, aber den Großteil seines Lebens zeigte er sich im Dhoti, dem traditionellen indischen Beinkleid aus selbst gewebter Baumwolle, und protestierte damit gegen die Kleiderordnung der britischen Besatzer Indiens und die wirtschaftliche Ausbeutung der Inder durch sie.

Die sogenannten Suffragetten, die ersten Frauenrechtlerinnen der USA und Großbritanniens, erkannten sich gegenseitig an weiten weißen Blusen und Röcken.

Anfang der 1960er-Jahre schickte der Designer Yves Saint Laurent die ersten Models ohne BH auf den Laufsteg. Ein starkes Signal an die erwachende Frauenbewegung und ein Skandal im Rest der Welt.

Insgesamt hatte und hat Mode auf diesem Gebiet einen großen Einfluss. Sie gibt dem »Anderssein« die Möglichkeit, sich auszudrücken, und hat sogar die Macht, das »Anderssein« in Strömungen und Trends zu verwandeln. Nach den ersten Bildern der Yves-Saint-Laurent-Models mit wippenden, befreiten Busen unter Blusen und Shirts legten weltweit Frauen den BH ab und solidarisierten sich mit denen, die schon vorher für mehr Frauenrechte gekämpft hatten.

Anfang der 1990er erinnerte sich die Mode-Industrie an die Punkbewegung, die in den Siebzigerjahren ihren Anfang in London und New York nahm, und zitierte die Looks. Auf den Laufstegen sah man plötzlich Models mit Löchern in den Strumpfhosen, Sicherheitsnadeln in den Ohren und zerrissenen Jeans. Was damals der Ausdruck des »Andersseins« war, wurde Mainstream.

Am Ende desselben Jahrzehnts wurden Röcke für Männer

modern. Nur einige wenige trauten sich, diese Mode zu tragen, darunter der Fußballer und »Mutter der Metrosexualität« David Beckham, der Schauspieler Brad Pitt und der Musiker David Bowie. Trotzdem war es die Geburtsstunde eines neuen Trends: androgyne Looks. Männer in Röcken mit exakt gestylten halblangen Haaren, Frauen in Anzugswesten – plötzlich war das, was zwanzig Jahre vorher noch undenkbar gewesen war, absolut normal. Geschlechtergrenzen durften zumindest im Modebereich verschwimmen.

Designer und Modezeitschriften, wie die *Vogue* zum Beispiel, haben in der Rückschau politisch tatsächlich viel bewirkt, auch wenn sie dafür zunächst belächelt wurden.

Auch die Musikszene hat eine Menge dazu beigetragen, dass Menschen ihr »Anderssein« nach außen tragen konnten und können, ohne dafür auf der Straße angegriffen zu werden. Oder sagen wir, sie werden immer seltener angegriffen. Dass junge Musiker wie Harry Styles sich mit *dem* Accessoire der älteren Dame, der Perlenkette, fotografieren lassen oder der Sänger der ESC-Gewinnerband Maneskin mit Eyeliner und Nagellack auftritt, bereitet den Boden dafür, dass Millionen von jungen Männern, die sich schon längst nicht mehr einem maskulinen Modediktat unterwerfen wollen, dies nicht länger tun müssen.

Gregor (24) aus Berlin: Ihr Lieben, ich bin vor Kurzem aus einer Kleinstadt in Sachsen-Anhalt nach Berlin gezogen und bin hier total glücklich darüber, dass man im Grunde alles tun und lassen kann, was man will. Ich mag Make-up und wage zu behaupten, dass ich mich sehr gut schminken kann. Jeffrey Star oder James Charles sind meine Vorbilder (bitte schaut euch mal an, was die können. Das ist große Kunst). Zu Hause konnte ich das wirklich nur in meinem Zimmer tun, meine Eltern wären ausgeflippt, wäre ich mit Make-up auf die Straße gegangen. Ihr kommt ja selber aus kleineren Städten, wie ich höre, und könnt vielleicht nachvollziehen, wie es ist, wenn man in einer Kleinstadt oder sogar auf dem Dorf anders ist als die anderen. Dann wird man zum Ortsgespräch und auch zum Gespött, und wenn man keinen starken Freundeskreis hinter sich hat, muss man schon aufpassen, dass man nicht von irgendwelchen Leuten eins auf die Fresse kriegt. Ich wurde mein ganzes Schulleben lang als Tunte, Homo, Leckschwester ... etc. beschimpft, und das, obwohl ich nicht mal mit Make-up vor die Tür gegangen bin. Hier in Berlin schminke ich mich jeden Tag, wenn ich zur Arbeit gehe. Zwar nur dezent, aber ausreichend. Wenn ich ausgehe, greife ich auch mal tiefer in die Farbpalette, aber niemand dreht sich nach mir um oder schreit mir irgendwas hinterher. Das ist so schön. Ich habe mich immer anders gefühlt, und jetzt löst sich das grade auf. Das fühlt sich an wie eine zweite Pubertät. Früher haben sich all meine Gedanken darum gedreht, dass ich nicht so bin wie alle anderen, und heute ist das weg, und ich entdecke total viele andere Dinge an mir, dir vorher so überlagert waren, dass ich über die nie nachgedacht habe. Versteht ihr das?

YVONNE: Total! Und herzlich willkommen in Berlin. Ich bin zwar total gerne anders, aber tatsächlich nur in meinem modischen Auftritt. Ich möchte auch nicht angefeindet werden, wenn ich meine Freundin auf der Straße küsse.

NICOLE: Hier in Berlin ist man halt einer von vielen, wenn man anders ist. In Kleinstädten und auf Dörfern dauert das alles etwas länger. Die

Umgebung hat extrem viel damit zu tun, wie anders
man sich fühlt und wie man damit umgehen kann.

YVONNE: Und ganz ehrlich, wenn an mir ein Zwei-
Meter-Mann in High Heels mit Perücke und Make-up
vorbeistiefelt, dann gucke ich schon. Ich denke, das ist
auch okay. Man kann »Anderssein« ja durchaus registrieren. Es kommt nur darauf an, wie man es bewertet.

NICOLE: Also, ich bewerte es wohlwol-
lend, wenn du mit irren Turmfrisuren, verklei-
det als Discokugel, irgendwo auftauchst!

Kleidung, aber auch Frisuren, Tätowierungen, Schmuck sind
Teil einer nonverbalen Kommunikation, die ausdrückt, wie wir
sind, und eben auch, wie anders wir sind als der Durchschnitt.
Unser Äußeres macht uns zum Teil einer Gruppe oder grenzt
uns aus. Oder um es mal im übertragenen Sinne mit Mark
Twain zu sagen: Kleider machen Leute. Nackte Menschen
haben nur sehr wenig Einfluss in der Gesellschaft. Leider ist
es so, dass Menschen von Natur aus eher konservativ sind. Sie
brauchen lange, um sich für Neues zu öffnen. Zum Glück passiert es aber.

Je öfter wir mit Dingen außerhalb unseres Horizonts kon-
frontiert werden, umso natürlicher erscheinen uns diese.
Unsere Psyche ist in dieser Hinsicht wie ein Muskel. Je mehr
wir an unseren Grenzen arbeiten, umso fitter werden wir auch
im Umgang mit Neuem.

Arbeiten wir uns weiter vor zum Kern des Andersseins.
Mode ist ein Ausdruck dessen, aber warum fühlen sich Menschen anders? Zum Beispiel, weil sie eine andere sexuelle

Orientierung haben wie Yvonne oder auch andere sexuelle
Vorlieben wie Alex.

*Alex (63) aus Berlin: Ihr Ladys, ja, in eurer Hörerschaft gibt es
auch ältere Herren. Ich hoffe, das ist okay. Neulich spracht ihr
im Podcast über Fetische, und ich möchte euch sagen, dieses
Thema betrifft wirklich jedes Alter, jedes Geschlecht und jede
Gesellschaftsschicht. Ihr müsst mal ein Fetisch-Festival besuchen. Dort trifft sich die Szene, aber auch viele Freunde und
Unterstützer, und es ist einfach befreiend und gut, das, was wir
sind, mal auf die Straße zu tragen. Viele Bekanntschaften von
dort würden in ihrer Umgebung nicht unbedingt zugeben, was
sie in ihrer Freizeit tun. Ein »Kollege« zum Beispiel hat bis vor
zwei Jahren in einer Bank gearbeitet. Jeden Tag im Sakko mit
Krawatte. Aber eigentlich steckt er lieber in Latexanzügen, und
er freut sich, wenn jemand (bitte keine Frauen) auf ihn uriniert.
Ich denke, das sieht ihm sonst niemand an. Es ist gut, darüber
zu reden, und es ist wichtig, dass wir uns auch mal zeigen, damit
wir nicht immer als abartig und pervers dargestellt und wahrgenommen werden. Wir leben ganz normale Leben, aber wir
nehmen es uns einfach raus, unsere Fantasien auszuleben. Das
muss niemanden stören und tut auch keinem weh. Also berichtet
bitte darüber.*

Das tun wir gerne. Unter denen, die uns schreiben, weil sie
sich anders fühlen, sind nicht selten Hörer und Hörerinnen,
die verunsichert sind von dem, was sie mögen. Dabei gibt es
dazu fast nie einen Grund. Denn wie Alex so richtig schreibt:
Es tut ja niemandem weh. Die Verunsicherung ist eher deshalb noch groß, weil das Thema »Spezielle Vorlieben/Fetische«
kaum Platz in der Gesellschaft hat, und wenn, dann häufig in

einem Kontext, der ins Lächerliche gezogen wird. Wie zum
Beispiel die Geschichte von Michèle aus Berlin, die monatelang
durch die Medien geisterte, weil sie in ein Flugzeug verliebt
war, und zwar in eine Boeing 737-800, und diese auch heiraten
wollte. Ebenso wie Objektophile werden zum Beispiel auch For-
niphile in den Medien gerne lächerlich gemacht. Diese Menschen erregt es, wenn andere in Rollenspielen den Part von
Möbeln übernehmen, zum Beispiel ein lebendiger nackter Bei-
stelltisch sind. Schlussendlich geht es dabei darum, von anderen benutzt zu werden. Nicht ganz unverständlich, dass sich
Medien auf solche Vorlieben stürzen. Leider fühlen sich die
Menschen, die so einen Fetisch haben, dadurch oft bloßgestellt
und an den Rand gedrängt.

*Marzena (34) aus Berlin: Ich kann es gut nachvollziehen, dass
sich Menschen erregt fühlen von Schönheit, auch wenn diese
nicht belebt ist. Es kann sehr reizvoll und auch erotisch sein, mit
der Hand über eine besonders glatte Oberfläche zu fahren und
diese Ebenmäßigkeit zu erspüren. Probieren Sie es selbst einmal
aus. Fahren Sie mit der flachen Hand über eine glatte, vielleicht
sogar lackierte Fläche und schalten Sie alle Sinne ein. Dann versuchen Sie es mit einer Holzoberfläche oder vielleicht auch mal
mit einem rauen Naturstein. Wussten Sie, dass die Sinneszellen
in unserer Haut Reize ans Rückenmark weiterleiten? Es ist also
nicht ungewöhnlich, dass man über das reine Erspüren einer
Oberfläche erregt wird. Es muss kein Mensch sein, den man
streichelt. Auch Dinge, schöne Oberflächen haben diese Macht!*

Vor der sexuellen Revolution ab den Sechzigerjahren des
20. Jahrhunderts galt so ziemlich alles als Fetisch, was von der

sexuellen Norm abwich: Doggy-Style, Fesselspielchen oder Dreier. Mit den Hippies, der freien Liebe und erstarkenden Subkulturen war diese Definition aber – zum Glück – irgendwann inakzeptabel für weite Teile der Bevölkerung. Heutzutage definiert man Fetischismus vorsichtiger als Devianz, als Abweichung von der Norm, aber in der Regel nicht mehr als behandlungsbedürftige Störung.

Fetischismus kann sich auf Objekte beziehen, wie bei Marzena, auf Körperteile oder auch auf Materialien, auf bestimmte Situationen, Körperflüssigkeiten oder eine bestimmte Haptik. Alles ist möglich. Fetischismus wird oft der sadomasochistischen Szene zugeordnet, und eines wird klar, wenn man sich das mal genauer anschaut: Die menschliche Libido kennt Millionen Spielarten.

Jens (51) aus Hamburg: Ich bezahle Frauen dafür, dass sie mich anpinkeln. Das geschieht immer bei mir zu Hause in der Wanne. Es ist sehr teuer, sich eine Dame nach Hause zu bestellen, die das tut, deshalb gönne ich mir das nicht oft. Es gibt einige Clubs, in denen man das umsonst haben kann, aber das möchte ich nicht, denn das ist ein intimer Moment, den ich alleine auskosten möchte. Seid ihr geschockt?

Janine (37) aus Kiel: Ich komme am allerbesten, wenn ich gefesselt und komplett wehrlos bin. Das habe ich mal per Zufall bei so einem Fesselspiel mit meinem Freund festgestellt. Allerdings war es nur an den Händen und mit solchen Billig-Handschellen, die man theoretisch selbst öffnen kann. Das hat mich schon sehr angemacht. Wir haben das dann ausgebaut. Heute fesseln wir mit Tüchern (wegen möglicher Verletzungen), dafür aber so fest, dass ich nichts mehr selbst lösen kann. Auch die Fußknöchel

sind an die Bettpfosten gebunden. Ich bin dann komplett wehr-
los. Das ist sehr heiß.

Taki (42) aus Essen: Bitte macht euch nicht lustig über Män-
ner, die auf gebrauchte Unterwäsche und Schuhe stehen. Ich
bestelle ebenfalls online gebrauchte Damenschuhe. Das tue
ich nicht auf diesen Spezialseiten, denn da rufen die Damen
extra saftige Preise auf, ich bestelle einfach bei eBay. Wenn die
Schuhe auf den Bildern schon ziemlich mitgenommen aussehen,
dann sind sie genau richtig. Ich liebe den Geruch, schon wenn
ich das Paket öffne. Das ist sehr erotisch zu wissen, dass da ein
Fuß dringesteckt und diesen eigenen Geruch hinterlassen hat.

> **YVONNE:** Ui, Nicole kannte ja auch
> mal einen Fußfetischisten.

NICOLE: Wahrscheinlich kannte ich mehrere, aber er war
der Einzige, der so mutig war, es zuzugeben. Er mochte
es halt, wenn im Bett Füße im Spiel waren. Das fand er
erregend. Ich denke, das ist aber ziemlich weit verbreitet.

> **YVONNE:** Ich habe da so Bilder im Kopf von
> Zehen, an denen genuckelt wird, und so ...

NICOLE: Ich will es jetzt nicht noch befeuern, aber ja.
Genau das! Aber im Grunde harmlos. Das geht auch noch
einen Zacken schärfer. Ich hatte mal einen Arbeitskolle-
gen, der hatte sich einen tollen Typen geangelt. Schwuler Mann, sehr schön, hübsches Gesicht, toller Körper,
erfolgreich, reiselustig. Alles perfekt bis auf eine Sache,
wo sie nicht zusammengekommen sind – im wahrsten

Sinne des Wortes: Der Typ wollte, dass mein Kollege ihn mit seinen Socken knebelt. Jetzt könnte man sagen: Ist mir doch wurscht, immerhin hat er die Stinkedinger im Mund und nicht ich, aber mein Kollege fand schon den Vorgang so komisch, dass bei ihm jedes Mal alle Geilheit weg war. Er hat sich redlich bemüht, denn das Exemplar von Mann war, wie gesagt, besonders gut, aber sexuell wurde es zwischen den beiden immer dann schwierig, wenn es um das Thema »Socke im Mund« ging.

YVONNE: Haben sie sich getrennt?

NICOLE: Ja, leider. Das war irgendwie unüberbrückbar, und man muss ja auch mal sagen: Eigentlich cool von dem anderen, damit nicht hinterm Berg zu halten, sondern klipp und klar zu sagen, was ihn anmacht, auch wenn es das Gegenüber erst mal sprachlos macht.

YVONNE: Ich hatte ja immer mal gedacht, dass ich Pumps im Bett mag.

NICOLE: Und?

YVONNE: Na, meine Freundin hat mir erklärt, dass ich das nicht mag, und damit war das Thema vom Tisch!

Janina (43) aus Regensburg: Lacht nicht über Schuhe im Bett. Ich selbst stehe auch auf Pumps im Bett, und zwar nicht an mir. Ich bin seit fast 20 Jahren verheiratet und kann meinem Mann alles sagen. Er ist mein Gefährte, bester Freund und Geliebter. In einer Zeit, als es uns als Paar nicht so gut ging, haben wir

*angefangen, ein paar Dinge auszuprobieren, und diese Vor-
liebe ist geblieben. Mein Mann findet es weniger scharf als ich,
aber er findet es scharf, wenn ich erregt bin, und deshalb trägt
er für mich hohe Schuhe im Bett. Wir haben schon mehrere
Exemplare online bestellt, das ist uns lieber als im Laden. Da
guckt einen niemand komisch an, und es gibt eine vernünftige Auswahl in Größe 44. Ich bin meinem Schatz sehr dankbar,
dass er das tut, und auch dafür, dass er meinen Wunsch immer
respektiert, mich nie damit aufgezogen oder mir das Gefühl
gegeben hat, ich wäre komisch. Ich bin nicht lesbisch oder so,
ich könnte mir nicht vorstellen, das mit einer Frau zu tun. Es
ist ja gerade das Männerbein mit diesen Schuhen, das mich
anmacht. Und ich denke, ich bin nicht allein. Warum sollte es
sonst so unglaublich viele tolle Hackenschuhe in diesen großen
Größen geben?*

Klar, es gibt vielleicht nicht extrem viele Männer, die für ihre
Frauen Pumps tragen, aber es gibt sehr viele, die es für sich
tun. Wer heutzutage in der Suchmaschine »High Heels für
Männer« eingibt, bekommt 30 Millionen Ergebnisse. Das ist
also kein kleines Phänomen, sondern bereits ein gigantisches
Lifestyle-Thema, dem sich nur noch die allerkonservativs-
ten Exemplare verschließen. Auch hier gilt: Unser Horizont
wächst mit. Je öfter wir Travestiekünstler, Dragqueens und
Crossdresser sehen und unsere Erfahrungen mit ihnen sammeln, umso größer die Akzeptanz. Das »Anderssein« als die
Norm bleibt zwar erhalten, aber die Bewertung durch andere
wird immer positiver.

    Schauen wir weiter in unsere Mails aus der Community
zum Thema »Sich-anders-Fühlen«.

Jule (39) aus Hamburg: Weil ihr euch neulich gefragt habt, ob es für Nicole okay wäre, mit einem Mann zusammen zu sein, der früher mal eine Frau war, oder für Yvonne in Ordnung mit einer Frau, die ein Mann war. Mein Lebensgefährte wurde vor etwas mehr als 30 Jahren als Mädchen geboren. Ich kenne die Fotos und die Erzählungen seiner Mutter und seiner Tante, aber für mich ist das eine komplett andere Person, über die sie reden, wenn sie von früher sprechen. Mein Mann ist ein Mann, und zwar ein ziemlich toller. Ich habe ihn als Mann kennengelernt, da hatte er sein altes Leben schon hinter sich gelassen. Ich wäre nie im Leben darauf gekommen, dass er nicht immer männlich war. Er hat eine schöne Stimme, ist ein Stück größer als ich, hat breite Schultern (ist überhaupt deutlich besser trainiert als ich alte Couch-Potato). Als es zwischen uns ernst und intim wurde, war ich wahnsinnig verliebt. Ich kann mich erinnern, wir hatten die ersten Knutschereien schon hinter uns und saßen eingekuschelt auf der Couch bei einem Glas Wein, und er meinte, wir müssen reden. Ich habe mich total erschrocken, weil ich dachte, jetzt sagt er mir, dass er verheiratet ist oder ein vorbestrafter Mörder, was weiß ich. Aber das Gegenteil war der Fall. Was dann kam, war die größte Liebeserklärung, die mir je ein Mensch gemacht hat. Er hat mir erklärt, dass er mich liebt und mit mir schlafen will. Dass er aber fürchtet, ich könnte mich etwas erschrecken, denn er habe ein paar Narben an seinem Körper und könne Sex nur mit einer Penispumpe haben. O Gott, ich war so was von unsensibel, dass ich natürlich zuerst dachte, er hätte wohl einen Unfall gehabt und könnte deshalb jetzt nicht mehr so richtig Sex haben. Als alles raus war, war meine erste Reaktion: Erleichterung! Keine heimliche Ehefrau, kein Knast, kein traumatisierter Unfallkörper. An diesem Abend haben wir nicht mehr miteinander geschlafen, aber am Tag danach, und es war sehr intensiv, sehr vertrauensvoll und unglaublich gut. Ich bin nie vorher so heftig gekommen! Danach lag ich in seinem Arm, und er meinte: Mach dir keine Sorgen, du bist nicht lesbisch! Also Gedanken erraten kann er auch :-) Das habe ich aber danach auch nie mehr gedacht. Manchmal denke ich, er fühlt wie ich, weil in ihm doch noch ein bisschen »Frau« ist, und das meine ich sehr positiv, aber davon will er nichts hören. Kann ich auch verstehen. Wenn man so viel auf sich nimmt, die Schmerzen, die Angst, die Zurückweisung, dann will man so was nicht mehr hören. Also, um es auf den Punkt zu bringen: Wenn man liebt, dann liebt man, egal was vorher war. Wir versuchen mit dem Thema so offen wie möglich umzugehen. Die meisten Menschen, die wir kennen, kommen gut damit klar. Ich hoffe immer, wir können anderen, die sich so fühlen, auch Mut machen. Es ist ziemlich heftig, was so ein Mensch ertragen muss, aber zur Belohnung gibt es ein neues Leben ... Und einen richtigen »Prachtpimmel«, sagt mein Mann immer!

Aktuell bezeichnen sich in Deutschland rund 100.000 Menschen als transsexuell oder transgender. Die Medizin bezeichnet das als ausgeprägte Geschlechtsidentitätsstörung. Dies geht oft einher mit großen psychischen Problemen. Wir bitten alle, die sich an uns« wenden und glauben, dass sie betroffen sind, sich schnellstmöglich professionelle Hilfe zu holen. Transmenschen leiden oft unter Depressionen, das ist sehr gefährlich. Professionelle Beratung und Hilfe gibt es zum Beispiel bei der Antidiskriminierungsstelle des Bundes, bei pro familia, aber auch bei nahezu allen Krankenkassen und Kommunen. Der Kontakt zu Menschen, die verstehen, was man fühlt, und im besten Fall in einer ähnlichen Situation waren oder sind, ist extrem wichtig und kann ein Gamechanger sein hin zu einem besseren und freieren Leben.

NICOLE: Leider, muss man sagen, haben dazu nicht alle Menschen die Möglichkeit. Wer heute jung ist und feststellt, dass er transgender oder transsexuell ist, der findet wenigstens erste Vorbilder in der Gesellschaft. Der weiß, ich bin nicht allein. Das kommt öfter vor, und es gibt Auswege.

YVONNE: Auch dank Superstars, die ihr Geschlecht angeglichen haben, wie die Schauspielerin Ellen Page, der jetzt Elliot ist, oder auch der Olympionike und Realitystar Bruce Jenner, der als Caitlyn durchs Leben geht.

NICOLE: Vor 30 Jahren sah das noch anders aus. Uns hat vor einigen Jahren der Brief eines Mannes mittleren Alters sehr berührt. Er schildert, was er in seinem falschen Körper erlebt hat, und er spricht aus, was ihn sein Leben lang beschäftigt hat. Ein Mann Mitte 50, der sich nach eigener Aussage fühlt wie ein zwölfjähriges Mädchen. Leider ist unser Kontakt irgendwann abgerissen. Es gab keine Rückmeldung mehr, was uns große Sorgen bereitet hat. Larissa ist der Name, den er oder vielmehr sie gerne gehabt hätte, und deshalb heißt sie bei uns auch nur Larissa. Sie gehört zu den Hörerinnen und Hörern aus unserer Community, die einen festen Platz in unserem Herzen haben. In ihrer letzten E-Mail bat Larissa uns, ihre Geschichte zu veröffentlichen. Hier ist sie.

Larissa (12 und 55) aus einer unbekannten Kleinstadt: Ich bin Mitte 50, auf dem Land aufgewachsen. Früher konnte man über das Thema nicht so offen reden bzw. wusste man wenig darüber. Würde ich heute in Köln oder Berlin aufwachsen, wäre vieles sicher anders verlaufen.

An eine OP (Geschlechtsangleichung) denke ich gar nicht, auch eine Hormonbehandlung würde in meiner Lage (verheiratet) noch mehr Verwirrung stiften. Aus meiner schlechten Ehe möchte ich auch nicht raus, weil ich die Konsequenzen daraus auch nicht will.

Bin ich bi, schwul, eine Frau oder irgendetwas dazwischen? Ein bisexueller Transvestit? Ich kann das selbst nicht genau sagen.

Wenn ich gleich als Mädchen aufgewachsen wäre, hätte ich auch nichts dagegen gehabt ... Echte Erfahrungen mit Männern hatte ich noch nicht so richtig.

Ich mag es, gelegentlich als Frau auszugehen. Ich war auch schon für Stunden mit Make-up und im Rock in einer für mich fremden Stadt draußen am Abend unterwegs. Ich möchte das auch einmal tagsüber machen, vielleicht in Berlin. Das Ganze ist jedes Mal ein großer Aufwand für mich. Daher läuft das Frausein bei mir meist nur als Kopfkino.

Wenn ich in der Früh Zeit zum Denken habe, stelle ich mir vor, dass ich mir eine schöne Bluse etc. kaufe und wieder für ein paar Stunden Frau sein kann. Dann gibt es tagsüber auch Momente, in denen ich mir absolut blöd vorkomme, weil das weibliche Outfit nicht zu meinem Äußeren passt.

Ich wurde vor über 50 Jahren als Junge geboren. Mit elf fing das an mit Strumpfhosen. Ich konnte einfach nicht widerstehen, sie anzuziehen und dabei das feminine Gefühl zu spüren. So mit 18 verwendete ich getönte Gesichtscreme und andere

Kosmetika für Frauen. Später kaufte ich auch Röcke, Blusen und so.

Bevor ich heiratete, warf ich die Kleidungsstücke weg. Doch der »Spuk« kam bald wieder.

Ich bin noch immer verheiratet, Sex gibt es keinen zwischen uns. Kein Wunder, mit meinem winzigen Penis wäre es auch kein Spaß ... Sie weiß auch nichts davon, dass ich zumindest gelegentlich eine Frau sein möchte.

Ich hätte früher immer gerne eine Freundin gehabt. Ich mag Frauen sehr. Allerdings spielen in meinen Sexfantasien nur jüngere große Männer eine Rolle. Das Bedürfnis, mit einem ins Bett zu gehen, wird immer stärker, je erregter ich werde.

Was mich davon abhält, sind das schlechte Gewissen nachher mir gegenüber und das Geld, das ich für einen Callboy ausgeben müsste. Ich würde mir eine Freundin wünschen, die mir meine Bedenken nimmt, etwas Unnormales, Schlechtes zu tun. Die auch beim ersten Treffen bzw. Sex mit einem Mann dabei ist.

Aber die nächsten Schritte wären erst: Händchen halten und in die Arme genommen werden. Jedes 14-jährige Mädchen hat mehr Erfahrung als ich. Ich bin 1,64 groß, stehe aber nur auf Männer, bei denen ich ein »Wow-Gefühl« habe: Ab 1,90, breite Schultern. Er kann manchmal ein wenig dominant sein, sollte mich aber wie eine Frau behandeln, mich hochheben, küssen ... Tagsüber blocke ich diese Gedanken ab, sie kommen, wenn ich im Bett oder in der Badewanne liege.

Wenn ich mich anhand dieser Fantasien selbst befriedige, sind diese Gedanken über Männer nachher wieder weg, und ich bin froh, dass ich mich in echt auf nichts eingelassen habe. Aber nach ein paar Tagen kommen sie regelmäßig wieder.

In den letzten zwei Jahren haben sich bei mir wieder viele weibliche Kleidungsstücke, Schuhe, Perücke angesammelt, die ich daheim verstecken muss, damit mein »Kartenhaus« nicht einstürzt.

Seit eineinhalb Jahren kenne ich eine Kosmetikerin, der ich alles erzählen kann und die das okay findet. Es tut mir gut, wenn ich als Frau zu ihr gehen kann. Sie gibt mir auch Styling-Tipps und ermuntert mich, so nach draußen zu gehen. Leider kostet das Frausein für ein paar Stunden viel Geld (Kleidung, Make-up, Schuhe) und Nerven. Nagellack entfernen, Parfüm soll man nachher auch nicht riechen ...

Ich tausche mich seit einem halben Jahr in einem Transgender-Forum mit anderen aus. Eine psychologische Beratung mache ich jetzt auch nicht mehr, weil das ebenfalls viel Geld kostet. Vor vielen Jahren hat eine Therapeutin gemeint, ich sei sicher schwul oder bi. Ganz war ich mit dieser Einschätzung auch nicht einverstanden. Ich möchte ja sicher nicht als Mann mit einem Mann leben ...

YVONNE: Es hat mich immer traurig gemacht, das zu lesen. Ein ganzes Leben ohne die Chance, seine Träume zu verwirklichen, weil man den Druck aus der Gesellschaft so deutlich spürt. Ich freue mich, wenn ich Menschen wie Conchita Wurst oder Ricardo Simonetti sehe, Männer mit Bärten in Abendkleidern, und hoffe, dass der Wind sich dreht und wir Menschen uns irgendwann nicht mehr mit solchen Äußerlichkeiten aufhalten und allen die Chance geben, das zu sein, was sie möchten.

NICOLE: Wie wäre es mal mit mehr Liebe und weniger Wertung!? Das würde den Druck rausnehmen für alle, die sich anders fühlen. Du bist ein Mann im Abendkleid? Ist doch toll. Du stehst auf alte Stinkefüße? Prima, dass du es herausgefunden hast, viele Menschen wissen gar nicht, was sie anmacht. Ich finde es ja schon sehr cool, dass die Teenager heute kaum noch in diesen Kategorien wie hetero, bi, homo denken, sondern sagen: Ich lege mich nicht fest. Ich liebe Menschen, egal was sie in der Hose haben! Pansexualität ist gerade echt ein Trend. Ich hoffe, das wird eine Welle und irgendwann total normal.

> **YVONNE:** Aber du zum Beispiel verliebst dich ja auch immer in Männer. Du könntest dich jetzt auch nicht in mich verlieben.

NICOLE: Stimmt. Aber das liegt an dir!

> **YVONNE:** Fiesling!

Die Geschichte von Larissa hat uns besonders beeindruckt und traurig gemacht. Ähnliche Geschichten erreichen uns immer wieder. Menschen, die sich anders fühlen, weil sie spüren: Da ist noch etwas in mir, eine Seite, die ich nicht ausleben kann. Wir raten allen, die uns schreiben, sich einen Kanal für dieses Gefühl zu suchen. Manchen reicht es schon in ihrer Fantasie, die Dinge zu erleben, andere wollen sie ausprobieren. Solange dabei niemand verletzt wird oder sonst irgendwie Schaden nimmt, sollte es in Ordnung sein, sich zu erforschen. Herauszufinden, was ist da noch, und das dann auch annehmen zu können. Sich nicht zu schämen oder zu verstecken, sondern dazu zu stehen, wie man ist und was man fühlt. Das ist nach außen nicht immer leicht, manchmal sogar unmöglich, aber mit sich selbst sollte man versuchen, ins Reine zu kommen. Man muss nicht den Kollegen erzählen, dass man als Frau auf Männerpornos steht und selbst gerne mal als Mann einen Mann vögeln möchte, aber man kann sich dessen bewusst werden und es für sich annehmen, denn es ist total okay.

Christian (39) aus Berlin: Ich bin ein heterosexueller Mann, lebe schon lange in einer Beziehung mit einer Frau und würde von mir behaupten, dass ich sehr männlich bin. Allerdings ist es mein Hobby, Frauenkleider zu tragen. Ich mag vor allem gerne Miniröcke, aber auch Seidenblusen (die sind super auf der Haut) und manchmal auch Pumps. Wobei ich auf dieses Schuh-Ding nicht so stehe, das ist unbequem. Mir geht es darum, die Schnitte und den besonderen Stoff zu tragen. Ich tue das schon mein ganzes Erwachsenenleben lang und hatte noch nie das Bedürfnis, mal etwas mit einem Mann anzufangen, falls ihr euch das fragt. Früheren Beziehungen habe ich dieses Hobby nicht gestanden, aus Angst, dass die Frauen mich dann als Tunte abstempeln. Meine jetzige Freundin weiß Bescheid. Für sie ist das in Ordnung. Manchmal bringt sie mir vom Shoppen ein schönes Teil mit, wenn sie es zufällig in meiner Größe (Damengröße 44 leider) gefunden hat. Ich gehe so nicht auf die Straße, sondern lebe mein Hobby nur zu Hause aus. Was denkt ihr, ist meine Freundin ganz besonders offen, oder ist es heutzutage kein Problem mehr, als heterosexueller Mann Miniröcke zu tragen? Ich frage mich, ob ihr mit eurer Podcast-Erfahrung so was schon öfter gehört habt?

YVONNE: Immer wieder. Es gibt in unserer Community einige Männer, die gerne Frauenkleider tragen, aber sich als heterosexuell bezeichnen. Das will ich auch gar nicht bewerten. Erst einmal finde ich es gut, etwas in sich zu entdecken und dem dann auch eine Chance zu geben.

NICOLE: Absolut. Und ich finde es mutig, dass Christian in seiner aktuellen Beziehung zu seiner Neigung steht. Das erfordert Mut, ist aber auch belohnt worden, denn das klingt ja sehr harmonisch, wie die beiden damit umgehen. Die meisten Männer, die uns schreiben, dass sie Frauenkleider tragen, tun das immer noch heimlich. Da haben wir Frauen es echt ausnahmsweise mal etwas leichter. Du zum Beispiel trägst ja auch nie Kleider. Du bist ein totaler Hosentyp.

> **YVONNE:** Danke, dass du nicht Jogginghosentyp gesagt hast! Aber so ist es. Ich fühle mich in Kleidern verkleidet und finde es gut, wenn Menschen ihre Hülle danach aussuchen, wie sie sich fühlen.

Crossdressing ist längst ein Modetrend. Es geht darum, gelernte Geschlechterrollen nach außen aufzubrechen. Frauen bei einer Gala im Smoking statt im Abendkleid, Männer in Röcken. Das ist eher ein politisches Statement. Menschen wie Christian tragen die Kleider des anderen Geschlechts aber nach unserer Erfahrung eher, weil es ihnen ein anderes Körpergefühl gibt. Es verschafft ihnen einen erotischen Kick, nicht zuletzt auch, weil es ein wenig »verboten« ist. In dieser Hinsicht haben es Frauen ausnahmsweise mal etwas einfacher. Sie können sich sehr männlich kleiden, ohne dass jemand besonderen Anstoß nimmt, wohingegen ein Mann im luftigen Sommerkleid auch heutzutage ziemlich sicher sein kann, die Blicke auf sich zu ziehen.

> **YVONNE:** Ich stelle mir immer vor, wie ich mal heiraten würde. Das würde ich, glaube ich, auch in einem tollen Anzug tun.

NICOLE: Mit Pumps.

> **YVONNE:** Mein Gott, ich sähe rattenscharf aus! Also wir halten fest: Wenn man auf Kleidung des anderen Geschlechts steht, fühlt man sich anders. Die einen können damit sehr gut umgehen, andere sind sehr eingeschüchtert von möglichen Reaktionen aus der Gesellschaft. Bleiben wir noch etwas bei den geschlechtertypischen Merkmalen. Vorhin sagtest du, Männer mit Bart im Abendkleid. Was ist eigentlich mit Frauen mit Bart?

NICOLE: Gibt es total viele!

FRAUEN MIT BART

Vor allem Hormonschwankungen sorgen dafür, dass Frauen an eher ungewöhnlichen Stellen mehr Haare bekommen. Zum Beispiel im Gesicht. Durch die Einnahme der Pille, nach Geburten oder mit Einsetzen der Menopause passiert das oft und versetzt viele Ladys in helle Panik. Muss aber nicht sein. Erstens ist das Phänomen unglaublich verbreitet, und zweitens kann man gut etwas dagegen tun: zum Beispiel mit dem Ladyshaver. Dabei bitte beachten: Immer mit und nicht gegen den Strich den Flaum rasieren oder mit Heißwachs entfernen. Die allermeisten Haarentfernungsmethoden sind auch für das Gesicht zugelassen und da genauso mehr oder weniger erfolgreich wie im Schambereich oder an den Beinen.

Es gibt aber auch Frauen, die nicht nur einen zarten Hormonflaum oder ein paar schwarze Härchen auf der Oberlippe haben. Die haben einen richtigen Bart. Dass diese Frauen sich sehr anders als die Norm fühlen, kann man verstehen. Die Mediziner sprechen von Hypertrichose oder Hirsutismus. Hypertrichose kommt bei Männern und Frauen vor und bedeutet, dass die Betroffenen an unterschiedlichen Körperstellen deutlich mehr Haare haben als der Durchschnitt. Bei Männern tritt das oft am Rücken auf.

> YVONNE: Ach, bin ich froh, dass ich nicht mit Männern schlafe. So ein haariger Rücken – das wäre für mich echt zum Abgewöhnen!

NICOLE: Ich fand das schon immer toll. Eine extreme Körperbehaarung sieht einfach megagut aus. Früher war mir das total peinlich, und wenn alle bei sehr haarigen Exemplaren »Iiihh« geschrien haben, habe ich mitgemacht und so getan, als fände ich das auch furchtbar, aber das habe ich zum Glück irgendwann abgelegt. Man soll ja zu dem stehen, was man mag, und ich mag haarige Rücken.

> YVONNE: Du stehst auf dicke, behaarte Typen!

NICOLE: Na und? Im Übrigen gibt es auch Frauen mit behaarten Rücken. Ich würde dir ja glatt wünschen, dass du mal an eine gerätst, damit du deinen Horizont ein bisschen erweitern kannst.

> YVONNE: Ich weiß gar nicht, wie ich da reagieren würde. Da ziehst du eine süße Frau aus, und wenn du versuchst, den BH zu öffnen, greifst du in so einen Flokati-Teppich!

Kann passieren. Hypertrichose macht auch vor weiblichen Rücken nicht halt. Für die Betroffenen ist das oft eine große Belastung, denn das weibliche Schönheitsideal ist leider auch heute noch so begrenzt, dass es Rückenbehaarung nicht einschließt. Die meisten Frauen entfernen diese Haare.

Das zweite haarige Phänomen ist der Hirsutismus, er betrifft nur Frauen. Diese Frauen haben dann ein männliches statt ein weibliches Behaarungsmuster. Sie haben also zum Beispiel Haare an der Oberschenkelinnenseite, im Gesicht oder auch auf der Brust. Man geht davon aus, dass etwa vier Millionen Frauen davon betroffen sind.

NICOLE: Hätte ich mal eine Frau mit Haaren auf der Brust kennengelernt, dann hätte ich vielleicht doch noch eine Chance gehabt, mal was mit einer Frau anzufangen. Ich liebe behaarte Brüste.

YVONNE: Du liebst behaarte Männerbrüste!

NICOLE: Stimmt, aber vielleicht könnte ich mich dann öffnen!

YVONNE: Also, ich würde mich definitiv verschließen. Ich liebe Frauen ja, weil sie Frauenkörper haben, und nicht weil sie aussehen wie ein norwegischer Holzfäller mit Busen!

NICOLE: Ich sehe schon, bei Haaren bist du irre konservativ. Wie mit den Zehenhaaren. Da hast du dich ja auch schon so angestellt!

YVONNE: Jetzt fängt das wieder an. Dieses Bild
verfolgt mich, und jetzt sehe ich vor meinem
geistigen Auge auch noch Busen mit Pelz.

Hajo (43) aus Bonn: Ihr habt über Körperbehaarung gesprochen.
Toll, dass wenigstens eine von euch auf behaarte Männer steht!
Ich bin sehr behaart und hatte damit in der Vergangenheit auch
immer mal Probleme. Nicht jede Frau steht da so sehr drauf
wie Nicole. Man ist immer hin- und hergerissen zwischen: Ich
sage es der Dame, bevor wir uns ausziehen, damit sie sich nicht
erschrickt – oder ich lasse es drauf ankommen. Ich weiß, es
klingt schlimm, aber diese extreme Behaarung vor allem am
Rücken ist für mich echt oft wie eine Behinderung gewesen, und
es gab sogar schon Frauen, die sind aus dem Bett gesprungen
und abgehauen, nachdem sie mir das erste Mal über den Rücken
gefahren sind. So als wäre ich ein Ungeheuer. Ich dachte dann
oft: Meine Güte – es sind nur Haare, keine Pocken oder so was.
Den Gang ins Waxing-Studio habe ich nicht gemacht, weil das
auf Dauer sehr teuer wird.

Dann allerdings habe ich meine jetzige Partnerin kennenge-
lernt. Wir verstehen uns toll, haben gleiche Interessen, einen
ähnlichen Geschmack, aber es gibt eine Sache, die mich extrem
stört, und ich wollte euch mal fragen, wie ich ihr das am besten
sage: Sie ist für eine Frau sehr behaart. Sie rasiert ihre Beine
und stutzt die Schamhaare, was ich super finde. Aber leider
hat sie viele Haare auf der Oberlippe, die schwarz und stop-
pelig sind. Das stört mich rein optisch, und ich denke immer,
das sollte weg, denn es zerstört ihr ansonsten hübsches Gesicht.
Außerdem hat sie Haare auf dem Bauch, die extrem auffallen,
weil sie schwarz sind, und sie hat lange Haare rund um ihre
Brustwarzen. Jetzt werdet ihr vielleicht denken, dass ich ein Rie-

senarschloch bin, selber behaart, aber bei der Frau eine Abnei-
gung dagegen haben. Doch ich finde auch, da könnte sie mehr
aus sich machen. Diese Brusthaare sind schon sehr unerotisch.
Wie kann ich ihr das sagen, ohne sie zu verletzen?

NICOLE: Gar nicht! Sorry, aber das ist echt
fies. Sie erträgt dein Rückenfell, und du hast
Probleme wegen ein paar Busenhaaren?

> **YVONNE:** Nein. Tut mir leid, ich finde, Hajo hat recht.
> Also diese langen Haare rund um die Brustwarze, die
> kenne ich von der einen oder anderen Gelegenheit,
> und ich fand das auch nie besonders geil. Warum
> zupft man sich die nicht einfach aus? Jede Frau hat
> doch irgendwo einzelne Haare, die sie dann zupft.

NICOLE: Vielleicht sieht sie die nicht, oder es ist ihr
nicht so wichtig. Vielleicht hat sie von ihrem sehr
haarigen Partner auch einfach mehr Toleranz erwartet. Wäre ja nachvollziehbar. Ich zupfe auch überall
mal was aus und finde es wichtig, dass wir hier fest-
halten: Dass Frauen Körperhaare haben, ist normal
und voll okay. Warum wird das bei Männern gefeiert
und bei Frauen als komplett abartig empfunden?

Die bärtige Frau war über Jahrhunderte fester Bestandteil des
Wanderzirkus. In einer Art Freakshow wurden Frauen gezeigt,
die entweder aufgrund von Hypertrichose oder Hirsutismus
tatsächlich Bärte hatten – oder mit angeklebten Haarteilen
arbeiteten. Manchmal waren es auch Männer mit Make-up in
Frauenkleidern. Es ging also im Grunde nur darum, dass das

Publikum sich vor dem Abartigsten, das man sich so vorstellte, gruseln konnte.

Bis heute ist es so, dass Männer in Frauenkleidern für ihr »Anderssein« ausgegrenzt werden, während man Frauen in Männerkleidern durchaus toleriert. Bei der Körperbehaarung ist es genau umgekehrt. Frauen mit Bärten rufen auch heutzutage noch Entsetzen hervor, während komplett enthaarte Männer oder Männer mit natürlich spärlichem Bartwuchs nicht fürchten müssen, schräge Blicke auf sich zu ziehen.

Körperbehaarung zählt definitiv zu den großen Themen in unserer Hörerschaft, und nicht wenige fühlen sich wegen ihrer Behaarung anders. Das tun oft auch Menschen, die mit ihrem Gewicht nicht in die vermeintliche Norm passen, aber erstaunlicherweise auch solche, die füllige Menschen sexy finden.

Frederike (53) aus Hamburg: Zum Thema »Dicksein und Sex«. Ich kann euch versichern, auch wenn man überall Bilder von extrem schlanken Frauen sieht und das als totales Schönheitsideal gilt: Männer stehen auf Arsch und Titten. Entschuldigt bitte, dass ich das so deutlich sagen muss, aber ich finde unsere Gesellschaft so verlogen. Ich arbeite heute in der Logistik eines großen Unternehmens, habe aber viele Jahre nebenbei in einem privaten Wohnungspuff gearbeitet. Wir waren dort fünf Frauen, und keine hat so gut verdient wie ich. Ich bin 1,67 groß und wiege 120 bis 130 Kilogramm. Das schwankt. Wenn man dick ist, dann wird man oft komisch angeguckt. zum Beispiel, wenn man in der Öffentlichkeit isst. So nach dem Motto: Die ist doch schon so fett, warum muss sie noch mehr fressen?

Oder wenn man sich im Flieger neben einen Fremden setzt. Dann spüre ich schon das Augenrollen: O nein, so eine Fette, jetzt habe ich gar keinen Platz mehr. Wenn man im Club tanzt,

*lachen manche, und wenn ich Klamotten kaufen gehe, dann
bekomme ich mitleidige Blicke, wenn meine Größe nicht dabei
ist. Aber bei der Arbeit hatte keine so viele Stammkunden wie
ich. Auch privat war ich selten Single und hatte immer eine
Menge Verehrer. Viele Männer stehen auf etwas zum Anfassen.
Die wollen es im Bett richtig krachen lassen und nicht so ein
zartes Püppchen, das nichts kann. Meine Jungs standen darauf,
meine schweren Brüste hochzuheben, und wenn man mich von
hinten nimmt, dann hat man einen richtigen Hintern vor sich.
Ich hatte sogar mal einen Kunden, der wollte, dass ich ihn unter
mir begrabe, bis es ihm die Luft nimmt. Also: Er lag dann ganz
steif ausgestreckt auf dem Bett, und ich habe mich so auf ihn
gelegt, dass sein Kopf irgendwo zwischen meinen Brüsten und
meinem Bauch eingeklemmt war. Das hat ihn angemacht. Dann
habe ich es ihm besorgt, und er ist zu seiner vermutlich dünnen Frau nach Hause gefahren. Ich kann mir nicht vorstellen,
dass er und alle anderen, die regelmäßig zu mir gekommen sind,
ansonsten dazu gestanden haben, dass sie dicke Frauen mögen.
Das ist immer noch ein totales Tabu, und das ärgert mich!*

Das verstehen wir. Und auch da gilt: Das ändert sich zwar lang-
sam, aber es ändert sich. Unser Körperbild ist leider über die
Jahrzehnte etwas aus den Fugen geraten. Aber es ist ein gutes
Signal, dass immer mehr Designer Plus-Size-Models auf die
Laufstege schicken, damit sich unser Bick wieder etwas norma-
lisiert. Künstlerinnen wie die US-Sängerinnen Lizzo oder Beth
Ditto sind tolle Vorbilder dafür, dass kein Mensch ultradünn
sein muss, um erfolgreich zu sein.

Übrigens ist die am häufigsten gekaufte Konfektionsgröße
in Deutschland eine 40/42. Also kann man sagen, auf den Bild-
schirmen und in den Zeitschriften dominieren leider noch die

extrem dünnen Frauen, aber in der Realität sind sie in der Minderheit. Und dass viele Männer tatsächlich auf mehr statt weniger stehen, hören wir oft.

Hassan (48) aus Bochum: Das mit diesem dürren Schönheitsideal ist Mist. Frauen müssen auch aussehen wie Frauen. Wenn sie sich so runtergehungert haben, dass sie keinen Busen mehr haben, ist das doch schlimm.

Achim (54) aus Koblenz: Man will ja auch was in der Hand haben. Frauen, die so dünn sind, können doch gar nichts genießen. Das Essen auf jeden Fall nicht und den Sex sicher auch nicht!

Jacek (26) aus Potsdam: Nach der Geburt unserer Tochter hat meine Frau nie mehr ihr altes Gewicht bekommen. Das ist für mich total in Ordnung. 20 Kilo mehr finde ich gut. Viele Männer stehen auf dicke Schenkel und Hinterteile. Unser Sex ist dadurch für mich besser geworden.

Jannis (31) aus Berlin: Dicke sind besser im Bett. Die achten nicht so darauf, wie sie beim Sex aussehen, sondern darauf, wie es sich anfühlt. Ich bin selber sehr sportlich, aber ich hatte bisher nur Freundinnen, die ein bisschen dicker waren.

> **YVONNE:** Gut. Das sind jetzt wieder einige Vorurteile in die andere Richtung! Aber ich als Frau, die auf Frauen steht, möchte dazu sagen: Auch unter uns Frauen gibt es eine gigantisch große Liebhaberschaft für fülligere Mädchen.

NICOLE: Weißt du noch, wo wir zwei im Kit-
KatClub in Berlin waren, diesem Nackt-Sex-Tanz-
Club? Da haben wir doch auch dieses lesbische Pär-
chen beobachtet, das auf einer Matte Sex hatte.

YVONNE: Genau, die eine wog ungefähr 50 Kilo, die
andere 150. Und die eine ist förmlich in die andere hin-
eingekrochen. Also, es sah so aus, als hätten sie richtig
Spaß trotz ziemlich ungleicher Gewichtsverhältnisse.

NICOLE: Und dass es ein Happy End gab, war am
Ende nicht zu überhören, trotz lauter Musik!

Schauen wir mal weiter, welche Post uns zum Thema »Sich
anders fühlen« noch so erreicht hat. Menschen fühlen sich
anders, weil sie nach den Maßstäben der Gesellschaft nicht
zu 100 Prozent in ihre Geschlechterrolle passen, weil sie eine
Sexualität ausleben, die nicht in die Norm passt, oder weil sie
vielleicht rein äußerlich vom Durchschnitt abweichen durch
Kleidung oder Körpermaße.

Es gibt aber auch Menschen, die passen rein äußerlich in
jede Norm und fühlen sich trotzdem anders, und damit kommen wir wieder zu Britta, die wir schon zu Beginn des Kapitels
kennengelernt haben.

Britta (49) aus Frankfurt/Oder: Ihr sprecht manchmal darüber,
wie man damit umgeht, wenn man merkt, dass man anders ist,
weil man sich als nicht-binär empfindet oder im falschen Körper
oder homosexuell ist. Aber was ist, wenn ich als Frau mich in
Gruppen immer irgendwie fremd fühle, obwohl ich all das nicht
bin?

Ich habe in meinem ganzen Leben noch keinen richtigen Anschluss in Gruppen gefunden. Ich bin manchmal wie unsichtbar. In der Schule, im Studium, in der Ausbildung hatte ich zwar Freundschaften und Bekanntschaften, aber ich bin immer eher so mitgelaufen. Während die anderen in der Gruppe den Kontakt gehalten und die Dinge geplant haben. Wäre ich nicht dabei gewesen, es wäre niemandem aufgefallen, glaube ich. Dazu kommt, dass ich sehr schüchtern bin und immer sehr lange brauche, um mit Menschen warm zu werden. Eigentlich ist das gar nichts Schlimmes, im Übrigen bin ich auch total gerne allein, aber es ist mir im Laufe der Jahre mehr und mehr aufgefallen. Ich habe schon ein paar Tests gemacht, bei denen herausgekommen ist, dass ich wohl hochsensibel bin. Gibt es andere, die euch schreiben und so sind?

Es gibt noch nicht allzu viele Studien dazu. Angeblich sind in Deutschland um die 15 Millionen Menschen davon betroffen. Aber wie gesagt, die Forschungsdecke ist dünn. Die erste Wissenschaftlerin, die das Phänomen entdeckt und untersucht hat, war die US-amerikanische Psychologin Elaine Aron.

Elaine Aron ist Pionierin in Sachen Hochsensibilität. Sie hat bereits mehrere Werke dazu veröffentlicht und geht davon aus, dass es sich dabei nicht um eine Krankheit, sondern eine Eigenschaft handelt, die genetisch bedingt, also erblich ist.

Zu den Merkmalen dieser Eigenschaft, die sie in 20 Jahren zusammengetragen hat, gehören Introvertiertheit, gut mit sich allein sein können sowie eine hohe Empfänglichkeit für äußere wie auch für innere Reize. Hochsensible grübeln viel und denken mehr über die Beziehungen zu anderen Menschen nach. Oft können sie nicht gut Entscheidungen fällen und werden durch Reizüberflutung schneller müde als andere. Sie sind har-

moniebedürftig, haben vielschichtige Fantasien und ein gutes
Einfühlungsvermögen. Allerdings sind sie auch schnell gelang-
weilt von oberflächlichen Gesprächen und Wiederholungen.
Etliche Wissenschaftler widersprechen dem, was Elaine
Aron herausgefunden hat. Trotzdem hat sie weltweit zahlrei-
che Anhänger, die sich oft jahrelang in bestimmten Situationen über sich selbst gewundert haben und jetzt froh darüber
sind, dass »das Kind dank ihr jetzt einen Namen hat«.

*Jana (28) aus Köln: Ich würde gerne wissen, ob ich hochsensi-
bel bin. Ich vermute, dass ich es bin, und glaube, dass einige
Beziehungen, die ich hatte, deshalb zerbrochen sind. Ich verstehe auch, dass man mit mir nicht gut zusammen sein kann.
Ich versuche es immer allen recht zu machen. Wenn ich das
Gefühl habe, dass ich jemandem mit irgendeiner Aussage zu
nahe getreten bin, dann beschäftigt mich das so lange, bis ich
sicher weiß, dass alles in Ordnung ist. Wenn ich glaube, auf der
Arbeit einen Fehler gemacht zu haben, kann ich oft die ganze
Nacht nicht schlafen bis zum nächsten Arbeitstag, wo ich dann
kontrolliere, ob es einen Fehler gab oder nicht. Mit meinem letzten Freund gab es oft Streit, weil ich fand, dass er viel zu direkt
zu Leuten war. So was ist mir peinlich, und ich denke, es ist
auch verletzend. Ihm war das immer herzlich egal, und er hat
oft gesagt, was er denkt. Das mache ich zum Beispiel nur in
einem ganz vertrauten Umfeld. Wenn ich mit anderen in der
Kaffeeküche smalltalke, dann gebe ich ihnen in der Regel recht,
weil ich denke, dass sie sich dann gut fühlen und mich auch viel
mehr akzeptieren, als wenn ich widersprechen würde. Manchmal ärgert mich das, denn ich habe ja eine eigene Meinung und
einen Standpunkt. Es fällt mir nur in der Situation meist schwer,
den zu vertreten. Ich habe oft das Wohl der anderen (oder das,*

was ich dachte, was das Wohl der anderen ist) über das Wohl meines Freundes gestellt. Und ich habe das getan, obwohl ich wusste, dass das eigentlich ein Fehler ist. Ich denke, ein Test würde mir Gewissheit geben und mir auch helfen, ein besseres Leben zu führen und wieder gute Beziehungen zu haben.

Aus der Entfernung können wir das schlecht beurteilen, aber einige Psychologen bieten solche Hochsensiblen-Tests an. Auch online gibt es sie mit Fragen wie:

· Machen die Launen anderer dir etwas aus?
· Erschrickst du leicht?
· Bist du besonders geruchsempfindlich?
· Bist du sehr gewissenhaft?
· Kannst du Filme mit Gewaltszenen nicht gut sehen?

Aber im Grunde reicht es sicher schon, in sich hineinzuhorchen und sein Verhalten und seine Beziehungen zu anderen zu hinterfragen. Wie nun die genaue Bezeichnung für das ist, was einen sich so anders fühlen lässt, ist vielleicht gar nicht immer wichtig. Stattdessen tut es gut festzustellen, dass es etliche Menschen gibt, die mit diesem und ähnlichen Phänomenen leben und damit auch ähnliche Sorgen haben. Nehmt den Druck raus. Außerdem ist es wichtig zu verstehen: Man muss nicht immer der Mittelpunkt einer Gruppe sein, es reicht schon aus, dabei zu sein, den Anschluss nicht komplett zu verlieren, ein Sozialleben aufrechtzuerhalten, auch wenn das Bauchgefühl einem sagt: »Bleib zu Hause und igele dich ein.« Einsamkeit kann etwas sehr Heilendes und Positives sein. Aber nur wenn sie zeitweise da ist und frei gewählt. Unfreiwillige Einsamkeit hingegen kann traurig und depressiv machen.

Anja (34) aus Salzburg: Neulich war »positive solitude« euer Thema. Ich bin ganz arg dankbar dafür, denn endlich weiß ich, wie mein Lebensentwurf heißt. Wisst ihr, wenn man nicht scharf darauf ist, zu heiraten oder eine Beziehung zu haben, dann muss man sich dafür immer rechtfertigen. Ich bin bei meiner Familie, meinen Kollegen, meinen Freunden immer der Paradiesvogel und die Merkwürdige, weil ich es einfach nicht erstrebenswert finde, mein Leben mit jemandem zu teilen. Versteht mich nicht falsch: Ich habe Freunde und auch immer mal Bettgeschichten, aber ich will nicht mit jemandem zusammenleben, kein gemeinsames Konto, Haus, Auto, Kinder. Ich kann das schlecht erklären, weil ich auch immer gleich in so einer Verteidigungshaltung bin, aber ich möchte gerne für mich sein. Das kann die Gesellschaft aber nicht akzeptieren. Meine Schulfreundinnen sind entweder verheiratet oder leben in Beziehungen. Wenn du keine hast, wirst du erst mal mitleidig angeschaut und dann gefragt, wie das denn kommt bei so einem hübschen Mädchen. Als wäre man entweder hübsch und vergeben oder hässlich und einsam. Mich packt die Wut, wenn Leute so sind! Ich treffe Männer aus dem Internet, die nicht hier aus der Stadt sind (damit ich sie nicht wiedersehe, wenn ich nicht mag und es peinlich wird), und das war schon oft sehr schön. Manche treffe ich auch öfter. Wenn wir uns verstehen, dann gehen wir essen, spazieren oder ins Kino und eben auch ins Bett. Aber mich hat noch nie einer so umgehauen, dass ich dachte, für den opfere ich jetzt meine wunderbare Einsamkeit. Ach so, und bevor ihr es euch fragt: Ich bin nicht lesbisch. Frauen interessieren mich körperlich kein Stück!

NICOLE: Warte, bis du Yvonne kennengelernt hast, die hat noch jede Hete geknackt!

YVONNE: Mach dich nicht darüber lustig! Bevor ich in festen Händen war, war ich eine überragende Verführerin, und ja, es waren vor allem heterosexuelle Frauen, die mir erlegen sind.

NICOLE: Und heute zehrst du von der Erinnerung und bist in einer Beziehung, die schon ein Jahrzehnt dauert. Könntest du dir vorstellen, wieder solo zu sein?

YVONNE: Also ich käme, glaube ich, sehr gut allein klar. Wir Einzelkinder haben das ja irgendwie im Blut. Wenn man für sich allein ist, kann man super nachdenken und besser Entscheidungen treffen.

NICOLE: Man kann essen, was man will. Zum Beispiel Tiefkühlpizza vor dem Fernseher, ohne dass irgendjemand das bewertet.

YVONNE: Man kann mit schmutzigen Schuhen übers Parkett gehen ohne Anschiss.

NICOLE: Man streitet nicht. Alles ist friedlich.

YVONNE: Nicht nur, dass man nicht streitet. Ich kann auch gut mal ein paar Tage gar nicht reden ...

NICOLE: ... oder auch nur Selbstgespräche führen!

YVONNE: Findest du das verrückt?

NICOLE: Nein, gar nicht. Das mache ich auch.
Ich muss sogar total aufpassen, dass ich nicht
auf der Straße mit mir selbst rede und dann im
schlimmsten Fall noch wild herumgestikuliere!

> **YVONNE:** So, als wärst du irgendwo ausgebrochen
> und sprächest mit einem unsichtbaren Freund?

NICOLE: Ganz genau so! Alle Menschen führen Dia-
loge mit sich, das ist nicht irre. Es steht nur kaum
jemand dazu. Ich persönlich kann mich aber super mit
mir selbst unterhalten, und so trainiere ich dann für
»echte« Gespräche. Ist doch praktisch. Dann ist man alles
schon mal durchgegangen und tipptopp vorbereitet.

> **YVONNE:** Mensch, ich zieh dich doch nur auf. Ich quat-
> sche auch total gerne mit mir selbst. Und wenn mich
> auf der Straße jemand entsetzt anguckt, wenn ich das
> mache, dann tue ich so, als würde ich Kaugummi kauen.

NICOLE: Lass uns noch auf ein paar Mails zum
Thema »Sich anders fühlen« schauen, die hier außer
Konkurrenz laufen, weil sie in unserer Community nicht allzu oft auftauchen oder die Betroffenen
zumindest eher selten dazu an uns schreiben.

*Patrick (53) aus Bocholt: Mein Penis ist extrem klein. Sechs Zen-
timeter, wenn er erigiert ist. Ich habe nachgeschaut. Das gilt als
Mikropenis. Ich habe deshalb extreme Hemmungen und große
Angst davor, mit Frauen ins Bett zu gehen. Ich habe Angst, dass
sie lachen oder ich sie nicht befriedigen kann.*

YVONNE: Wer lacht, den musst du raus-
schmeißen. So was geht ja wohl gar nicht.
Andere für ihren Körper auszulachen!

NICOLE: Und was die Befriedigung angeht: Auch Männer mit größeren Penissen haben Probleme, Frauen zu
befriedigen. Hast du Hände? Dann nimm die, damit
kommt ohnehin der Großteil der Frauen am besten!

*Katrin (36) aus Köln: Ich bin etwas, das gibt es offenbar gar
nicht. Zumindest habe ich noch nie davon gelesen, immer nur
von Männern. Ich bin das, was man fieserweise als Spanner oder
in meinem Fall als Spannerin bezeichnet. Ich beobachte gerne
andere beim Sex. Das habe ich gemerkt, als ich mit meinem
früheren Freund das erste Mal im Swingerclub war. Aber das
mache ich nicht mehr. Mir ist nämlich klar geworden, dass ich
gerne Menschen beobachte, die nicht wissen, dass ich da bin.
Das geht im Sommer in Parks und an Parkplätzen gut. Es gibt
auch Internetforen, da kann man Filme anschauen, die heimlich
in Hotelzimmern gedreht wurden.*

*Jens (31) aus Potsdam: Ich schlafe seit zwei Jahren mit einer
Dame, die wesentlich älter ist als ich. Wir haben uns kennengelernt, als ich in ihrer Wohnung einen Reparaturauftrag hatte.
Die Dame ist 72. Ich bin verheiratet, meine Frau ist gerade 30
geworden. Sie weiß nichts davon. Ich würde gerne aufhören, sie
zu betrügen, schaffe es aber nicht, mich zu lösen, weil der Sex
überragend ist.*

*Jennifer (35) aus Mainz: Ich bin verliebt in einen Tagesschau-
Sprecher, dessen Namen ich jetzt nicht sagen will, um ihn nicht*

in Bedrängnis zu bringen. Wer weiß, wer das liest. Ich habe ihn leider noch nie persönlich getroffen. Aber ich glaube, er ist sehr nett und warmherzig. Nachrichten interessieren mich normalerweise überhaupt nicht. Aber wenn er zu sehen ist, bin ich dabei. Ich zeichne mir das auch auf. Bei der Selbstbefriedigung denke ich an ihn. Lieber wäre ich verliebt in einen richtigen Mann, aber ich kann nichts gegen meine Gefühle tun. ·

Halten wir fest: Die Sexualität, der Körper und die Fantasie sind ein weites Feld, auf dem sicher mehr Menschen das Gefühl haben, anders zu sein, als der Norm zu entsprechen. Es ist wichtig, sich das klarzumachen. Nicht jeder hat die Möglichkeit, mit seinem »Anderssein« offen umzugehen, aber jeder, der es tut, leistet einen großen Beitrag zur Öffnung unserer Gesellschaft und tut denen etwas Gutes, die ihr »Anderssein« im Verborgenen ausleben (müssen).

Die breite Masse bestimmt, was die Norm ist, aber wer bestimmt, dass alles, was außerhalb dieser Norm ist, negativ bewertet werden sollte? Das war in der Vergangenheit oft eine schwere Fehleinschätzung, und der Wind dreht sich erst nach und nach. Es wird leichter für Menschen, die sich anders fühlen, auch wenn der Prozess Zeit braucht. Und während die Gesellschaft ihre Sehgewohnheiten und Einschätzungen, was fülligere Menschen oder Männer mit Make-up angeht, ganz langsam ändert, dauert es für extrem behaarte Frauen und Bankangestellte in Lack und Leder möglicherweise noch etwas länger.

Aber vergesst bis dahin nicht: Eure Fantasien, Vorlieben, Sexualpraktiken, sexuelle Orientierung, geschlechtliche Einordnung und Körperlichkeiten machen euch zu den Individuen, die ihr seid – feiert das, kommt mit euch ins Reine und seid stolz darauf, wenn ihr das schafft. Die Welt wäre doch ein öder Platz, wenn alle gleich wären. Ihr seid diejenigen, die sie bunt machen!

7. KAPITEL

Periode

Es ist zunächst einmal so ein unglaubliches Wunder und ein Zeichen dafür, das alle weiblichen Wesen Superheldinnen sein müssen, denn wer kann schon ein halbes Leben lang ein Mal pro Monat ganze sieben Tage lang ununterbrochen bluten, ohne zu sterben? Uns zu Ehren sollte es jeden Monat ein großes Blutfest geben, und wir sollten unendlich stolz darauf sein, dass wir so etwas Unglaubliches können. Schließlich ist die Periode Teil eines hochkomplexen Zyklus im weiblichen Körper, der Voraussetzung dafür ist, Leben zu erschaffen.

NICOLE: Grund genug also, alles an diesem Zyklus zu feiern und stolz darauf zu sein, dass wir bluten, um neues Leben zu erschaffen. Aber genau das Gegenteil ist der Fall. Die Monatsblutung der Frau ist ein absolutes Tabuthema. Schlimmer noch, es wird sogar in die Ekelecke geschoben.

YVONNE: Eine Unverschämtheit, eine unfassbare Ungerechtigkeit und Schande der Gesellschaft! Sorry, aber es regt mich einfach so schlimm auf, dass nahezu jede Frau auf der Welt Probleme damit hat, über ihre Tage zu sprechen, und ihr immer noch vermittelt wird, dass sie unrein ist, wenn sie blutet. Das geht nicht, seid stolz drauf. Ich bin da mittlerweile knallhart und verschone keinen Menschen mehr in meinem Umfeld, wenn ich meine Tage habe.

NICOLE: Was bedeutet das? Blutest du alle voll?

YVONNE: Natürlich nicht, aber ich spreche ganz offen drüber. Mein neuestes und liebstes Opfer ist der Bruder meiner Freundin. Mein geliebter Schwager. Ein Mann durch und durch, übernachtet gern im Wald, geht im Winter im See baden und ist am liebsten mit seinen Kumpels unterwegs. Leider kann er seine Männlichkeit nicht so richtig ausleben, weil er in seinem Leben fast ausschließlich von Frauen umgeben ist.

NICOLE: Wieso das, arbeitet er in einer Frauensauna?

YVONNE: Haha, nein er hat mit seiner Partnerin zwei Töchter, seine Schwester steht auf Frauen, und in seinem Job hat er tatsächlich nur weibliche Kolleginnen, und wir alle finden das äußerst lustig. Na ja, und darum mache ich mir einen unglaublichen Spaß daraus, gerade ihn mit meiner Regelblutung verbal zu penetrieren, und sehe es natürlich auch als absoluten Bildungsauftrag.

NICOLE: Wie genau sieht das denn aus? Bitte gib uns mal ein konkretes Beispiel.

YVONNE: Wir haben kürzlich zusammen Urlaub in Brandenburg gemacht, und ich hatte natürlich meine

Tage. Kleine Randnotiz, während unserer letzten
drei Treffen hatte er stets das Glück, dass ich stolze
Bluterin war. Es ist mittlerweile ein Running Gag. In
unserem letzten Urlaub habe ich es aber auf die
Spitze getrieben. Ich habe jeden Tag über den aktuellen Status meiner Tage berichtet. Und ich habe es
immer so eingeleitet, als ginge es um eins seiner Lieb-
lingsthemen. Zu seinem Schutz nenne ich ihn Ben.
Tag 1: Ben, kannst du dir vorstellen, was für ein unglaub-
licher Druck in einem Oktoberfest-Bierfass herrschen
muss? So ungefähr fühlt es sich heute in meinem
Unterleib an, diese gigantischen Mengen an Blut wollen
endlich raus, und ich möchte schreien: O'zapft is!!!
Tag 2: Ben, Lagebericht der letzten Nacht, es gab
eine Verwundete. Habe jetzt meine Tage bekommen und heute starke Bauchschmerzen, kannst
du mir das Kirschkernkissen warm machen?
Tag 3: Ben, wir machen ja heute eine Fahrradtour durch
den Wald. Was meinst du, reicht ein Tampon, oder sollte
ich sicherheitshalber noch eine Slipeinlage vorlegen?
Tag 4: Ben, hat deine Freundin die neuen Tassen schon ausprobiert? Nein, nein, Ben, ich rede
nicht von Kaffee und den neuen Frühstückstas-
sen, ich meine die Menstruationstassen.
Tag 5: Wir fahren ja heute nach Hause, Ben. Und
da habe ich ein kleines Geschenk für dich vorbereitet, damit du mich nicht so sehr vermisst. Nein,
Ben, es ist keine Kirschmarmelade in dem Glas ...

NICOLE: Yvonne, das hast du nicht gemacht.
Sag mir bitte, dass das kein Regelblut war.

YVONNE: Natürlich nicht, aber du hättest Bens Gesicht sehen sollen, als er es kurz dachte. Es war natürlich Kirschmarmelade.

NICOLE: Du bist echt erbarmungslos, aber diese Konfrontationstherapie sollten einige Männer durchlaufen. Denn seien wir doch ehrlich, hätten Männer ihre Tage, würden sie ein viel größeres Affentheater darum machen als wir Frauen! Es wäre niemals so ein Tabuthema!

MENSTRUATIONSMYTHEN

300 Millionen Frauen und Mädchen menstruieren täglich auf der Welt, und die wenigsten davon tun es würdevoll und mit vollem Selbstbewusstsein. Ein Blick in die Geschichtsbücher hilft zu verstehen, weshalb es so viele Menstruationsmythen gibt und weshalb es immer noch so ein großes Tabuthema ist. In der Antike galt stets der männliche Körper als das Maß aller Dinge. Die Frau wurde häufig nur als unfertiger Mann angesehen.

Der griechische Philosoph Pythagoras ging davon aus, dass die Regelblutung einen Überschuss an Nährstoffen darstellte, den die Frauen mit der Nahrung aufnähmen und der dann einmal im Monat ausgeschieden werden müsste. Hippokrates nahm irrerweise an, dass die Konstitution der Frau generell feuchter, weniger dicht und insgesamt schwächer als die des Mannes sei und deshalb einen Überschuss an Körpersäften produziere, der regelmäßig abfließen müsste. Noch verrückter wird es bei Aristoteles, denn er dachte, dass das Menstruationsblut nötig sei, um den Überschuss an Blut auszuscheiden, der sich immer bei beiden Geschlechtern bilden würde. Allerdings nahm er an, dass der Mann wärmer sei als die Frau und somit das Blut stark erhitzen könne und es als Samen ausscheide. Die Frau war dazu natürlich nicht in der Lage. Aristoteles sah im Blut der Frau auch den einzigen Beitrag zur Entstehung eines Kindes. Und damit war er schon einer der fortschrittlichsten Denker seiner Zeit, denn alle anderen männlichen Vertreter seiner Zunft gestanden einzig und allein dem Samen des Mannes zu, wichtig für die Abstammung zu sein. Allerdings sah Aristoteles im Menstruationsblut nur die rohe Materie, im Samen aber das Element, das alle wichtigen Eigenschaften des Kindes enthalte. Noch schwachsinniger wurde es bei dem römischen Gelehrten Plinius dem Älteren, der die Entstehung von Leben mit einem Kuchen verglich, in dem natürlich der männliche Samen die Rolle der Hefe übernahm, wodurch der Teig aufgehe und in Form gebracht werde. Das weibliche Menstruationsblut sei an diesem Prozess schon auch irgendwie beteiligt, aber außerhalb der Schwangerschaft sei das Blut giftig, und Frauen würden nur überleben, da sie aufgrund jahrelanger Gewöhnung immun seien.

Dieser Menstruationsmythos, dass das Regelblut giftig sei, setzte sich im ersten Jahrhundert nach Christus in der antiken Welt durch. Das Absurde ist, dass er sogar noch im 20. Jahrhundert von Wissenschaftlern vertreten wurde.

Im Mittelalter und in der Renaissance wurde die Betrachtungsweise leider kein Stück besser, die Menstruation wurde nach wie vor als sehr negativ dargestellt und deutete immer auf die Minderwertigkeit der Frau hin. Der Wissensstand über die Menstruation unterschied sich zu Beginn der Renaissance nur unwesentlich von den Ansichten der Antike.

Die Zeit der Aufklärung im 17. und 18. Jahrhundert brachte

leider auch keine nennenswerten wissenschaftlichen Erkenntnisse oder geistreichen Ansätze, die die Menstruation endlich als das anerkannt hätten, was sie ist, nämlich ein gigantisches Wunderwerk der Natur, auf das jede Frau unendlich stolz sein kann. Im Gegenteil, obwohl die Aufklärung geprägt war von angeblich fortschrittlichem Denken, dem Aufbrechen von alten Traditionen und der Akzeptanz für neu erlangtes Wissen, wurde die Menstruation weiterhin als etwas sehr Schlechtes betrachtet. Der Genfer Schriftsteller, Philosoph, Pädagoge, Naturforscher und Komponist Jean-Jacques Rousseau, also ein sehr gebildeter Mann des 18. Jahrhunderts, sah in der Menstruation die verderbliche Auswirkung der Zivilisation auf die Frau, die durch zu viel Essen, zu wenig Bewegung und eine durch gesellschaftliche Normen eingeschränkte Sexualität hervorgerufen werde.

Wer jetzt hofft, dass mit der Evolutionstheorie und dem Sozialdarwinismus im 19. Jahrhundert irgendein Imagewandel der Menstruation herbeigerufen wurde, den müssen wir leider enttäuschen, denn hey, es geht doch immer noch schlimmer! Denn mit dem 19. Jahrhundert rückte der weiße Mann an die oberste Stelle der menschlichen Hierarchie. Die Frau spielte eine extrem untergeordnete Rolle und wurde noch mehr als »das andere Wesen« betrachtet. Dieses Anderssein wurde mit Invalidität gleichgesetzt. Frauen galten als Menschen mit vielen physischen und psychischen Schwächen. In diesem Zusammenhang wurde der Leidenszustand der Menstruation als notwendiges Übel für die Mutterschaft degradiert.

Auch im 20. Jahrhundert wurde aus wissenschaftlicher Sicht nichts getan, um mit den Menstruationsmythen aufzuräumen. Es wurden sogar noch mehr Theorien aufgestellt, die davon ausgingen, dass das Menstruationsblut giftig sei. Man muss sich mal überlegen, dass erst 1958 endgültig bewiesen wurde, dass Regelblut nicht giftig ist.

In verschiedensten Religionen auf der ganzen Welt gilt die Frau bis heute als unrein, wenn sie ihre Tage hat. So heißt es zum Beispiel in der Bibel:»Wenn eine Frau ihren Blutfluss hat, so soll sie sieben Tage für unrein gelten. Wer sie anrührt, der wird unrein sein bis zum Abend. Und alles, worauf sie in dieser Zeit liegt, wird unrein, und alles, worauf sie sitzt, wird unrein. Und wer ihr Lager anrührt, der soll seine Kleider waschen und sich mit Wasser abwaschen und unrein sein bis zum Abend.«

NICOLE: Wenn man sich das alles bewusst macht, wird man als Frau tieftraurig und so unendlich wütend. Unfassbar, was da über Jahrhunderte, ach, was rede ich, über Jahrtausende für eine dreckige »Imagekampagne« gegen das weibliche Geschlecht und die weibliche Menstruation lief und ja immer noch läuft.

> **YVONNE:** Ja, und alle waren sich einig, Wissenschaft, Religion, Kultur, jeder befeuerte den schlechten Ruf der Menstruation. Nur logisch, dass sich bis heute Frauen und Mädchen weltweit dafür schämen und nicht darüber sprechen. Sie wurden ja nie dazu ermutigt, stolz auf ihre Tage zu sein. 99,9 Prozent aller Schriften, Berichte und Aussagen über das weibliche Regelblut sind schlecht und zutiefst verletzend.

NICOLE: Das ist sehr deprimierend, aber ich kenne dich. Du hast jetzt etwas von den 0,1 Pro-

zent dabei, was alle Leserinnen und Leser auf-
baut. Sag uns das Gute über unser Regelblut.

YVONNE: Das Gute ist, dass die Menstruation etwas Magi-
sches ist, etwas Einzigartiges, etwas, das uns zu Superheldinnen macht, und das haben im Laufe der menschlichen
Geschichte auch einige frühe Feministen und Feminis-
tinnen der Antike, des Mittelalters und der Aufklärung
erkannt und eine »Gegenkampagne« gestartet. Ein schöner
Beweis dafür, dass nicht alle totale Vollidioten waren. So
wurden dem Menstruationsblut auch folgende positive
Eigenschaften nachgesagt: Beigemischt in einem Liebes-
trank, sollte es den Liebeszauber zwischen zwei Menschen
entfachen. Auf den Türpfosten eines Hauses gestrichen,
sollte es böse Mächte fernhalten. Wenn eine menstruierende Frau ein Feld umschritt, sollte es reiche Ernte geben
und Schädlinge fernhalten, und an der Waffe eines Mannes sollte es ihn in der Schlacht unbesiegbar machen.

NICOLE: Das tat wirklich gut. Schade, dass es von
diesen positiven Geschichten nicht noch viel mehr
gab, dann hätten wir heute nicht so viel zu tun. Denn
liebe Frauen und liebe Männer, die Regelblutung ist
im wahrsten Sinne des Wortes *lebenswichtig*. Also
sollten wir den Stellenwert der Menstruation auch
in den Fokus rücken und nichts anderes!!!

Wir dürfen wirklich keine Zeit mehr verlieren, das zu tun,
denn weil der Fokus immer noch auf das Falsche gerichtet ist,
sterben jeden Tag Mädchen und Frauen auf der ganzen Welt –
nur weil sie menstruieren. Grund ist die fehlende Aufklärung.

UNICEF schlägt jedes Jahr Alarm mit ihren erschütternden Berichten. In Ländern wie Indien, Äthiopien oder Nepal wird noch nicht mal darüber gesprochen, dass es die Menstruation überhaupt gibt.

Genet (16) aus Äthiopien: Ich war in der fünften
Klasse, als ich das erste Mal meine Tage bekam.
Ich dachte, ich muss mich an irgendetwas
geschnitten haben. Ich habe niemandem davon
erzählt, bis ich aufgehört habe zu bluten.

Genet geht in die 5. Klasse und lernt in einer UNICEF-Kampagne, ganz offen über die Menstruation zu sprechen.

Wie wichtig solche Kampagnen sind, zeigt eine Studie, die in Indien durchgeführt wurde. Dort gaben circa die Hälfte der befragten Mädchen an, nichts über Regelblutung gewusst zu haben, bis ihre eigene begann. Die Scham und die Unsicherheit sind mit dem Einsetzen der Menstruation dann so groß, dass die Mädchen an Selbstbewusstsein verlieren, sich isolieren und die Schule meiden. Es kommt sogar vor, dass einige Mädchen von ihrer Familie bestraft werden, wenn sie das erste Mal bluten. In Äthiopien kursiert der Irrglaube, dass eine menstruierende Frau keine Jungfrau mehr ist. Einige Eltern denken, dass ihre Tochter Sex hatte oder vergewaltigt wurde.

Das alles ist natürlich vollkommener Blödsinn. Und doch geht es noch schlimmer, und zur Erinnerung sei ausdrücklich erwähnt, wir schreiben vom Hier und Jetzt. Der Blick um den Globus lässt allerdings vermuten, wir befinden uns immer noch in der Antike. In Nepal treffen bis heute mehr als die Hälfte der Frauen keine ihrer Freunde, während sie menstruieren. In dieser Zeit gehen sie außerdem nicht einkaufen und auch nicht zur Arbeit. Das Grausamste ist allerdings, dass bis heute Familien in Nepal dem streng traditionellen Brauch folgen, Mädchen und Frauen während ihrer Periode in unbeheizte Menstruationshütten zu verbannen. Kälte, Rauchvergiftungen und Tierangriffe sind Gründe, weshalb Mädchen und Frauen dabei bis heute ums Leben kommen, und das, obwohl es seit 2005 streng verboten ist.

UNICEF leistet täglich weltweit wichtige Aufklärungsarbeit, um Menstruationsmythen endgültig aufzulösen, die Regelblutung zu enttabuisieren und ein Netzwerk an Verbündeten zu schaffen, die die Menstruation als etwas vollkommen Natürliches und Positives sehen und diese Message auch in die Welt hinaustragen. In vielen Schulen, Mädchenclubs und Projekten lernen darum nicht nur die Mädchen, sondern auch Jungen, was sich hinter der Monatsblutung der Frau verbirgt. Alle können im Kampf gegen das Tabu und die Stigmatisierung wichtige Verbündete sein.

Solomon (12) aus Äthiopien: Ich sollte die Mädchen an meiner Schule nicht hänseln, wenn ich Blutflecken auf ihren Kleidern sehe, sondern sie unterstützen.

Die Schulkurse und Projekte über die Regelblutung stärken nicht nur das Selbstbewusstsein der Mädchen im Umgang mit ihrer Periode, sie sorgen auch dafür, dass die teilnehmenden Mädchen und Jungen zu Multiplikatorinnen und Multiplikatoren werden und ihr Wissen an Väter, Mütter, Onkel, Tanten, Schwestern, Brüder, Cousins und Cousinen und damit an die ganze Gesellschaft weitergeben. Eine großartige Initiative, die es in jedem Land, jeder Stadt und jedem Dorf auf der Welt geben muss. Wir alle müssen unsere Kraft als Multiplikatoren nutzen, um die Menstruation als das darzustellen, was sie ist – ein fantastisches Wunder.

Dafür hat UNICEF auch digital einiges auf die Beine gestellt und gemeinsam mit Mädchen für Mädchen eine App entwickelt. Sie heißt »Oky« und ist die weltweit erste Perioden-Tracker-App. Sie bietet auf unterhaltsame, kreative und positive Weise Informationen über die Menstruation. Die App gibt den Mädchen zum einen Kontrolle und Selbstvertrauen, indem sie den persönlichen Zyklus nach entsprechenden Eingaben aufzeichnet, und zum anderen bekommen die Mädchen zu jeder Phase ihres Zyklus wichtige Informationen. Zum Beispiel, welche physischen und psychischen Symptome mit einer bestimmten Phase einhergehen. Die App gibt es kostenlos für alle Smartphones.

HORMONTERROR

Katja (33) aus Stralsund: Mädels, ich war so froh, als ich in der letzten »Ladylike«-Podcast-Folge hörte, dass es euch ganz genauso geht wie mir, wenn ihr kurz vor euren Tagen steht. Ich bin dann so was von aggressiv, mein Freund Thomas muss jedes Mal so leiden und weiß gar nicht, was los ist. Ich schwöre, ich versuche jedes Mal wieder zu reflektieren, dass meine Periode im Anmarsch ist, aber da ist so ein wildes Tier in mir, was den Kampf jedes Mal aufs Neue gewinnt. Ich gehe dann voll auf Angriff und will mich unbedingt streiten, egal was Thomas sagt, er ist mein Opfer, das ich reißen muss. Zum Glück ist er überhaupt nicht nachtragend und verzeiht mir, und der Versöhnungssex nach meinen Tagen ist

dann umso schöner für meinen kleinen knuddeligen Teddybären.
Boah, und diese Heißhungerattacken, also an der Tanke ist die
Doppelböcki dann Pflichtprogramm, zu Hause noch Chips und
Eis – ich kenne da überhaupt kein Sättigungsgefühl.

NICOLE: Wir auch nicht, und eine Zeit lang haben
wir jeden Monat vor unseren Tagen ganz schlimm viel
gegessen, nein das stimmt nicht, wir haben *gefressen.*

YVONNE: Das Schöne bei besten Freundinnen ist ja, je
mehr Zeit sie miteinander verbringen, desto wahrscheinlicher ist es, dass sich ihr Zyklus angleicht. Ich liebe es
sehr, dass wir immer zusammen in unseren Fressphasen
waren, kurz bevor das Blut geflossen ist. Und ja, wir
waren dann mittags immer in unserem Lieblingslokal ...

NICOLE: Ich sag nur »traditionelle deutsche Küche«,
da standen dann so leichte Sachen auf dem Programm
wie Bratwürste mit Specksauerkraut und Bratkartoffeln
oder Kassler im Brötchen oder Schnitzel mit Pommes.

YVONNE: Ja, zum Nachtisch ging es dann weiter zu
unserem Lieblingsbäcker, und dann gab es Mohn-
kuchen für mich und eine Zimtschnecke für dich.

NICOLE: Und vergiss nicht die diversen Schokoriegel zwischendurch.

YVONNE: Auweia, stimmt! Damals haben wir uns echt
voll in diese Fressphasen reinfallen lassen und beide
innerhalb eines Jahres zehn Kilogramm zugenommen.

NICOLE: Ja, aber ich denke sehr gern an diese Zeit der
Völlerei zurück und wie viel sexuelle Schwungmasse wir
damals hatten. Mein Mann hat immer gesagt, du hast
jetzt einen Arsch wie JLO, und mein Schwager dachte,
ich hätte mir heimlich die Brüste vergrößern lassen.

> **YVONNE:** Ich fand auch, die Kilos standen
> dir, in der Zeit hattest du sehr viel Ähnlich-
> keit mit meiner Lieblingspornodarstellerin.

NICOLE: Na vielen Dank! Aber dein Bauch war
auch nicht von schlechten Eltern, Miss Piggy!

> **YVONNE:** O ja, das war so ein dickes Bäuchlein. Meine
> Freundin hat mich zu der Zeit immer Bärli genannt. Sie
> liebt es sehr, wenn ich so einen Bauch habe. Ich fühle
> mich dann angeblich viel weicher und kuscheliger an.

NICOLE: Sie muss dich wirklich sehr
lieben, wenn sie dich so anlügt.

> **YVONNE:** Fiesling.

Schauen wir uns den weiblichen Zyklus zunächst noch mal
genauer an. Dieses absolute Wunder der Natur vollzieht sich
circa 500 Mal im Leben einer Frau beziehungsweise eines Menschen mit einer Gebärmutter und Eierstöcken. Der Menstruationszyklus ist dabei völlig individuell und läuft niemals nach
Schema F ab. Er bewegt sich je nach Person zwischen 21 und
35 Tagen und beinhaltet die wiederkehrende Veränderung der
Gebärmutterschleimhaut, die gleichzeitig verlaufende Heran-

reifung einer Eizelle im sowie weitere zyklusabhängige Veränderungen des Körpers, die durch einen hormonellen Regelkreis gesteuert werden. Die Protagonisten, die dafür sorgen, dass unser Körper und unsere Nerven in dieser Zeit gelegentlich mit uns Achterbahn fahren, sind Hormone. Dürfen wir also folgende vorstellen:

1. **Östrogene,** bekannt als die Wunderwaffe der Geschlechtshormone. Verantwortlich für die Ausbildung der weiblichen Geschlechtsmerkmale und besonders hoch während der ersten Zyklushälfte. Sie sorgen dafür, dass eine Eizelle in Ruhe reifen kann und die Gebärmutterschleimhaut aufgebaut wird. Sie sind aber auch die Verursacherinnen von Spannungsgefühl in den Brüsten, Reizbarkeit und Stimmungsschwankungen. Bisherige größte dokumentierte Superkraft: Unter dem Einfluss von Östrogenen wurden bei einigen Tieren wie Fischen und Fröschen künstliche Geschlechtsumwandlungen beobachtet.

2. **Progesteron,** auch bekannt als Gelbkörperhormon, fungiert wie die perfekte Innenarchitektin der Schwangerschaft. Progesteron sorgt dafür, dass sich die Gebärmutterschleimhaut stärker entfaltet und durchblutet wird, damit sich ein befruchtetes Ei einnisten kann. In dieser Zyklusphase steigt die Körpertemperatur messbar an. Außerdem ist Progesteron schuld daran, wenn wir zu Schwindel, Kopfschmerzen oder Müdigkeit neigen.

YVONNE: Wichtig für dich, Nicole, ihr Heterofrauen benutzt Müdigkeit doch gern als Ausrede, wenn ihr nicht mit euren Männern schlafen wollt, oder?

NICOLE: Nein, die Zeiten sind vorbei, meine
Liebe. Mittlerweile sagen wir einfach die Wahrheit – kein Bock auf Sex, Schatz! Braucht
ihr Homos noch Ausreden dafür?

> **YVONNE:** Nein, weißt du, wir haben
> ja ständig Lust auf Sex!

3. Und weiter geht es mit dem **luteinisierenden Hormon,**
besser bekannt unter der Abkürzung **LH** oder, wie wir
Expertinnen sagen, »Urknallhormon«, denn es ist maßgeb-
lich für den Eisprung verantwortlich und ermöglicht somit
den Ursprung des Lebens. Und noch mal zur Erinnerung:
Das alles findet in unserem Körper statt, wir sind wirklich
Superheldinnen oder, wie Nicole immer sagt, Göttinnen.

4. Der letzte Superstar im Hormon-Quartett ist das **follikel-
stimulierende Hormon,** kurz **FSH.** Es ist ganz wichtig
für die Fruchtbarkeit und bewirkt, dass im Eierstock die
Eibläschen reifen, aus denen dann die Eier entstehen.
Größte Superkraft, es ist das wichtigste Hormon bei der
Stimulation der Eierstöcke und wird immer eingesetzt,
wenn es zu einer In-vitro-Fertilisation kommt, also einer
Eizellenbefruchtung außerhalb des Körpers.

> **YVONNE:** Es ist wirklich unglaublich, dass sich das
> alles in unserem Körper Monat für Monat abspielt!

NICOLE: Wir sind die Wiege des Lebens, und trotzdem tun wir so, als wäre es nichts Großes. Im Gegenteil, es ist uns sogar noch unangenehm. Das kann
doch nicht wahr sein. Wir erschaffen Leben, sind

Göttinnen und sollten unseren Körper viel mehr dafür
feiern und vor allen Dingen uns dafür feiern lassen.

> **YVONNE:** Also, wenn irgendein Mann mal wieder
> einen unqualifizierten Beitrag zum Thema Regel, Regel-
> blutung oder Hormone und deren Auswirkung auf
> unsere Launen macht, sollte die Antwort immer sein:
> »Lass mich in Ruhe, ich erschaffe gerade Leben.«

NICOLE: Ganz genau. Weißt du, wie die sich aufführen
würden, wenn sie das könnten?! Wir Frauen müssen uns
da einfach besser verkaufen und stolz auf unsere Tage sein.

Glücklicherweise gibt es auch immer mehr Männer, die das
genauso sehen und extrem stark daran mitarbeiten, die
Periode zu enttabuisieren und Zeichen zu setzen. Der Repro-
duktionswissenschaftler John Guillebaud vom University Col-
lege in London stellte in einer Studie aus dem Jahr 2016 klar:
»Periodenschmerzen können für den Körper so schlimm wie
ein Herzinfarkt sein.«

Es ist klar, dass ein derart hochkomplexer biologischer Prozess wie der Menstruationszyklus nicht spurlos an Frauen
vorübergeht. Und genau darauf reagieren nun Unternehmen
weltweit und haben den sogenannten Menstruationsurlaub
eingeführt. In Taiwan und Südkorea ist der bezahlte »Menstrual Leave« sogar schon komplett etabliert. Frauen können
dort pro Jahr drei Tage wegen starker Regelschmerzen pau-
sieren. Christian Faust aus Luxemburg, Chef der Firma Faust
Translation, geht sogar noch einen Schritt weiter: »Wir haben
uns dafür entschieden, einen Menstruationsurlaub anzubieten,
da wir der Ansicht sind, dass niemandem durch einen völlig

normalen biologischen Vorgang ein Nachteil entstehen sollte. Betroffene Frauen sollen sich deshalb nach eigenem Ermessen eine Ruhezeit gewähren.«

In Deutschland gibt es rund vier Millionen Frauen, die Monat für Monat an sehr starken Regelschmerzen leiden, dennoch unterscheidet der Gesetzgeber nicht zwischen Menschen, deren Uterus jeden Monat rebelliert, und jenen, bei denen das nicht der Fall ist. Es gibt bereits einige Stimmen, die das ändern möchten, allerdings wird sich bei der Gesetzeslage so schnell nichts tun. Natürlich kann man jetzt darüber streiten, ob das der richtige Weg ist. Wir finden sicher viele Argumente dafür und dagegen. Fakt ist aber, dass die Menstruation durch solche Vorschläge, Debatten und Diskussionen immer mehr in die Öffentlichkeit rückt und eine positive Anerkennung erfährt. Sie ist ein biologischer Prozess, der echt viel Kraft kostet, die Basis allen Lebens ist, und das muss auch endlich öffentlich und in angemessener Form anerkannt werden. Den passenden Slogan für eine entsprechende Kampagne hätten wir schon.

NICOLE + YVONNE: Wir erschaffen Leben und sind die Guten, also lasst uns stolz sein, dass wir BLUTEN!

MENSTRUATIONSTASSEN, MUSCHI-SCHWÄMME & CO.

Antje (41) aus Neubrandenburg: Mädels, ich bin so glücklich, dass ich euren Podcast »Ladylike« entdeckt habe. Ihr sprecht so ehrlich und schonungslos über alle Themen, die in vielen Runden, ja sogar bei meinen Freundinnen oft tabu sind. Über die Tage einer Frau redet ihr mit so einer Offenheit und Selbstverständ-

lichkeit, toll. Wenn ich jetzt blute, fühle ich mich irgendwie ganz anders, besser, wertvoller. Danke euch sehr! Jetzt kann ich euch auch meinen Spleen gestehen. Ich denke so oft darüber nach, in welchen Situationen die Periode plötzlich kommen kann oder was die Frauen früher gemacht haben. Erklärt mich jetzt bitte nicht für verrückt, aber wenn ich Filme oder Nachrichten sehe, und da wird von einer Entführung gesprochen, denke ich immer, o Gott, wie machen die Frauen das dann, wenn sie ihre Tage bekommen. Oder früher, ja, ich schaue so gerne Filme über Kleopatra, aber wie haben die das denn damals gemacht, wenn es anfing zu bluten? Es gab ja noch keine Binden und Tampons.

Ein geschichtlicher Exkurs in die Vergangenheit der Monatshygiene ist in der Tat sehr spannend, aufschlussreich und auch sehr schockierend. Werfen wir einen Blick zurück, zum Beispiel in die Zeit der Pharaoninnen und Pharaonen – ja, es gab auch Frauen, die schon im Alten Ägypten das damals höchste Amt ausübten. Meritneith, Nofrusobek, Hatschepsut, Nofretete, Tausret und Kleopatra, diese sechs ägyptischen Gottköniginnen traten aus dem Schatten ihrer jeweiligen Könige hervor und avancierten zur obersten Entscheidungsträgerin. Fünf von ihnen trugen dabei den offiziellen Titel Pharao. Doch auch Göttinnen bekamen ihre Tage.

NICOLE: Stopp, bitte korrigieren! Gerade weil sie Göttinnen waren, bekamen sie ihre Tage.

YVONNE: Ja, natürlich Nicole, denn jede Frau, die ihre Tage bekommt, bekam oder bekommen wird, ist eine Göttin!

Also weiter, gerade weil sie Göttinnen waren, bekamen sie natürlich ihre Tage. Zu dieser Zeit verwendeten Frauen verschiedenste Utensilien, wie Stäbchen, die mit Papyrus umwickelt wurden, bindenähnliche und tamponähnliche Gebilde aus Gras, und wahrscheinlich hatte man im alten Ägypten auch schon eine Art »Menstruationsunterwäsche«. Quellen zufolge gab es nämlich einen Beruf, der auf die Reinigung getragener Frauenwäsche spezialisiert war. Im alten Rom wurden Stoffrollen verwendet, die mit Wachs überzogen wurden, und der griechische Arzt und Gelehrte Hippokrates erwähnte Holzstückchen, die mit Stoff umwickelt wurden.

Im Kaiserreich China verfügten die Frauen dank der Erfindung von Textilien und Papier schon sehr früh über diverse Binden. Diese wurden mit Bändern und Schals an sogenannten Hüftgürteln befestigt. Es gab auch Einwegbinden aus Strohpapier, Baumwolle und Altkleidern.

Das Mittelalter war gekennzeichnet durch eine hohe Geburtenzahl bei Frauen, verbunden mit einer sehr hohen Kindersterblichkeit. Die Lebenserwartung der Menschen war sehr niedrig, die Frauen starben sehr häufig noch vor der Menopause. Unter diesen Umständen kann man sich gut vorstellen, dass Frauen ihr Leben lang entweder schwanger waren oder gerade ein Kind stillten. Die Regelblutung war für viele Frauen also ein eher seltenes Ereignis. Der Fokus lag demnach nicht auf Hygieneprodukten für die Monatsblutung, im Gegenteil, es herrschte sogar die Meinung vor, dass die Blutung nicht aufgefangen werden, sondern vollkommen frei austreten sollte, um Stauungen zu verhindern. Darum trugen Frauen im Mittelalter auch keine Unterwäsche.

YVONNE: Das wäre genau meine Zeit gewesen, ich könnte auch komplett auf Unterwäsche verzichten.

NICOLE: Du kleines Ossi-FKK-Kind würdest doch am liebsten auf sämtliche Kleidung verzichten.

YVONNE: Ja, da hast du vollkommen recht. Ich liebe es, nackt zu sein, und wenn es jeden Tag heiß genug wäre, würde ich das auch jederzeit tun. Nein, bevor du fragst, natürlich nicht in der Öffentlichkeit.

NICOLE: Also diesem kompletten Nacktsein kann ich ja so gar nichts abgewinnen, auch nicht beim Schlafen oder beim Baden. Das ist einfach sehr, sehr gefährlich!

YVONNE: Warum, hast du Angst vor Spannern?

NICOLE: Nein, das ist es nicht. Ich habe Angst davor, dass irgendwas in mich reinkrabbelt. Du weißt, wie abstoßend ich Viehzeug finde. Schon bei der bloßen Vorstellung, dass ich da in der Nacht schön vor mich hin schlummere, und dann kriecht ein kleiner Krabbelkäfer unten in mich rein, nein danke. Oder bei Schwimmen ... Nicht auszudenken, wenn ich da nackt umherplansche, und dann schwimmt ein Fischlein oder sonst irgendetwas in mich rein. Das geht einfach nicht, darum muss meine Muschi immer hundertprozentig geschützt sein.

YVONNE: Ja genau, aus diesen Gründen trägst du ja nachts und im Wasser auch Ohrenschützer und Nasenschützer, oder?

NICOLE: Klugscheißerin, das ist doch was ganz anderes!

Zurück zu unseren historischen Menstruationshygieneartikeln. Ausgehend vom Mittelalter, tat sich dann erst mal über viele Jahrhunderte lang nicht wirklich was. Erst im 19. und 20. Jahrhundert nahm die Entwicklung und Produktion von Hygieneartikeln für die Monatsblutung so richtig Fahrt auf. Die 1883 gegründete Verbandstoff-Fabrik Paul Hartmann fertigte Damenbinden aus Holzwolle an. Carl Moritz Marwede produzierte 1888 Einwegbinden aus Torfmoos, und die Stuttgarter Firma Wilhelm Julius Teufel patentierte 1893 den Diana-Gürtel, der später noch um eine Flauminbinde namens Cleopatra ergänzt wurde.

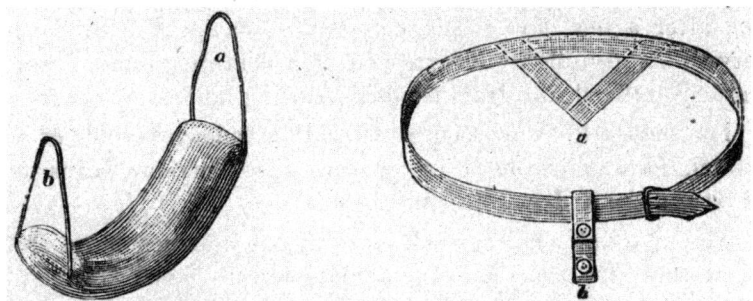

Menstruations-Gürtel »Teufels Diana-Gürtel«,
mit bester Menstruationsbinde

Die Firma Johnson&Johnson revolutionierte 1897 den amerikanischen Markt mit einer Einwegbinde, die aus in Mull eingeschlagenen Wattekissen hergestellt wurde. Die Vermarktung gestaltete sich allerdings als sehr schwierig, da es sich zur damaligen Zeit nicht gehörte, auf irgendeine Art und

Weise über die Menstruation zu sprechen. In Amerika gab es im frühen 20. Jahrhundert außerdem einen Trend, der verhindern sollte, dass Periodenblut an die Kleidung gelangen sollte. So trugen einige Amerikanerinnen unter dem Rock eine Art Schürze aus Gummi. Im Ersten Weltkrieg entdeckten dann Krankenschwestern, dass sich Verbandsmaterial viel besser für die Aufnahme von Regelblut eignete als die bisherigen Materialien. Das machte sich der Papierhersteller Kimberly-Clark zum Vorteil, kaufte die Restbestände von Verbandsmaterialien der amerikanischen Armee auf und brachte 1921 die Einwegbinde »Kotex« auf den Markt.

Die Kotex-Binden konnten die Frauen am besten mit einem Monatsgürtel von der Marke »Hoosier« verwenden. Die Binde hielt dann hinten an einem Straps und vorn an einer Metallschnalle. Diese Gürtel galten zwar als sehr unbequem, wurden aber bis weit in die 1970er-Jahre verwendet.

In Deutschland gab es eine weitaus bequemere Erfindung: Die Vereinigten Papierwerke Nürnberg, die später auch Tempo-Taschentücher vermarkteten, entwickelten 1926 eine Zellstoffbinde im Netzschlauch für den Einmalgebrauch. Diese Binde wurde unter dem Namen »Camelia« vermarktet und erschien in den 1970er-Jahren dann erstmals mit einem dünnen Klebestreifen. Die Firma Procter&Gamble entwickelte mit der Marke »Always« erstmals ein komplett klebendes Bindenprodukt, das ab 1983 die ganze Welt eroberte.

YVONNE: Always war auch meine allererste Binde damals.

NICOLE: Mit wie viel Jahren hast du denn deine Periode bekommen?

YVONNE: Ich war 13 Jahre alt und kann mich noch
ganz genau an den Tag erinnern. Es war im Frühling an einem Samstagnachmittag. Ich ging auf
die Toilette, weil ich mal musste, schaute in meinen Slip, und da war es, mein erstes Regelblut.

NICOLE: Und wusstest du, was zu tun ist?

YVONNE: Ja, meine Mutter hatte im Vorfeld sehr viele
Gespräche mit mir darüber geführt, und sie hatte es
geschafft, dass ich mich total darauf freute. Es ist ja
auch ein ganz besonderer Moment, wenn ein Mädchen
plötzlich zur Frau wird. Ich saß dann also auf der Toilette
und habe augenblicklich ganz laut nach meiner Mutter
gerufen und ihr gezeigt, was passiert ist, und dann haben
wir beide geweint. Das war ein total schöner Moment,
an den ich mich bis heute sehr gern zurückerinnere.

Die Monatsbinde gehört bis heute zu den beliebtesten Hygieneartikeln während der Periode und wird von 33 Prozent der
Frauen benutzt. Der Tampon ist allerdings der Favorit und
wird von 55 Prozent verwendet.

Erfunden wurde der Star der Monatshygiene 1929 von dem
amerikanischen Osteopathologen Earle Haas. Es handelte sich
um einen Zellstofftampon mit Rückholbändchen, den Haas
zwar patentieren ließ, aber nicht vermarkten konnte. Erst mit
der Übernahme des Patents durch die Geschäftsfrau Gertrude
Tendrich wurde der Tampon 1936 zum absoluten Topseller und
verhalf dem Unternehmen Tampax zu einem steilen Aufstieg.

In Deutschland stolperte der deutsche Ingenieur Dr. Carl
Hahn 1947 in einer amerikanischen Zeitschrift über eine Wer-

beanzeige für Tampons und erkannte sofort das Potenzial, denn so ein Produkt gab es noch nicht auf dem deutschen Markt. Er machte sich also schnellstmöglich an die Entwicklung eines gleichwertigen Hygieneartikels für deutsche Frauen und hatte dabei entscheidende Hilfe von zwei Partnern. Der eine war Dr. Heinz Mittag, ein Rechtsanwalt, aber die zweite Partnerin war die viel wichtigere. Dr. Judith Esser war eine Frauenärztin und begeisterte Schwimmerin und konnte bei der Entwicklung des perfekten Tampons entscheidend mitwirken. Gemeinsam entwickelten die drei Vorreiter den o.b.-Tampon – die Abkürzung steht dabei für »ohne Binde«.

Der o.b.-Tampon hat das Leben der Frauen damals völlig verändert. Er gehört bis heute zu den beliebtesten Tampons der Deutschen und hat es geschafft, dass die Marke selbst zum Synonym des Produktes wird.

NICOLE: Wie oft habe ich Freundinnen schon diese Frage gestellt: Hast du mal einen o.b.?

YVONNE: Hast du dir denn nie selbst welche gekauft?

NICOLE: Hahaha, du weißt doch, wie es ist, wenn die Tage plötzlich kommen, und du hast einfach keinen Tampon.

YVONNE: O ja, eine Geschichte wird mir dabei für immer im Kopf sein. Ich war mit meinem besten Freund feiern. Die wilden Studentenzeiten, erst in unserer Lieblingskneipe, da gab es ein paar Biere und B52, dann ab in den Mensa-Club, und nach einigen Cuba Libre sind wir dann bei ihm zu Hause gelandet, um noch

einen Absacker zu trinken. Ich war dann einfach viel
zu müde, um noch nach Hause zu fahren, und ...

NICOLE: ... hast dann mit ihm geschlafen?

YVONNE: Nein, meine Liebe, ich habe lediglich *bei* ihm
geschlafen. Ja, in seinem Bett, aber ohne anfassen. Und
dann wache ich morgens mit einem Hammer-Kater auf
und ganz schlimmen Bauchschmerzen. Tada – meine
Tage waren da, und ich hatte keinen Tampon.

NICOLE: Und dann hast du sein ganzes Bett vollgeblutet.

YVONNE: Ganz genau, und dann kam die Polizei
und hat gedacht, er hat mich umgebracht. – Natürlich nicht, ich habe gemerkt, dass die Tage kommen,
aber es war noch kein Blut ausgetreten, und da hieß
es rasch handeln. Ich schüttelte also meinen besten
Freund wach und sagte:»Los, du musst ganz schnell
in den Supermarkt und mir Tampons kaufen.«

NICOLE: Und, hat er es gemacht?

YVONNE: Ja, und es war für ihn vollkommen selbstverständlich. Er ist wie ein Pfeil aus dem Bett, und
zehn Minuten später hatte ich meine Tampons, ein
wahrer Held, das werde ich ihm nie vergessen.

NICOLE: Genau solche Männer braucht das Land!

Okay, wir sind uns einig: Tampons waren und sind für viele Frauen bis heute die größte Errungenschaft der weiblichen Monatshygiene. Aber schauen wir mal ins Hier und Jetzt, denn die Revolution der Hygieneartikel für die Menstruation geht weiter. Da wären zum Beispiel die Menstruationstassen, auch Cups genannt. Sie bestehen meistens aus medizinischem Silikon und können mehrfach verwendet werden. Diese Tassen oder Cups werden mit einer speziellen Falttechnik in die Scheide eingeführt und docken dann an den Scheidenwänden an. Sie passen sich im Inneren der Scheide so gut an, dass sie vollkommen dicht sind und das gesamte Blut in der Tasse beziehungsweise dem Becher aufgefangen wird. Nach einigen Stunden kann die Benutzerin die Menstruationstasse entfernen, das Blut ausleeren und die Tasse mit klarem Wasser reinigen. Die Tasse kann anschließend wieder eingesetzt werden. Ganz wichtig ist vor und nach dem Einsetzen eine gute Handygiene; auf den Tassen selbst können sich aufgrund des medizinischen Silikons und des glatten Materials eher selten Bakterien ansiedeln. Vorausgesetzt, die Tasse wird nach dem Gebrauch mit klarem Wasser ausgewaschen und einmal im Monat in heißem Wasser ausgekocht.

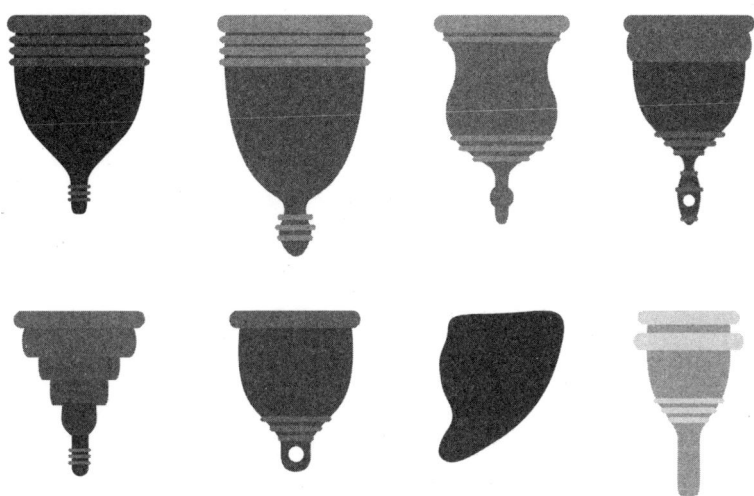

Acht verschiedene Arten vom Menstruationstassen

Die Vorteile von solchen Menstruationstassen liegen auf der Hand, wenn man bedenkt, dass eine Frau circa 500 Mal im Leben ihre Periode bekommt und dabei im Durchschnitt 17.000 Binden oder Tampons benutzt. Sie sind umweltschonender und günstiger, da man sie im besten Falle nur einmal anschaffen muss. Außerdem erleichtern sie in Ländern, die unter extremer Armut leiden, den Zugang zu einer guten Monatshygiene für Mädchen und Frauen, die sich die Anschaffung monatlicher Hygieneartikel nicht leisten können.

Lina (17) aus der Nähe von Hamburg: Diese Period-Cups sind für mich der absolute Champion. Bin so happy damit. Ich höre seit Kurzem euren Podcast und bin an der Folge angekommen, in der ihr über Periodenartikel redet. Ihr hattet euch gefragt, wie man die Menstruationstasse auf der Schultoilette wechselt oder leert. Gute Nachricht: Muss man nicht! Ich selbst benutze die Menstruationstasse seit circa einem Jahr und habe nur gute Erfahrungen. Diese Tasse sitzt so fest und sicher in mir, also kann nichts danebengehen oder überlaufen, und da die Tasse aus Silikon ist und somit sehr, sehr wenige bis gar keine Schadstoffe enthält, lasse ich sie echt einige Stunden in mir drin. Also für einen Schultag reicht es. Die Cups gibt es ja in verschiedenen Größen, ich benutze Größe M, und das geht gut. Das heißt, man setzt sie quasi morgens ein und kann ohne Sorgen den ganzen Tag in der Schule, auf der Arbeit oder sonst wo bleiben und sie erst wieder zu Hause leeren. Beim Pullern stört sie null Komma null. Ich muss aber auch ehrlich sagen, dass es schon echt mühsam ist, die Tasse einzuführen, aber es lohnt sich total, weil man den ganzen Tag Ruhe hat. Und zu Hause kippe ich das Blut dann in die Toilette und wasche sie kurz aus. Also, ich möchte nix anderes mehr benutzen. Bussis.

Natürlich klingt das alles sehr überzeugend, aber an dieser Stelle sei festgehalten, dass es auch Nachteile gibt. Frauen, die zum Beispiel Probleme haben, Tampons einzuführen oder Vaginalzäpfchen oder generell Penetration ablehnen, können diese Menstruationstassen nicht verwenden. Außerdem gibt es viele Frauen, die generell kein Blut sehen können und damit auch kein Periodenblut. Dazu kommt, dass es auf öffentlichen Toiletten schwierig werden kann, die Menstruationstasse zu leeren und zu reinigen.

NICOLE: Damit hätte ich auch extreme Probleme, wenn ich mir vorstelle, ich ziehe die Tasse raus und laufe dann zum Waschbecken. OMG – wenn da was überschwappt auf dem Weg, das wäre mir so unangenehm, und dann die Reini-

gung vor allen anderen am Waschbecken, und
was, wenn es gar kein Waschbecken gibt?

> **YVONNE:** Du kannst das Blut ja auch in
> die Toilette gießen oder austrinken.

NICOLE: Du bist eine ganz, ganz schlimme Frau. Wie
soll ich dieses Bild im Kopf jetzt wieder loswerden!

> **YVONNE:** Entschuldige, aber im Ernst, für mich
> wäre das auch sehr schwierig, und so viel Blut
> auf einmal kann ich auch nicht sehen, da wird
> mir schwindelig, und dann falle ich um.

NICOLE: Und was wäre das für ein Anblick. Du liegst
am Boden einer öffentlichen Toilette mit runtergelasse-
nen Hosen und hast dir wahrscheinlich die komplette
Ladung Blut über die Kleidung gekippt. Also dieses
Risiko, so gefunden zu werden, möchte ich gar nicht
erst eingehen. Ich bin und bleibe ein Tamponmädchen.

> **YVONNE:** Okay, Tamponmädchen, vielleicht
> überzeugen dich ja Muschi-Schwämme.

Muschi-Schwämme, Menstruationsschwämme oder auch Soft-
Tampons genannt, sind Hygieneartikel für die weibliche Menstruation und bestehen aus Naturschwämmen. Diese werden
auf der ganzen Welt aus den Tiefen der Meere geerntet. Es
gibt über 5000 Arten von Naturschwämmen, für den menschlichen Gebrauch können allerdings nur zwölf Arten verwendet
werden. Sie werden aus den Skeletten der Spongia officina-

lis aus der Klasse der Hornkieselschwämme gewonnen, die im Mittelmeer, dem Atlantischen Ozean und dem Indischen Ozean geerntet werden. Der Naturschwamm kommt in einer Tiefe zwischen 0,5 und 40 Metern vor. Die Färbung dieses Meeresbewohners variiert von gelblich weiß bis schwarz, wobei das Innere immer weiß ist. Der Naturschwamm ist ein sehr nachhaltiges Produkt, weil er zum einen ausschließlich von Fischern per Handarbeit geerntet wird, und das auf so schonende Art und Weise, dass die Basis des Schwammes beim Abschneiden immer erhalten bleibt und der Schwamm jedes Mal wieder in seiner vollen Größe nachwachsen kann. Zum anderen kann er als Menstruationsschwamm mehrfach verwendet werden.

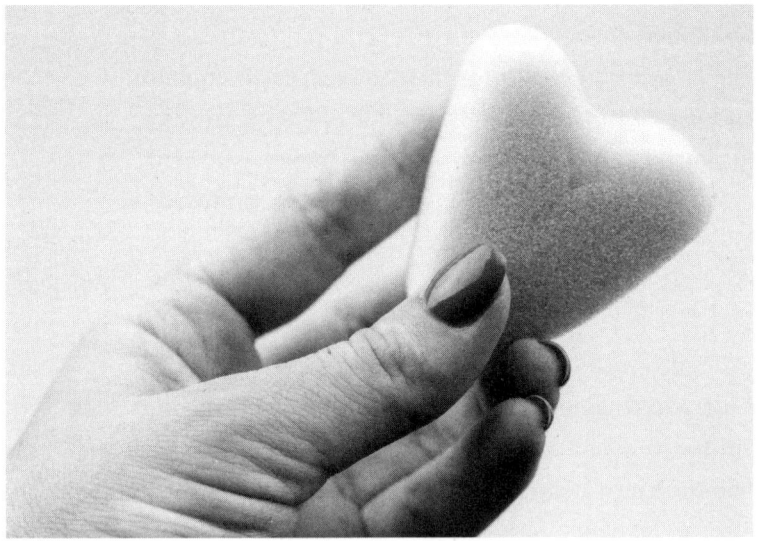

Menstruationsschwamm

Der Menstruationsschwamm ist sehr weich und feinporig und in verschiedenen Größen erhältlich. Man kann ihn sich ungefähr vorstellen wie einen klassischen Badeschwamm, nur kleiner und etwas weicher. Das Einführen ist recht einfach, der Schwamm wird leicht mit Daumen und Zeigefinger zusammengepresst, dann in die Vagina eingeführt und mit dem Mittelfinger wie ein klassischer Tampon nach oben gedrückt. Da er sich der Form der Vagina sehr gut anpasst, ist er kaum, eher gar nicht zu spüren. Je nach Stärke der Blutung kann er zwei bis sechs Stunden in der Vagina bleiben, bevor er entfernt und ausgewaschen werden muss.

Elke (45) aus Halle: Liebe Ladys, also, ich hätte nie gedacht, dass ich in meinem Alter noch mal umrüste, aber diese Schwämme für die Periode sind ja wohl so was von klasse. Danke, dass ihr die in eurem Podcast vorgestellt habt, ich verpass ja keine Folge mehr. Jedenfalls wollte ich nur sagen, die sitzen so gut und trocknen meine jutzte Muschi nicht so aus wie Tampons, die flutschen rein und raus. Kleener Tipp für alle, die sie auch benutzen wollen: Ich nehme immer zwei Menstruationsschwämme mit, wenn ich aus dem Haus gehe, dann habe ich was zum Wechseln dabei und muss auf Arbeit oder in der Bar nicht vor anderen mein Schwämmchen auswaschen. Ist ja doch 'ne private Sache. Ach, und das hätte ich fast vergessen, wenn ihr den Schwamm zu Hause auswascht, den letzten Spülgang am besten mit warmem Wasser machen, ist beim Wiederreinstecken viel angenehmer.

Der Schwamm sollte mehrmals ausgespült werden, bevor er wieder eingeführt wird, und niemals ausgekocht werden, weil er sonst komplett verhärtet und nicht mehr verwendet werden kann. Ein Menstruationsschwamm kann bei guter und sorgfältiger Pflege bis zu einem Jahr benutzt werden. Beim Entfernen aus der Vagina sollte der sogenannte Pinzettengriff angewendet werden, das heißt, die Frau führt zwei gespreizte Finger ein, drückt den Menstruationsschwamm damit am Ende zusammen und zieht ihn raus. Sollte der Schwamm nicht erreichbar sein, empfiehlt sich eine Hockposition, dadurch wird der Scheideweg verkürzt, und zusätzlich kann man die Beckenbodenmuskulatur einsetzen und den Menstruationsschwamm herauspressen. Funktioniert das auch nicht, hilft eine Vaginaldusche: Der Schwamm füllt sich mit Wasser, wird dadurch schwerer und ist noch leichter rauszupressen.

YVONNE: Und, meine Liebe, wird aus dem Tamponmädchen ein Muschi-Schwammmädchen?

NICOLE: Auf gar keinen Fall, denn dann werde ich ein sehr unglückliches Mädchen. Ich finde es wirklich toll, dass es all diese alternativen, nachhaltigen Hygieneartikel für die Periode gibt, und jede kann frei für sich entscheiden, was sie verwenden möchte. Ich bin beim Muschi-Schwamm leider raus. Allein der Gedanke, dass ein toter Meeresbewohner mein Blut aufsaugt, den ich im Zweifel mit einer Vaginaldusche wieder rauspressen muss, löst in mir die blanke Panik aus.

YVONNE: Aber denk doch an die Nachhaltigkeit.

NICOLE: Ich bin sehr nachhaltig, indem ich versuchen werde, ganz schnell in die Wechseljahre zu kommen!

Mittlerweile gibt es neben Binden, Tampons, Menstruationstassen und Menstruationsschwämmen auch Periodenunterwä-
sche, die mit bloßem Auge kaum von normaler Unterwäsche
zu unterscheiden ist. Im Schritt befindet sich ein Drei-Schicht-
System, das aufsaugt, antibakteriell ist und über eine undurch-
lässige Membran verfügt.

Doch was ist eigentlich, wenn man das Blut im heutigen
Zeitalter einfach laufen lässt? Jeder Mensch und jede Frau
sollte doch in seinen Entscheidungen, wie er oder sie mit der
Monatsblutung umgeht, völlig frei sein, und manchmal gibt
es vielleicht auch Situationen, wo kein Menstruationsartikel
der Welt das Blut fernhalten kann. So geschehen im April 2015
in London: Die 26-jährige Kiran Gandhi steht an der Start-
linie für den London Marathon. Sie hat für diesen wichtigen
Tag über ein Jahr trainiert. Sie hat ihrem Körper ein Jahr lang
alles abverlangt, hat auf viele Annehmlichkeiten verzichtet,
um bei diesem Sportereignis dabei zu sein und einen unver-
gesslichen Marathon zu laufen. Sie wacht am Morgen mit
leichten Bauchschmerzen auf, merkt aber erst kurz vorm Start-
schuss, dass sie ihre Periode bekommen hat. Die junge Frau
geht schnell ihre Möglichkeiten durch und kommt zu dem
Entschluss, dass weder Tampon, Binde noch sonst irgendwas
einem ganzen Marathon über 42 Kilometer und mehrere Stunden standhalten würde. Außerdem würde es sie beim Laufen
auch stark behindern. Also trifft Kiran eine Entscheidung, die
einen gigantischen Diskurs auf der ganzen Welt eröffnet. Sie
läuft die gesamte Strecke ohne alles und lässt das Blut einfach
laufen.

Das Foto mit dem großen Blutfleck auf den orangenen Leggings von Kiran Gandhi löste auf der ganzen Welt die verschiedensten Reaktionen aus. Frauenbewegungen feierten sie für ihren Mut und dafür, wie stolz jede Frau auf ihre Periode sein kann, aber natürlich gab es auch viele Hasskommentare besonders von Männern, wie ekelhaft das sei. Kiran selbst konnte nicht glauben, wie groß die Sache wurde, und sagte später: »Ich konnte an diesem Tag meine Scham überwinden, Millionen Mädchen auf dieser Welt können das nicht.«

Es war an der Zeit, ein Zeichen zu setzen für all die Mädchen und Frauen auf der Welt, die sich immer noch für ihre Monatsblutung schämen. Das Selbstbewusstsein der jungen Frau kommt übrigens nicht von ungefähr, sie hat an der Elite-Universität Harvard studiert, ist eine berühmte Schlagzeugerin und tourte unter anderem mit der erfolgreichen deutschen Band M. I. A. Sie nennt sich selbst auch Madame Gandhi und ist nicht nur Künstlerin, sondern auch Aktivistin, deren Mission es ist, die Befreiung der Geschlechter zu feiern. Als Pionierin der »öffentlichen Monatsblutung« hat sie den Weg für eine ganze »Free-bleeding«-Bewegung geebnet. Beim freien Bluten verzichten immer mehr Frauen vollständig auf jegliche Form von Menstruationsartikeln. Nicht jede macht es öffentlich, die meisten wenden es als spezielle Technik an. Sie beobachten und hören auf ihren Körper und bluten dann auf der Toilette ab. Diese Technik kann jede Frau erlernen. Dabei muss man aber in den ersten zwei Tagen alle 20 bis 30 Minuten auf die Toilette gehen, danach reichen auch zwei bis drei Stunden aus.

NICOLE: Davon bin ich absoluter Fan!

YVONNE: Na, wo ist denn jetzt das Tamponmädchen hin?

NICOLE: Ja, ich kann eben in meinem Alltag nicht auf Tampons verzichten, weil ich aus beruflichen Gründen nicht alle 20 bis 30 Minuten auf die Toilette gehen kann, aber für zu Hause finde ich das toll. Da lernt frau ihren Körper noch mal viel besser kennen. Das gefällt mir total gut.

YVONNE: Und gab es da auch schon mal Missgeschicke?

NICOLE: Ja, wenn der Sex mit meinem Mann etwas zu lange gedauert hat.

BLUTSEX

Lara (25) von der Insel Usedom: Ich muss euch was gestehen. Ich steh voll auf Sex, während ich meine Tage habe. Ich weiß nicht, wann das angefangen hat, aber irgendwie gibt es mir total den Kick, wenn ich blute und ficke. Mein erstes Mal hatte ich mit 15, damals habe ich alles bis ins Detail geplant. Ich wollte endlich wissen, wie es sich anfühlt, einen Schwanz in mir zu haben. Viele meiner Freundinnen hatten schon so viel Erfahrungen und haben mir immer vorgeschwärmt, wie toll es sich anfühlt. Ich wollte das auch, war aber Single. Bei jeder Gelegenheit habe ich Ausschau nach dem perfekten Typen gehalten. Im Club, im Restaurant oder am Strand. Im Sommer helfe ich meinen Eltern immer am Fischbrötchenstand, da kommen so viele Touris vorbei, aber irgendwie hat es nie gepasst. Ich konnte ja schlecht sagen: »Hier dein Brötchen mit Räucheraal, das macht 4 Euro, ach, und könntest du mich später noch entjungfern.« *Es war zum Verzweifeln, aber dann gab es eine Beachparty am Strand mit DJ und einer Menge Cocktails, ich bin mit ein paar Freundinnen hin, und wir hatten vor, uns so richtig zu betrinken mit Shots und*

*Caipis. Ich war schon echt latten-zappel-dicht, als mich plötz-
lich ein Typ anquatschte.* »*Hey, Girlie, ich bin Marcel, kleines
c, großes L.*« *Ich habe so einen schlimmen Lachanfall bekommen, was für ein Scheiß-Spruch. Ich fragte ihn dann, warum
das große L? Und er meinte, dass ich gern mal in seine Hose
schauen könnte, dann würde ich schon verstehen. Ich machte
mir den Spaß, schaute rein und sagte:* »*Ach, verstehe, das große
L steht für lange Locken, man kann ja vor lauter Schamhaar
gar keinen Schwanz mehr sehen – oder hast du gar keinen?*«
*Zu meiner Entschuldigung, ich war wirklich sehr betrunken, so
eine Beleidigung ist sonst gar nicht meine Art. Na ja, er hat
mich dann ziemlich wüst beschimpft, und bei mir fing sich dann
irgendwie alles an zu drehen, und ich habe ihn auch noch vollgekotzt. Seine Flipflops inklusive Füße, seine kurzen Hosen inklusive Großes-L-Zone, sein Muskelshirt, und ein Spritzer ist wohl
auch noch in seinen blonden Locken gelandet. Ich konnte mich
an diese Details nicht mehr erinnern, aber Isabell konnte es. Sie
hat mich an diesem Abend gerettet. Ich bin nach dem Kotzan-
fall zusammengebrochen, und sie hat mich mit in ihr Hotelzimmer genommen. Als ich morgens aufgewacht bin, habe ich kurz
gedacht, ich wurde entführt. Ich hatte einen absoluten Filmriss,
dann sah ich sie, groß gewachsen, blonde lange Haare, grüne
Augen und so unendlich braun und weich. Sie lehnte sich in
ihrem kurzen weißen XXL-Shirt über mich, reichte mir ein Glas
Wasser mit Aspirin und flüsterte:* »*Na, wieder nüchtern?*« *Ich
antwortete total verpeilt:* »*Wer bist du, und wie bin ich hierher-
gekommen?*« *Es stellte sich heraus, dass sie eine Touristin aus
Lübeck war und mit ihren Eltern auf der Insel Urlaub machte.
Sie erzählte mir dann, dass der Typ einen totalen Aufstand
gemacht und mit Polizei gedroht hätte, und da sich niemand um
mich gekümmert hat, ist sie dazwischengegangen, hat sich als*

meine Schwester ausgegeben, sich in meinem Namen entschuldigt, und zwei andere, sehr hilfsbereite Jungs hätten sich dann bereit erklärt, mich ins Hotelzimmer zu bringen. Sie konnte dann ja schlecht was anderes sagen, und als Schwestern schläft man nun mal in einem Zimmer. Ich fragte sie dann noch, weshalb ich nackt sei, und sie meinte, dass ich nicht nur den Typen, sondern auch mich selbst komplett vollgekotzt hätte, und sie hatte mich ausgezogen und abgeduscht. Sie betonte, dabei sehr diskret vorgegangen zu sein. OMG, war mir das peinlich, aber gleichzeitig fühlte ich mich auch so geborgen. Ich kann euch nicht mehr genau sagen, wie und warum das passiert ist, was dann passierte, aber da war plötzlich so eine Anziehungskraft zwischen uns. Erst quatschten wir, und irgendwann war da der erste Kuss, und dann war auch sie komplett nackt und lag auf mir. Was ich in dem Moment fühlte, war wie ein Feuerwerk auf meiner Haut, ein Beben in meiner Pussy, ich konnte nicht genug von ihr kriegen, und alles fühlte sich so richtig und natürlich an. Als Isabell dann mit ihren Fingern in mich eindrang, zuckte ich kurz zurück, und sie wusste sofort, weshalb, und meinte nur: »Es stört mich überhaupt nicht, dass du deine Tage hast, ich habe auch meine Tage.« Ich habe dann alles zugelassen, und auch sie ließ sich völlig fallen. Ich kann es überhaupt nicht beschreiben, aber ich wusste sofort, was zu tun ist, obwohl ich noch nie zuvor mit einem Mädchen geschlafen hatte, ja, nicht einmal wusste, dass ich solche Gefühle bei einem Mädchen haben kann. Es war das schönste erste Mal, was ich mir so nie erträumt hätte, und das hört sich jetzt kitschig an, aber mit der Verbindung unseres Periodenblutes war es, als wären wir jetzt wirklich Schwestern, Blutsschwestern. Also nicht im verwandtschaftlichen Sinn, ihr wisst schon, wie ich das meine.

Achtung, es wird aber noch kitschiger. Isabell und ich sind seit dem Tag fest zusammen, jetzt schon über zehn Jahre, ich liebe sie mehr als alles andere auf der Welt, und wenn ich im nächsten Jahr mein Medizinstudium abgeschlossen habe, wollen wir heiraten. Und das Beste: Jeden Monat haben wir unsere Tage zusammen und lieben den Sex mit unseren Tagen, weil es uns immer an unser erstes Mal erinnern wird. Ich hoffe, das war jetzt nicht zu lang, aber ihr teilt in eurem Podcast »Ladylike« so viele intime Geschichten mit uns, darum wollte ich euch auch unsere erzählen.

Sex während der Periode ist, das wird jetzt niemanden überraschen, ebenfalls noch immer ein Tabuthema. Woran das liegt, haben wir im ersten Teil dieses Kapitels bereits ausführlich beschrieben. Eine jahrtausendelang andauernde negative Imagekampagne gegen die weibliche Menstruation lässt sich eben leider nicht von heute auf morgen auslöschen und betrifft natürlich auch den Sex während der Periode. In diesem Buch brechen wir selbstverständlich auch dieses Tabu, denn es ist vollkommen natürlich, während der Periode Sex zu haben beziehungsweise haben zu wollen. Ja klar ist es eine blutige Angelegenheit, aber hey, Sex ist doch manchmal auch eine richtig leidenschaftliche Schlacht in unseren Betten, warum sollte man darum nicht hin und wieder auch mal deutliche Spuren sehen? Überraschung, es gibt Waschmaschinen! Außerdem finden sich doch in den Betten der Welt schon seit Jahrtausenden vielerlei andere Flecken, die nie problematisiert wurden. Also lasst es uns auch bitte nicht mit Blutflecken tun, sie sind schließlich genau in der Farbe, für die die Liebe steht – ROT!!!

NICOLE: Mein Mann ist glücklicherweise auch eine sehr aufgeklärte Feministin, upsi, natürlich meinte ich Feminist.

Manchmal ist er einfach noch weiblicher als ich, da verfalle
ich gern mal in die weibliche grammatische Form. Er weint
ja auch sehr schnell und viel bei Filmen. Sex während
der Periode ist für ihn und mich also gar kein Problem.

YVONNE: Ihr kleinen Vampire, ich gebe zu, ich
bin während meiner Tage auch spitz wie Nachbars
Lumpi, habe dann aber nicht so Lust auf Penetration. Meine Freundin und ich konzentrieren uns in
dieser Zeit dann eher auf die äußere Klitoris.

NICOLE: Aha, warum?

YVONNE: In diesem Warum höre ich doch schon
wieder eine Unterstellung. Nein, es ist mir nicht peinlich, und nein, auch die Flecken sind mir egal. Ich liebe
die Farbe Rot. Aber ich habe einfach echt Schmerzen,
gerade an den ersten beiden Tagen, und irgendwie
ist innen alles so strapazierend angeschwollen. Aber
der Sex von außen wirkt dann sehr entspannend.

NICOLE: Das ist aber noch nicht alles, erzähl unseren
Leserinnen und Lesern bitte die ganze Wahrheit!

YVONNE: Du lässt einfach nicht locker. Du
bist immer erst zufrieden, wenn ich die Hosen
komplett runtergelassen habe, oder?

NICOLE: Ganz genau, meine Liebe. Also
runter mit den Buchsen. Warum keine
Penetration während der Menstruation.

YVONNE: Weil ich, wie auch schon in diesem Buch
beschrieben, ein kleines Problem mit fließendem
Blut habe, also wenn es läuft. Blutflecken machen mir
nichts, aber Blut in Bewegung schon. Sehr schlimm
war es mal, als ich nach einer langen Schicht in der
Cocktailbar noch Gläser poliert habe. Eins ist dabei
gebrochen, und ich habe mich sehr tief geschnitten.

NICOLE: Du kannst Gläser mit deiner Muschi polieren? Wow!

YVONNE: Scherzbold, natürlich nicht. Ich habe mir tief
in den Zeigefinger geschnitten, und das Blut lief und lief
und lief. Ich schaute drauf, und mir wurde so schwindelig, ich konnte nicht mehr stehen, und alles wurde ganz
schwarz vor Augen. Ich kann fließendes Blut eben einfach
nicht sehen. Jedes Mal, wenn ich bei meiner Ärztin bin
und mir Blut abgenommen werden muss, schaue ich weg.

NICOLE: Verstehe, würde ja auch keinen guten Eindruck
machen, wenn du deine Freundin während ihre Tage
leckst und dann ohnmächtig zwischen ihren Beinen liegst.

YVONNE: Danke, dass du das jetzt noch mal so plastisch
beschrieben hast. Ein schönes Bild für meinen Kopf.

Es gibt nur sehr wenige Umfragen zu dem Thema »Sex während der Periode«, darin geben circa 15 Prozent der Frauen
offiziell an, Geschlechtsverkehr während der Menstruation zu
haben. Wir glauben, die Dunkelziffer liegt deutlich höher. Es
ist eben immer noch ein Tabuthema, und nur wenige reden

offen darüber. In unserer Community melden sich zum Glück viele Frauen wie zum Beispiel Lara und Isabell, die gern Sex während ihrer Periode haben. Fakt ist also, dass viele Frauen während ihrer Periode Lust empfinden und dieser auch sexuell nachgeben. Aber wie ist das bei Männern?

Nicolas (37) aus der Nähe von Zürich: Grüezi, Ladys, ich bin ein großer Fan aus der Schweiz und liebe euren Podcast. Jetzt muss ich euch mal zur letzten Folge schreiben, in der ihr über Sex während der Periode gesprochen habt. Also, mir ist das grad egal, ob mein Maedli ihre Tage hat oder nicht. Solange sie sich dabei wohlfühlt und es ihr gutgeht, ist es für mich auch okay. Mal ehrlich, wir Männer stoßen ja auch bestimmte Flüssigkeiten aus, warum sollte Blut da nicht okay sein. Ich lieb mein Maedli immer genau so, wie sie gerade ist, und ich schäme mich sehr für alle Männer, die was Schlechtes über die Periode sagen. Das ist doch ganz was Natürliches und wundervoll. Irgendwie stehe ich sogar richtig drauf, wenn alle Körpersäfte beim Sex mitenand sind.

Kopernikus (52) aus Hannover: Bin jetzt mal ganz offen und ehrlich, ich kann es überhaupt nicht haben, wenn meine Frau (47) ihre Tage hat. Also, sie mag ich dann schon noch, aber miteinander schlafen, das geht einfach nicht. Mein Kopf spielt da nicht mit, würde mich so gern überwinden, aber es geht einfach nicht. Bin so geprägt von Vattern und Muttern, beide streng gläubig, haben immer getrennt geschlafen, wenn Muttern ihre Tage hatte. Vattern hat dann viel von Sünde gesprochen, Worte wie Gift fielen auch, und der Pullermatz fällt dann ab. Ich weiß, dass das alles vollkommener Unsinn ist, aber es hat mich einfach so beeinflusst, mich krank im Kopf gemacht. Ich habe in meinem Leben viele Beziehungen ordentlich gegen die Wand gefahren, weil die Frauen es nicht ertragen konnten, wie ich mich geekelt habe, wenn sie geblutet haben. Ich konnte es jahrelang nur schlecht verbergen. Ich muss ehrlich sagen, ich hasse meine Eltern dafür, dass ich so bin, wie ich bin. Es tut mir so unendlich leid für alle Frauen, die ich so verletzt habe. Als ich meine Frau kennengelernt habe, habe ich eine Therapie angefangen, ich wollte sie nicht auch noch verlieren, nur weil sie ihre Periode bekommt und ich damit nicht umgehen kann. Es wurde mit der Zeit immer besser, meine Frau ist mein Leben und hat mich immer unterstützt. Ich habe mich selbst auch immer wieder mit der Periode beschäftigt, kaufe bis heute ihre Tampons und Slipeinlagen. Bin der Einkäufer in der Familie. Ich habe ihr sogar dabei zugeschaut, wie sie den Tampon wechselt, weil ich mich total damit konfrontieren wollte. Habe wirklich große Schritte gemacht, aber ich kann die letzte Hürde einfach nicht überwinden und während ihrer Tage mit ihr schlafen. Dafür schäme ich mich immer noch sehr! Meine Frau und meine Therapeutin sind großartig, beide sind der Meinung, dass ich schon so viel geschafft habe und es überhaupt nicht nötig ist, diesen letzten Schritt zu gehen, denn Millionen anderer Paare schlafen nie miteinander während der Blutung der Frau, und dafür gibt es die verschiedensten Gründe, und das sei okay. Aber wisst ihr, ich möchte es so gern für mich tun, um mich endgültig von den Ketten meines Vatters zu trennen. Ich möchte es als Liebesbeweis für meine Frau tun, die so viel für mich geopfert hat, ich möchte es tun, weil ich ein Vorbild für meine drei Töchter sein möchte, ein Vater, der es besser gemacht hat, ein Mann, der Frauen unterstützt, denn sie sind das Kostbarste auf der Welt und machen diese zu einem besseren Ort. Bald kommt meine Frau in die Wechseljahre, bitte drückt mir die Daumen, dass ich es bis dahin noch schaffe!

An dieser Stelle sei ganz deutlich festgehalten, dass aus medizinischer Sicht nichts, aber auch gar nichts gegen Sex während der Periode spricht. Die Frau kann während des gesamten weiblichen Zyklus Sex haben, die Menstruation bildet da überhaupt keine Ausnahme. Die Unsicherheit, die bei vielen Frauen und Männern besteht, rührt einzig und allein daher, dass sie über mangelndes Wissen zu der Thematik verfügen. Aufklärung ist das A und O, doch leider sind viele Menschen, wie zum Beispiel Kopernikus, durch Religionen oder Kulturen oder durch ein Umfeld, das die Periode zu Unrecht in ein dunkles Licht stellt, geprägt worden. Darum beantworten wir jetzt noch mal die sechs wichtigsten Fragen zum Thema Sex während der Periode

1. Ist Menstruationssex unhygienisch?

Nein, auf gar keinen Fall, die Menstruation ist Teil eines absolut natürlichen Prozesses, der die Grundlage dafür legt, Leben zu erschaffen. Das Menstruationsblut ist genauso rein wie das Blut, das durch unsere Adern fließt. Daran ist nichts schmutzig oder unhygienisch. Weder die Frau noch der Mann haben irgendetwas zu befürchten. Voraussetzung ist natürlich, wie auch bei jedem anderen Zeitpunkt des sexuellen Aktes, eine anständige Körperhygiene. Also regelmäßiges Duschen oder Baden.

2. Ist Sex während der Periode gefährlich?

Nein, grundsätzlich gilt: Sind beide Partner gesund, besteht überhaupt keine Gefahr beim Sex. Sollte einer der beiden unter einer Krankheit leiden, die durch sexuelle Praktiken übertragen werden kann, besteht eine erhöhte Ansteckungsgefahr während der Periode. Der Grund dafür liegt einfach darin, dass sich Krankheiten durch direkten Blutkontakt schneller übertragen als durch andere Körperflüssigkeiten. Doch noch mal: Für gesunde Partner besteht keine Gefahr beim Sex während der Periode!

3. Kann ich während der Menstruation schwanger werden?

Ja, eine Schwangerschaft ist auch dann möglich, wenn die Frau beim Sex ihre Tage hat. Aus Zyklussicht zählt die Menstruation zwar nicht zu den fruchtbaren Tagen, aber die raffinierten Spermien können im Körper der Frau mehrere Tage überleben und dann später eine Eizelle befruchten. Darum gilt es auch während der Periode, auf die Verhütung zu achten, wenn kein Kinderwunsch besteht.

4. Kann ich den Tampon während des Sex drinlassen?

Nein, der Tampon muss vor dem Sex entfernt werden. Der Tampon kann sonst viel zu tief in den Muttermund rutschen, das ist zum einen schmerzhaft, und zum anderen wird es dann sehr schwer, den Tampon wieder zu entfernen. Da hilft dann häufig nur der Gang zum Frauenarzt, und diesen peinlichen Moment sollte frau sich echt ersparen. Außerdem saugt ein Tampon sämtliche Flüssigkeiten auf, nicht nur Blut; das heißt, der Sex kann sehr schmerzhaft werden, weil nicht genügend Scheidenflüssigkeit vorhanden ist. Das erhöht zusätzlich das Verletzungsrisiko und damit die Übertragung von Infektionskrankheiten. Also: Tampon raus vor dem Sex!

5. Meine Frau, mein Mann, meine Freundin oder mein Freund ekelt sich vor Sex während der Periode, was kann ich tun?

Reden, reden, reden! Kommunikation ist in dem Fall alles. Es ist wichtig zu verstehen, warum der Partner oder die Partnerin eine Aversion gegen den Sex während der Menstruation entwickelt hat. Liegt es tatsächlich an einem Unbehagen, oder ist die Lust an diesen Tagen einfach reduzierter? Hier muss man in ein aufklärendes Gespräch gehen, entsprechende Fragen stellen und auch seine Position deutlich klarmachen, um einen entsprechenden Kompromiss zu finden.

6. In welchen Positionen habe ich am besten Sex während der Periode?

Hier gilt ganz klar: Alles, was Spaß macht, ist erlaubt. Es gibt überhaupt keinen Grund, auf die Lieblingsposition zu verzichten. Alle Stellungen, die gefallen, dürfen auch praktiziert werden. Paare, die etwas unsicher sind, können auch gern in der Dusche oder der Badewanne erste Erfahrungen sammeln, um sich sicherer zu fühlen. Für alle anderen gilt: Feuer frei.

NICOLE: Na, ich habe da doch noch zwei kleine Tipps für alle Frauen, die gerade frische Bettwäsche aufgezogen haben, und dann geht das Liebesspiel plötzlich los, und das während der Regel. Ja, ich weiß, Yvonne, dich interessiert das nicht, denn du hast ja noch nie die Bettwäsche zu Hause gewechselt, oder?

YVONNE: Du lässt auch keine Gelegenheit aus, um mich bloßzustellen. Was sollen die Leserinnen und Leser jetzt wieder von mir denken? Komm, spar dir

deinen Kommentar. Ich habe angebissen und rechtfer-
tige mich. Also ja, ich habe noch nie die Bettwäsche
gewechselt, aber das liegt einzig und allein daran, dass
meine Freundin und ich eine klare Arbeitsteilung haben.
Ich kaufe ein, koche, organisiere alle Reisen und Aus-
flüge, kümmere mich um die Technik zu Hause, und
sie macht die Wäsche, putzt, kümmert sich um die
Pflanzen und die Deko. Ich finde das sehr schön so.

NICOLE: Leider können wir sie jetzt nicht fragen, aber das holen wir im nächsten Buch nach.

YVONNE: Na, danke für dein Vertrauen – und jetzt
leg endlich los mit deinen zwei Regel-Sextipps.

NICOLE: Also gut, um die Bettwäsche zu schonen, empfiehlt es sich sehr, in der Missionarsstellung ein Kissen
unter den Po zu legen und die Beine um den Oberkörper
des Mannes zu schlingen. Hat sogar einen doppelten
Effekt: Durch die erhöhte Position des Pos spürt die Frau
den Mann intensiver, und es kann kein Blut rauslaufen.

YVONNE: Aber was ist, wenn er seinen Piephahn raus-
zieht? Dann war's das mit der sauberen Bettwäsche.

NICOLE: Eben nicht, denn hier kommt Tipp Nummer zwei.

YVONNE: Ah, ich weiß, es fällt automatisch eine was-
serdichte Plane von der Decke, in die ihr euch einrollt,
dann kommt ein Roboter reingefahren, der euch anhebt,
ins Badezimmer fährt und in die Badewanne legt.

NICOLE: Ja, genau. Mensch, nein, wir sind doch nicht in irgendeinem futuristischen Film unterwegs, das ist die Realität, und da muss es schnelle pragmatische Lösungen geben. Also Tipp Nummer zwei. Die Frau lässt die Beine wieder etwas sinken, der Mann bleibt erst mal noch in ihr, dann dreht sie sich schon mal ein Mü auf die Seite, und er zieht ihn ganz langsam raus und legt ihn erst mal auf dem Oberschenkel der Frau ab. Dann sieht man, wie groß oder klein das Ausmaß ist, und jetzt muss es schnell gehen und wird tatsächlich etwas wie in einem Actionfilm. Der Mann tupft seinen Penis mit vorher bereitgelegten Taschentüchern etwas ab, steht dann ganz normal auf und geht ins Bad.

YVONNE: Und die Frau stopft sich das Kissen rein, das vorher unter ihrem Po lag.

NICOLE: Nein, mit einer geschickten Seitwärtsrolle windet sie sich aus dem Bett und läuft ins Bad. Da geht garantiert nichts ins Bett, höchstens ein paar Tropfen auf den Boden, aber besser als auf die frische Bettwäsche!

YVONNE: Also davon möchte ich unbedingt mal ein Video sehen, könntest du bitte ...

NICOLE: Auf gar keinen Fall, du Voyeurin!

Hier sei aber noch mal ganz deutlich hervorgehoben, dass sich niemand auf der Welt für die Blutung oder Blutflecken schämen muss, es ist ein ganz natürlicher Prozess, der es mehr als verdient, sichtbar zu sein. Allerdings ist uns auch klar, dass jahrtausendelange Prägung nicht von heute auf morgen verschwindet und viele Menschen immer noch sehr verunsichert sind, wenn es um das Thema Regelblutung geht. Diese Verunsicherung sorgt in einigen Bereichen sogar für eine Gefährdung des Geschäftsmodells.

Jekaterina (41) aus Frankfurt: Danke für »Ladylike«-Podcast. So dankbar bin ich dafür, macht Frauen Mut und gibt Stärke. Höre euch oft, möchte meine Geschichte teilen. Bin Sexarbeiterin und kann mir nicht leisten nur einen Tag verzichten auf Freier. Viele Männer nicht mögen, wenn blutet Frau, und so ich nehme Soft-Tampons, heißen auch Schwamm für Scheide oder so. Die schiebst du rein sehr tief, und kein Mann auf ganzen Welt merkt, dass in meine feuchte Schoß ist ein Soft-Tampon. Bin gekommen vor langer Zeit aus Pskwo, vielleicht ihr kennt unter Name Pleskau, ist russische Stadt 300 km Entfernung zu Sankt Petersburg. Stadt Pskwo zählt zu ärmste Region von Russland. Meine Familie aber hatte gute Arbeit, mein Vater Professor an Klinik, meine Mama auch studiert, war aber dann für uns Kinder zu Hause. Ich konnte sogar studieren auf Medizin in Moskau. Dann mein Vater ist gestorben plötzlich, nicht erwartet, von heute auf morgen kein Geld mehr. In Pskwo gibt keine Jobs, meine vier Geschwister und Mama allein im Haus, kein Geld. Ich musste mit viel Weinen Schluss machen mit Medizinstudium, hatte schon drei Jahre geschafft. Musste schnell Geld verdienen, Freundin hat mir erzählt, wie schnell möglich. Bevor Familie auf Straße gelandet, ich bin gegangen nach Deutschland. In Frankfurt habe ich schnell Bordell gefunden, wo Arbeit war möglich. Hatte großes Glück bei all meine Unglück, Chef war sehr nett, alles war legal und fair. Ich nicht eingebildet, aber kann schon sagen, sehe gut aus, groß, blondes langes Haar, dünn, knackig Po und Busen. Hatte viele Freier, so konnte ich immer schicken Geld an Familie. Allen geht gut bis heute, mittlerweile Mama lebt gut und sicher in Sankt Petersburg, Geschwister konnten machen gute Ausbildung und haben Arbeit und Familien. Können jetzt leben auf eigenen Füßen. Ich nur noch unterstütze meine Mama. Es macht mich voller Freude, dass Familie so gut geht, und mein Weggang und Sexarbeit hatte ein guten Sinn. Es macht mich immer noch traurig zu sein keine Ärztin. Ja, bin 41, aber lege sieben Jahre lang Geld für Abendstudium zurück. Ich muss schaffen, für mich und für mein Vater. Nächstes Jahr fange Studium an. Schuldigung für lange Geschichte, aber bin so dankbar für Soft-Tampons, weil so kann ich jeden Tag arbeiten für große Traum Medizin. Aber möchte sagen, so wie Nicole und Yvonne, an alle Frauen, so stolz sein auf Periode, ist Prozess von wie entsteht Leben. Bluten ist nicht schlimm. Blut ist Milch von Leben.

Hört nie auf mit Podcast, gebt so viel Kraft. Mit viel Liebe, eure Jekaterina.

Jekaterina hätte es nicht schöner sagen können, liebe Frauen und alle anderen Menschen, die menstruieren können, bitte seid stolz auf eure Periode. Lasst uns gemeinsam das Tabuthema zu einem Hurra-Thema machen. Es macht uns zu Superheldinnen, denn wir können dadurch Leben erschaffen. Die Schauspielerin Emilia Clarke, uns allen bestens bekannt als die betörende »Drachenmutter« aus der erfolgreichsten Serie der Welt, *Game of Thrones,* hat diesen Superheldinnen-Status der Frauen sogar in einem Comic visualisiert. Als Khaleesi hat sie in der Serie selbst jahrelang eine Superheldin gespielt und dann selbst eine erschaffen, und zwar nicht irgendeine. Sie entschied sich für eine alleinerziehende Mutter, deren Superkräfte sich nach ihrem Menstruationszyklus richten. Sie stellte dafür im Jahr 2021 ein Team aus sehr erfahrenen Comicfrauen zusammen, darunter die renommierte Comicautorin Marguerite Bennett und die Zeichnerin Leila Leiz. Aus dieser geniehaften Symbiose entstand der Comic *M. O. M.: Mother of Madness.*

Im Zentrum der Geschichte steht Maya Kuyper. Auf der ersten Seite des Comics stellt sie sich den Leserinnen und Lesern so vor: »Ich bin 29, alleinerziehende Mutter, Schulabbrecherin, Chemikerin, Teilzeit-Sexarbeiterin, Thai-Food-Junkie und ein biologisches Monster.« Maya entdeckt ihre Superkräfte zum allerersten Mal während ihrer Periode. Von dem Zeitpunkt an kümmert sie sich tagsüber um ihren Sohn und bringt nachts als M. O. M. fiese Menschenhändler zur Strecke. Die dreiteilige Miniserie bietet eine große Portion an all den gesellschaftlichen Belastungen, die Frauen Tag für Tag ertragen müssen. Der Comic schafft es dabei, mit dem nötigen Augenzwinkern viele wichtige Themen unserer Zeit darzustellen. Dabei spielen vor allem Feminismus, kulturelle Probleme, aber auch Freundschaft und Liebe eine große Rolle. Clarke war es wichtig, einen gesellschaftlichen Diskurs über die Periode anzuregen. Das, was jahrtausendelang als Makel der Frau dargestellt wurde, macht sie zur Superkraft ihrer Comic-Heldin Maya.

Also vergesst niemals, wir sind alle Superheldinnen!

8. KAPITEL

Liebe

NICOLE: Die Liebe, die Liebe, ist eine ...

YVONNE: Wenn du jetzt sagst, »Himmelsmacht«, fall ich in Ohnmacht!

NICOLE: Himmelsmacht!

YVONNE: Also, wenn du mit Schmonzetten von Johann Strauss kommst, denke ich, dir sind alle Sicherungen durchgeknallt! Einigen wir uns darauf: Die Liebe ist wunderbar, nicht von dieser Welt, fühlt sich toll an, kann einen treffen wie ein Blitz, kribbelt im Bauch, gibt Sicherheit, aber für guten Sex braucht man sie nicht!

NICOLE: Wenn du nicht gerade demisexuell bist, dann nicht!

Mit der Frage, was die Liebe ist und warum es sie gibt, beschäftigt sich die Menschheit seit Urzeiten. Im Duden steht unter Liebe: »starkes Gefühl des Hingezogenseins; starke, im Gefühl begründete Zuneigung zu einem [nahestehenden] Menschen«.

Klingt ganz schön technisch für eine Sache, die in der Lage ist, uns nachhaltig das Gehirn zu vernebeln. Was die Liebe ist, werden wir hier nicht ergründen. Aber wir können zeigen, wie sie entsteht und wie unglaublich viele Facetten sie hat. Im Grunde dreht sich dieses ganze Buch ja seit der ersten Seite um die Liebe. Die Liebe zum wichtigsten Menschen, den es gibt: zu sich selbst. Sich zu lieben, wenn man anders ist als die Norm, sich zu lieben, wenn man bei Dates immer nur danebenliegt, sich selbst zu lieben, wenn man menstruiert und dabei denkt, man würde platzen, oder auch dann, wenn man generell mit seinem Körper nicht immer zufrieden ist, sich zu lieben, wenn einem peinliche Sexpannen passieren, man beim Sex pupst oder man aus der Restauranttoilette kommt und eine Klopapierfahne hinter sich herzieht. Es ist wichtig, sich zu verzeihen. Selbstliebe ist eine bedeutende Voraussetzung für Glück und Erfüllung. Nur wer sich selbst liebt und für sich einsteht, kann auch seine Wünsche artikulieren. Wer sich selbst liebt, wird auch von anderen geliebt, weil er ausstrahlt, dass er es wert ist.

Und nach sieben Kapiteln, die mehr oder weniger um uns selbst gingen, kommen wir nun zu der Liebe zu anderen und von anderen.

Carina (16) aus Lübeck: Ich kann seit einer Woche nicht mehr essen und schlafen, und ich weiß nicht, ob ich mich irgendwann mal wieder gut fühle. Es ist etwas passiert, wo ich dringend einen Rat brauche: Ich habe meine beste Freundin geküsst. Und zwar richtig. Wir waren mit unseren Fahrrädern auf dem Weg nach Hause von einer Party im Park, sind kurz stehen geblieben, um uns den letzten Schluck Wein aus einer Flasche zu teilen, die wir von dort mitgenommen hatten, und wie sie so dastand im Mondlicht, da fand ich sie plötzlich so anders als sonst. Sie sah schön aus und hat mich so angesehen mit ihren großen blauen Augen ... Ich weiß nicht, aber mir ist ganz heiß geworden, und da habe ich mich vorgelehnt und sie geküsst. Die Räder waren zwischen uns, und ich hatte auch noch die Flasche in der Hand, also konnte ich sie nur mit den Lippen berühren. Sie hatte so einen krass weichen Mund. Mir ist schwindelig geworden und ganz heiß. Sie hat mich auch zurückgeküsst, aber nur für zehn Sekunden, dann hat sie mich weggestoßen, ist auf ihr Fahrrad gestiegen und weggefahren. Ich bin nach Hause und habe nur noch geweint. In der Schule geht sie mir komplett aus dem Weg. Sie guckt weg, wenn ich an ihr vorbeigehe. Ich sehne mich so nach ihr. Als Freundin und als besondere Freundin. Ich bin gerade so krass einsam und traurig, und ich denke, ich will sie noch mal küssen und anfassen. Was habe ich falsch gemacht?

> **YVONNE:** Na ja, du hast deine Freundin vielleicht etwas überrumpelt. Aber im Grunde ist es ja nicht verkehrt, zu seinen Gefühlen zu stehen.

NICOLE: Ich fand überrumpeln immer romantisch. Also, nicht mit Gewalt küssen oder so, sondern diesen Moment nutzen, wenn beide so vom Liebesdonner gerührt sind und leidenschaftlich übereinander herfallen. Das ist ein toller Moment. Na ja, jetzt gibt es zwei Möglichkeiten: Deine Freundin lässt dich zappeln, weil sie sich über ihre Gefühle nicht im Klaren ist ...

> **YVONNE:** ... oder sie will dich nicht.

NICOLE: Du bist grausam! Denk bitte
mal an deine erste große Liebe!

YVONNE: Da war ich im gleichen Alter wie Carina
und unglaublich verliebt in meine beste Freundin!

NICOLE: Aha. Das klingt aber sehr ähnlich. Also bitte etwas mehr Feingefühl!

YVONNE: Ich sage ja nur, man muss immer auch den
schlechtesten Fall in Betracht ziehen. Ich hatte Glück.
Auch wenn sie anfangs nicht in mich verliebt war, konnte
ich sie verführen! Und nach einer Nacht voller zarter
Küsse und Berührungen, während unsere Eltern dachten,
wir kichern und reden über Jungs, war sie dann mein.
Ach, die erste große Liebe ist einfach der Hammer.

NICOLE: Daran kann sich fast jeder erinnern. So ein
einschneidendes Erlebnis. Bei mir war es die klassische
Sommerliebe. Der 16-jährige schwarz gelockte Spanier
Manolo. Der hat mir auch meinen ersten Kuss gegeben. Als wir erst mal unsere Nasen sortiert hatten, war
es magisch! Hach, schön! Und die erste große Liebe
ist auch in unserer Community immer ein Thema.

*Inge (61) aus Wuppertal: Ich höre euch gerne zu, vor allem, wenn
ihr über eure Hörerpost sprecht. Deshalb möchte ich heute auch
etwas beitragen. Ich habe vor zwei Jahren durch Zufall im Internet meine erste große Liebe wiedergefunden. Wir haben uns
über 40 Jahre nicht gesehen und waren beide zwischenzeitlich
mit anderen Partnern verheiratet. Trotzdem war die Liebe sofort*

wieder da. Beim ersten Treffen hat es uns beide erwischt, wie zwei Teenager. Unser erster Kuss nach mehr als 40 Jahren war so aufregend wie der erste damals!

Oskar (18) aus Köln: Ich bin verliebt in meinen Mathelehrer – ausgerechnet! Was soll ich tun? Ich hatte noch nie eine Beziehung mit einem Mann und war auch noch nie in einen verliebt. Ich hatte zwei Freundinnen bisher für jeweils ein paar Monate. Soll ich ihm gestehen, was ich fühle, oder lieber bis nach dem Abi warten? Und wie soll ich das sagen?

Michelle (19) aus Jena: Ich bin seit zwei Jahren heimlich in den besten Kumpel meines Vaters verliebt. Ich kann es niemandem sagen und denke, dass ich ihm (verheiratet, zwei Kinder) das auch niemals gestehen kann. Ich würde damit so viel zerstören, die Freundschaft meines Vaters, meine Beziehung zu ihm, im Falle noch eine Ehe. Also träume ich heimlich davon, dass er mich auch liebt, und wenn er bei uns ist, dann flüchte ich mit rotem Kopf und Herzrasen in mein Zimmer.

Aysun (49) aus Hamburg: Ich weiß, es klingt total merkwürdig, aber ich habe meine erste große Liebe erst vor drei Jahren getroffen. Ich habe sehr jung geheiratet, und zwar einen Mann, den ich nicht wirklich geliebt habe. Meine Eltern waren aber sehr zufrieden mit ihm. Die Ehe war nicht glücklich und sehr gewalttätig. Es hat leider lange gedauert, bis ich mich davon lösen konnte. Aber jetzt weiß ich, ich habe alles richtig gemacht. Mein neuer Freund hört mir immer zu, es ist wunderbar. Wir sind sehr glücklich. Er ist meine erste und sicher auch letzte große Liebe.

WIE VIELE GROSSE LIEBEN GIBT ES?

Die erste große Liebe ist ein Meilenstein im Leben der meisten Menschen. Ein unvergessliches Gefühlschaos und leider eben auch manchmal unerfüllt. Aber wie entsteht Liebe überhaupt? Eigentlich ist sie, um es mal nüchtern zu betrachten, eine biochemische Reaktion im Gehirn, die dafür sorgen soll, dass wir uns fortpflanzen und noch so lange zusammenbleiben, bis wir den Nachwuchs gemeinsam aus dem Gröbsten herausgebracht haben.

Was passiert im Körper, wenn uns der Blitz trifft und wir schockverliebt sind? Unser Belohnungszentrum springt an, wenn wir uns verlieben. Der Dopaminspiegel steigt. So ähnlich wie beim Schokolade-Essen oder Im-Sonnenschein-Spazierengehen. Wir empfinden Glück und koppeln dieses Gefühl an eine bestimmte Person. Deshalb sagt man auch gerne, dass zwischen zwei Menschen »die Chemie stimmt«.

Für Verliebte fühlt sich dieser Zustand tatsächlich ein bisschen an wie ein Drogentrip. Man ist unter Umständen in Phasen erster Verliebtheit nicht ganz zurechnungsfähig.

Alexandra (41) aus der Nähe von Dresden: Mir ist etwas Furchtbares passiert, das gleichzeitig wunderschön ist. Ich habe sehr jung meine erste große Liebe geheiratet. Ich bin mit meinem Mann zusammengekommen, da war ich 15 und noch in der Schule. Als ich 19 war, wurde ich schwanger, und wir haben geheiratet. Nicht nur, weil meine Eltern das irgendwie erwartet haben, sondern auch, weil wir das wollten. Wir waren immer noch sehr verliebt und waren uns zu 1000 Prozent sicher, dass wir unser Leben zusammen verbringen wollen. Die ersten Jahre waren nicht so leicht. Mit 21 habe ich mein zweites Kind bekom-

men. *Die ganze Zeit über ist mein Mann alleine arbeiten gegangen, das Geld war oft knapp. Jetzt sind die Kinder groß, ich habe einen Job, es geht uns finanziell gut, wir können endlich all das nachholen, was andere damals in unserem Alter gemacht haben, als wir nachts am Kinderbett gesessen oder gearbeitet haben: Mallorca-Trips, Partynächte und, und, und. Aber ich glaube, ich habe das alles ruiniert. Denn ich habe mich verliebt, und zwar so heftig, dass ich kaum in der Lage bin, den Tag zu bewältigen. Neulich rief meine Tochter an, und nach fünf Minuten am Apparat fiel mir auf, dass ich gar nicht zugehört hatte. Als Mutter der eigenen Tochter. Ist das nicht schlimm? Ich denke nur noch an ihn, mein Herz rast die ganze Zeit, ich bin nervös. Dieses Gefühl hatte ich nicht mehr, seit ich 15 war.*

Wir haben uns zwei Handys mit Prepaid-Karten gekauft, damit wir kommunizieren können, ohne dass unsere Partner etwas mitbekommen. Auch er ist verheiratet. Er betreibt ein Geschäft etwas außerhalb von Dresden. Ich kann jetzt nicht sagen, was genau und wo, weil ich Angst habe, dass wir auffliegen. Er ist kein Deutscher, und seine Familie würde das sehr schlecht aufnehmen. Ich habe auch Angst, meine Ehe zu zerstören. Andererseits halte ich es kaum noch aus. Zweimal pro Woche sage ich, dass ich zum Sport gehe, damit nicht auffällt, wenn ich aufgedreht, rosig, verschwitzt und frisch geduscht nach Hause komme. Wir treffen uns in seinem Geschäft und haben dort in seinem Aufenthaltsraum Sex. Das ist nicht so wahnsinnig romantisch, aber besser als nichts. Wir träumen davon, wie es wäre, unser Leben zu teilen. Er ist der tollste Mann, den ich je kennengelernt habe, aber soll ich das wagen? Ich habe unglaubliche Angst vor den Konsequenzen und auch davor, dass meine Kinder mich hassen, wenn ich ihrem Vater das antue.

NICOLE: Verständlich, diese Ängste! Das klingt ja
fast so, als wäre da nichts mehr zu retten. Ich meine,
offenbar müsste Alexandra sich das Herz aus der
Brust reißen, um ihren Liebhaber zu verlassen.

YVONNE: Meine Meinung dazu kennst du: Man
kann sich gegen die große Liebe nicht wehren.
Wenn sie einen trifft, dann ist man machtlos!

NICOLE: Meine Meinung dazu ist: Man muss auch
um eine Ehe kämpfen. Darum macht man das ja mit
dem Heiraten. Nicht, um für einen Tag in einem mons-
trösen Kleid wie ein Schneehuhn auszusehen und
die komplette Verwandtschaft für ein Schweinegeld
durchzufüttern, sondern weil man sich verspricht: Wir
bleiben zusammen, egal, was kommt. Die Ehe ist für
mich eher ein Konzept. Am Anfang steht die Liebe, aber
insgesamt geht es dabei um die Entscheidung: Wir
ziehen unser Leben zusammen durch oder nicht!

YVONNE: Aber wird man dann nicht kreuz-
unglücklich, wenn man in einer Ehe bleibt,
obwohl das Herz woanders ist?

NICOLE: Deshalb sage ich ja: Hier klingt es fast
so, als wäre nichts mehr zu retten. Vielleicht hätte
Alexandra früher die Notbremse ziehen sollen.
Jetzt steht sie ja schon komplett in Flammen!

Dass selbst die allergrößte Liebe sich irgendwann verändert,
ist normal. Der Körper wäre gar nicht in der Lage, diese hefti-

gen Reaktionen wie Herzrasen, Schwitzehände, Bauchkribbeln über Jahre auszuhalten. Deshalb greift er in die Trickkiste und ersetzt den Botenstoff Dopamin durch das Oxytocin, ein Hormon, das im Hirn gebildet und auch Kuschelhormon oder Bindungshormon genannt wird. Nach allem, was die Wissenschaft bisher weiß, stärkt es das Vertrauen und soziale Bindungen. Wie wirkt sich das aus? Die krassen körperlichen Reaktionen nehmen ab, und man fühlt sich beim anderen eher geborgen.

> **YVONNE:** Aha. Das ist der Moment, wo der andere im Bett pupst!

NICOLE: Oder seine Stinkesocken überall rumliegen lässt.

> **YVONNE:** Oder mir am Samstagmittag verbietet, ein Bier zu trinken, weil es dafür noch zu früh ist!

NICOLE: Reden wir hier über dich?

> **YVONNE:** Nö. Ich wollte es nur mal gesagt haben, weil es mich aufregt!

Claudia (52) aus Frankfurt: Ich brauche ganz dringend einen Rat, denn meine Freundin und meine Kollegin sind mir gerade keine große Hilfe. Ich bin seit elf Jahren geschieden und hatte in den vergangenen Jahren keine richtige Beziehung. Es gab mal zwei Treffen mit Männern, aber daraus ist nicht mehr geworden. Jetzt habe ich einen tollen Mann im Internet kennengelernt, aber ich habe das Gefühl, dass man mir das nicht gönnt. Er ist etwas jünger als ich (43) und im Augenblick nicht in Arbeit, weil er auf eine Umschulung wartet. Er ist gelernter Speditionskaufmann, aber er möchte noch etwas aus seinem Leben machen. Das finde ich toll. Daher ist es finanziell gerade etwas eng bei ihm. Er hat mich nie um Geld gebeten, aber es ist doch normal, dass ich einem Mann, den ich liebe, aushelfe. Das würde er bei mir auch tun. Er ist sehr engagiert und lernt schon jetzt für die bevorstehende Umschulung. Das Lehrmaterial ist teuer, deshalb habe ich ein paar Schmuckstücke verkauft, die mir sowieso nichts bedeutet haben. Meine Freundin und auch meine Kollegin, mit der ich mich ansonsten immer gut verstanden habe und mir seit 20 Jahren ein Büro teile, haben mir daraufhin erklärt, dass er mich ausnehmen würde. Ich bin fassungslos. Sie kennen ihn nicht mal. Sie sagen, es sei komisch, dass ich seine Wohnung noch nicht kenne und dass er oft tagelang nicht zu erreichen ist und dass er vermutlich mein Geld irgendwo auf den Kopf haut. Ich weiß gar nicht, wie man auf so was kommt! Er hat nur eine kleine Wohnung, denn er hat ja kaum Geld, ist doch klar, dass man so was nicht so gerne herzeigt. Bei mir ist ja auch genug Platz, und wenn er nicht zu erreichen ist, dann lernt er. Ich kann das akzeptieren, warum können sie das nicht? Warum wollen die Menschen, die mir immer nah waren, mir meine Liebe kaputtreden? Ist das Eifersucht? Wie soll ich reagieren?

NICOLE: Vielleicht, liebe Claudia, ist es aber auch Sorge. Zwei Menschen, die dir immer nah waren, werden doch nicht gleichzeitig einfach so bösartig. Es ist normal und spricht sicher auch für dich, wenn du deine Liebe verteidigst und schützen willst. Aber du solltest dich auch fragen: Was ist dran an ihren Zweifeln?

YVONNE: Für mich klingen deine Freundin und deine Kollegin tatsächlich wie fürsorgliche, aufmerksame

Begleiterinnen. Es ist doch gut, dass man Menschen
um sich hat, die sich um einen sorgen. Vielleicht kannst
du es im Moment nicht sehen, weil deine Gefühle
sehr stark sind, aber von außen betrachtet, kann ich
schon verstehen, dass bei deinen Freundinnen die
Alarmglocken schrillen, wenn du Geld verschenkst an
jemanden, den sie schlecht einschätzen können.

NICOLE: Suche doch noch mal das Gespräch mit ihnen,
und versuche gleichzeitig die Vorwürfe zu entkräften. Das
bedeutet: Sei auch offen zu deinem neuen Freund. Erkläre
ihm, dass dein Umfeld sich Sorgen macht und du ihn
daher erst einmal nicht mehr finanziell, sondern nur noch
emotional unterstützt. Wenn es ihm um dich und nicht um
dein Geld geht, wird er dafür sicher Verständnis haben.

YVONNE: Und insgesamt muss man sagen: Auch das
ist wieder etwas, das wir oft hören, und leider geht
bei vielen dieses Märchen nicht gut aus. Wir Frauen
sind schnell dabei, anderen zu helfen, aber das, was
eigentlich eine tolle Eigenschaft ist, wird immer wieder ausgenutzt. Also auch wenn niemand seiner Liebe
Schlechtes unterstellen will, passt auf euch auf!

NICOLE: Ich kannte mal einen Jungen, dem habe ich
das weiße Album von den Beatles geliehen, *mit* den Ein-
zelbildern von Paul, John, George und Ringo drin, und
weder das Album noch ihn habe ich je wiedergesehen.

YVONNE: Du meinst, er hat mit dir geschlafen, um
an das Album zu kommen? Ich kannte mal ein paar

Mädchen in den Jahren als Studentin, die haben nur meinen Körper genommen und sind danach auch abgehauen. Findest du, das kann man vergleichen?

Wir wollen Claudias Liebe nichts unterstellen, aber leider hören wir immer wieder von Frauen, die auf die »Falschen« hereingefallen sind und deren Freundlichkeit gnadenlos ausgenutzt wurde. Zu allem Überfluss ist es dann auch meist noch so, dass diese Frauen sich für das, was ihnen angetan wurde, schämen und deshalb niemandem davon erzählen und erst recht keine Anzeige erstatten. Aber wie kommt es dazu? Man sagt ja: Liebe macht blind. Stimmt das?

Einige Wissenschaftler gehen davon aus, dass Liebe tatsächlich blind macht. Die Ausschüttung der Hormone kann sich durchaus auswirken wie ein Drogencocktail. Wir bekommen Dinge, die wir ansonsten registrieren würden, nicht mehr mit. Wir blenden vieles einfach aus. Die Region in unserem Gehirn, die für rationale Entscheidungen zuständig ist, macht Pause, und wir begehen deshalb den einen oder anderen Fehler. Das geht übrigens Männern genauso wie Frauen.

Sami (28) aus Bochum: Was haltet ihr davon, wenn Frauen Liebesbeweise von Männern fordern? Meine Freundin (ich nenne sie jetzt mal so, aber ich bin mir nicht mehr sicher, ob sie das noch ist) ist in dieser Hinsicht sehr fordernd. Sie hat von Anfang an kein Geheimnis daraus gemacht, dass sie findet, bei Dates im Restaurant oder im Club muss der Mann bezahlen. Finde ich ja auch, also alles okay. Dann hat sie mir erklärt, dass sie sich über kleine Geschenke sehr freut. Ich habe ihr zum Beispiel ihr Lieblingsparfüm gekauft und auch Blumen oder Unterwäsche. Sie wünschte sich dann eine spezielle Handtasche, die 860 Euro kostet. Das habe ich nicht gemacht. Da meinte sie, ich würde sie vielleicht gar nicht so richtig lieben. Ihre Freundin hätte von ihrem Freund wohl zwei große Tattoos geschenkt bekommen, die auch sehr teuer waren. Also bin ich los und habe mir zum Liebesbeweis ihren Namen auf die Innenseite des Unterarms tätowieren lassen. Ich habe ihr das gestern gezeigt, und sie wurde total sauer und meinte, ich sei ein Geizhals, alles immer nur für mich, nie für sie, und dann hat sie mich quasi rausgeschmissen. Seitdem reagiert sie auf keinen Text von mir. Was war falsch an dem Tattoo?

YVONNE: Also, ich würde mal sagen, wenn auf deinem Unterarm tatsächlich ihr Name steht und nicht aus Versehen ein anderer, war alles in Ordnung. Aber vermutlich hatte sie gehofft, du kommst mit der Tasche!

NICOLE: Tut mir echt leid, das zu sagen, aber ja, auch Frauen können miese Schweine sein. Wir halten generell überhaupt nichts davon, wenn Liebesbeweise materieller Natur sind. Das führt wie bei Claudia in eine völlig falsche Richtung. Liebe braucht kein dickes Bankkonto.

YVONNE: Liebe braucht Aufmerksamkeit, Einfühlungsvermögen und Zeit füreinander. Wenn es mir schlecht geht und meine Freundin all ihre Verabredungen absagt, um bei mir zu sein, dann weiß ich, dass sie mich liebt.

NICOLE: Oder Briefe. Mein Mann hat mir so süße Briefe geschrieben, als das mit uns anfing. Die habe ich heute noch, und wenn ich sie lese, dann kommt das Gefühl wieder hoch, das ich damals hatte, während Parfüms,

Handtaschen und anderer Plunder doch schon längst aufgebraucht oder auf dem Müll wären nach fast 20 Jahren.

> **YVONNE:** Eigentlich ein Wunder, dass nicht auch eure Liebe nach 20 Jahren auf dem Müll gelandet ist. Ich habe mal gelesen, dass rein statistisch die meisten Beziehungen nach vier Jahren enden. Anscheinend, weil dann der Hormonrausch endgültig vorbei ist.

NICOLE: Und dann kommt das, was Hape Kerkeling als Beziehungscoach Evje van Dampen zum Kult gemacht hat: Liebe ist Arbeit, Arbeit, Arbeit. Ich meine, kein Mensch bleibt über Jahre und Jahrzehnte so verknallt wie am ersten Tag. Das hatten wir ja schon im Kapitel über Sex. Wenn der Hormonrausch abflaut, dann muss man aktiv werden, um die Beziehung aufrechtzuerhalten, wenn man das überhaupt will. Und dann muss man sich damit abfinden, dass man manchmal das große Feuer hat und manchmal Liebe auf Sparflamme. Ich persönlich glaube ja, solange es noch ein bisschen glimmt, sollte man nicht aufgeben.

> **YVONNE:** Immer vorausgesetzt, der andere weiß auch davon. Und damit meine ich nicht, dass man regelmäßig mal eine Liebeserklärung machen sollte. Das sowieso. Damit meine ich eher den folgenden Brief, der uns erreicht hat.

Christina (46) aus Leipzig: Ich bin unglücklich verliebt, und zwar in die Frau meines Lebens. Sie arbeitet in einer anderen Firma, aber im selben Bürohaus wie ich. Seit ich sie gesehen habe, weiß ich, dass wir füreinander geschaffen sind. Wir standen schon zusammen im Aufzug. Sie riecht so gut, und sie schaut immer zu Boden. Ich denke, sie ist schüchtern. Aber ich bin es auch. Ich bin ihr schon bis nach Hause gefolgt. Sie wohnt in einem sehr schönen Altbau. Na ja, was sonst. Sie hat einen tollen Geschmack. Ich habe sie noch nie in Anziehsachen gesehen, die nicht toll an ihr ausgesehen hätten. Ich habe mir beim Friseur eine ähnliche Frisur machen lassen. Leider liegen meine Haare nicht so gut wie ihre. Ich dachte, sie sieht es und erkennt vielleicht, was los ist, oder spricht mich an. Ich will ihr einfach nah sein, aber weiß nicht, ob und wie ich sie ansprechen soll. Darüber grübele ich viel. Manchmal denke ich auch, dass ich es lieber nicht tun sollte, weil das auch viel zerstören kann. In meiner Vorstellung sind wir das perfekte Paar. Ich denke, mit ihr könnte ich alles besprechen und alles erleben. Ich träume von Reisen mit ihr an spannende Orte, Museumsbesuche, Spaziergänge, wir könnten einen Hund haben. Ich könnte mir vorstellen, dass sie tierlieb ist, und ja, ich träume auch davon, dass sie mich an sich zieht und leidenschaftlich küsst, mir mit den Händen unter den Pullover fährt und meine Brüste massiert, mich auszieht und mit mir anstellt, was sie will, ohne dass ich mich wehren kann und darf. Aber was ist, wenn ich sie anspreche und sie sich einfach umdreht und geht? Was, wenn sie es schlimm findet, von einer Frau angesprochen zu werden? Dann wäre alles zerstört. Deshalb lebe ich aktuell mit ihr weiter in meiner Fantasie und genieße diese Zeiten. Alles andere traue ich mich (noch) nicht.

Liebe kennt viele Facetten. Darunter auch die unerfüllte Liebe. Wo wäre Hollywood ohne dieses Phänomen? Beinahe jeder Mensch war schon mindestens einmal unglücklich verliebt. Das ist normal und gehört dazu. Schwierig wird es, wenn es wahnhafte Züge annimmt. Wenn man meint, dass der andere einen auch liebt, obwohl es dafür keine Anzeichen gibt. Oder wenn man Zurückweisung nicht akzeptiert, weil man glaubt, sie sei nicht ernst gemeint. Das kann zu sehr schwierigen Situationen führen. Oft lesen wir von Männern, die Frauen nachstellen oder sie sogar bedrohen, wenn sie nicht willig sind. Das Phänomen betrifft aber Frauen gleichermaßen, auch wenn medial eher männliche Täter abgebildet werden. Insgesamt handelt es sich dabei um eine gestörte Wahrnehmung, die in ein regelrechtes Stalking münden kann. Wer Opfer eines Stalkers ist, ist in größter Gefahr. So etwas kann man in der Regel kaum allein bewältigen oder gar mit ein paar bösen Textnachrichten beenden. Wir raten Frauen und Männern aus der Ladylike-Community, die sich mit einem solchen Problem an uns wenden, sich so schnell es geht Hilfe zu holen. Die Polizei, die Opferberatung Weißer Ring und nahezu jede Kommune haben jeweils eine extra eingerichtete Stalking-Beratung. Dort können sich übrigens auch Menschen hinwenden, die Angst haben, selbst zum Täter zu werden. Auch für sie gibt es an solchen Stellen schnelle, kostenlose Hilfsangebote.

NICOLE: Können wir bitte noch mal kurz zurückkommen zu »Hollywood«? Jetzt haben wir schon darüber gesprochen, wie Liebe entsteht, wie sie sich anfühlt, was Liebe nicht sein sollte, können wir jetzt bitte endlich mal über die große Liebe reden? Ich meine die, wo der Himmel voller Geigen hängt und einfach alles sich gut anfühlt?

YVONNE: Haben wir doch schon. Das war der Teil mit dem Pupsen im Bett und den alten Socken!

NICOLE: Du bist eine schlimme Realistin!

YVONNE: Stimmt nicht. Aber im Gegensatz zu dir, du Real-Romantikerin, glaube ich nicht, dass Liebe so antiseptisch wie im Film abläuft. Du willst Dirty Dancing.

NICOLE: Und kriege Dirty Harry! Ich will ja gar nicht, dass Liebe wie im Film ist, meine Güte, ich bin verheiratet, und zwar lang genug. Ich bin einfach nur verliebt in die Vorstellung von den ganz großen Gefühlen bis ans Lebensende! Ich weiß ja, dass das Hollywood-Käse ist, aber es ist halt auch eine schöne Idee. Ich habe neulich so einen Film gesehen mit Jane Fonda, da ...

YVONNE: Nicole!

NICOLE: Ist ja gut! Gerade du solltest doch an die große Liebe glauben. Immerhin hast du sie ja schon gefunden.

YVONNE: Tue ich ja auch. Aber anders als du, ich habe Socken und Pupsen, Streit, Motzerei, Nächte auf dem Sofa und beleidigte Wochenenden eben genauso einkalkuliert wie wilde Knutschereien, romantische Abendessen und Hand-in-Hand-Einschlafen.

Laut einer repräsentativen Umfrage der GfK für das Gesundheitsmagazin *Apotheken Umschau* glaubt eine große Mehrheit der Deutschen an die *eine* große Liebe, die ein Leben lang hält. 67,7 Prozent der Bundesbürger sind davon überzeugt, und das, obwohl mehr als ein Drittel aller Ehen innerhalb der ersten 25 Jahre wieder geschieden werden. Das ist stark und muss bedeuten: Auch wenn viele Menschen zum Teil negative Erfahrungen mit der Liebe gemacht haben, ist das Image der »großen Liebe« trotzdem weiterhin so gut, dass sehr viele bereit sind, daran zu glauben. Aber was macht eine Liebe zur großen Liebe? Ist es die Zeit oder die Intensität, oder sind bei einer großen Liebe tatsächlich stärkere Gefühl im Spiel als bei einer durchschnittlichen Liebe?

Clara (22) aus Bonn: Ich habe oft Onlinedates, aber da ist nie das Richtige dabei. Ich suche jetzt auch noch nicht den Mann fürs Leben, aber wenn ich mir meine Großeltern anschaue, die seit mehr als 50 Jahren ein Paar sind, dann frage ich mich immer: Worauf muss ich achten, um auch so ein Glück zu haben?

Annette (35) aus St. Augustin: Für mich ist derjenige die ganz große Liebe, der mir zuhört. Der mich versteht und weiß, wie ich bin. Der sich für alles interessiert, was ich mache. Dann wäre es mir egal, ob er treu ist oder nicht. Wichtiger wäre mir, dass er mich mit all meinen Facetten sieht!

Jasmina (27) aus Essen: Wenn ich jemanden so richtig liebe, dann bleibe ich bei ihm, auch in schlechten Zeiten oder wenn er so richtig Mist gebaut hat. Mein Freund musste vor zwei Jahren ins Gefängnis, wegen Körperverletzung. Das war schlimm. Aber ich glaube an ihn und verlasse ihn nicht, auch wenn er so etwas Furchtbares getan hat und jetzt nie bei mir sein kann. Das gehört für mich zur Liebe dazu.

Angelika (31) aus München: Ich habe sie noch nicht gefunden, aber ich weiß, wenn ich die große Liebe treffe, dann werde ich das sicher sofort wissen. Ich denke, dass die große Liebe einen trifft wie ein Blitzschlag!

Tatsächlich gibt es nicht die eine Definition für die große Liebe. Jeder Mensch hat seine eigene Vorstellung davon, wie die große Liebe sein sollte. Auch abhängig davon, was er schon erlebt hat. Scheidungskinder zum Beispiel wünschen sich von der großen Liebe oft Beständigkeit und Zuverlässigkeit. Menschen, die aus sehr dominanten Elternhäusern kommen, hoffen dagegen eher darauf, dass die große Liebe ihnen den Freiraum lässt, sich zu entwickeln. Das Einzige, was alle gemeinsam haben, ist, dass »große Liebe« auch »große Gefühle« bedeuten muss. So ziemlich jeder erwartet von der großen Liebe ein bisschen Drama, Schmerz, Erlösung und eine große Portion Glück. Was dann noch dazuaddiert wird, ist individuell. Einige erwarten, dass dieser eine Mensch der Einzige sein möge, der einen tatsächlich versteht, andere, dass dieser Mensch immer für einen da ist oder dass das die Liebe ist, die ewig hält.

Hannes (48) aus Rostock: Ich liebe meine Frau schon seit der ersten Klasse. Ich erinnere mich an den Moment, als ich hinter ihr sitzend bemerkte, dass ihre blonden Haare nicht nur blond sind, sondern ganz viele andere Farben mit drin sind. Das sah schön aus. Ich habe ihr einen Papierflieger an den Kopf geworfen, damit sie sich umdreht. Das hat geklappt. Ich war sofort verliebt, und sie wurde meine beste Freundin. In der 5. Klasse haben wir uns geküsst und wurden für ein paar Monate ein Paar, haben uns getrennt und wurden mit 17 wieder ein Paar. Nach dem Abitur ist sie für ein Jahr in die USA gegangen, und wir haben uns vorher wieder getrennt, weil sie meinte, dass sie dort lieber frei sein und nicht immer traurig auf Briefe aus Deutsch-

land warten möchte. Als sie zurückkam, war ich zum Studium in einer anderen Stadt. Wir haben uns dann zu einem Klassentreffen wiedergesehen und sind noch in derselben Nacht im Bett gelandet. Übrigens im Bett meines Kinderzimmers bei meinen Eltern, wo ich damals immer wohnte, wenn ich, um Freunde zu besuchen oder eben für Klassentreffen, in die Heimat fuhr. Am nächsten Morgen hat sie mir erzählt, dass sie in einer Beziehung sei. Ich sagte: Bitte beende das und heirate mich, wir können nicht ewig so umeinander kreisen! Das hat sie getan. Zum Glück. Ich glaube, das gibt es nicht so oft, dass sich Menschen von der ersten Klasse bis zur Rente (na gut, die ist noch ein bisschen hin, aber das schaffen wir auch noch) lieben!

NICOLE: Das gibt's sicher echt nicht oft. Ich hab mal gelesen, dass Psychologen tatsächlich davon ausgehen, dass man drei große Lieben hat, und zwar die erste große Liebe, über die wir ja schon gesprochen haben. Dann die zweite große Liebe, in der wir selbstbewusster sind, weil wir gelernt haben, wie wir uns in Beziehungen verhalten und wie Beziehungen auch scheitern können. Mit dem Selbstbewusstsein soll diese zweite große Liebe auch leidenschaftlicher sein als die erste. Und dann kommt die dritte große Liebe, das ist die Liebe, bei der wir dann ankommen und bleiben wollen.

> **YVONNE:** Könnte bei mir ziemlich genau hinkommen. Ich bin jetzt bei der dritten großen Liebe, und da bleibe ich.

NICOLE: Ich kann das nicht sagen. Ich bin total emotional und denke jedes Mal: Das ist jetzt aber

wirklich eine richtig große Liebe! In der Rückschau könnte es sein, aber vielleicht bin ich auch
schon bei Nummer vier angekommen!

MONOGAMIE

Monogamie leitet sich von den altgriechischen Worten *mónos,*
»allein«, und *gámos,* »Ehe«, ab. Klassisch übersetzt heißt es
also Einehe und bezeichnet eine exklusive Partnerschaft, die
laut Anthropologen und Sozialwissenschaftlern sowohl für
das Paarungsverhalten als auch für das soziale Verhalten von
Menschen gilt. Diese Exklusivität ist bei dem größten Teil der
Menschen das vorherrschende Beziehungskonzept und macht
laut einer aktuellen Umfrage auch sexuell am zufriedens-
ten. Von denjenigen, die in monogamen Beziehungen leben,
gaben 82 Prozent an, sexuell zufrieden zu sein. Menschen, die
in offenen beziehungsweise polyamoren Beziehungen leben,
waren zu 71 Prozent zufrieden mit ihrem Sexualleben, und nur
48 Prozent der Singles, die nicht auf der Suche sind, gaben an,
sexuell zufrieden zu sein.

Überraschend ist dieses Ergebnis nicht, bedenkt man, dass
wir zu 99,9 Prozent in jeder Werbung, in jedem Film, in allen
Social-Media-Kanälen nahezu ausschließlich auf das Konzept
der Zweisamkeit mit der bedingungslosen Treue stoßen. Wir
werden also von klein auf darauf getrimmt, dass wir nur zu
zweit bis an unser Lebensende glücklich werden können. Nur
so gibt es das große Happy End, und alles, was von der Norm
abweicht, ist immer noch verpönt. Doch wie konnte sich so
ein strenges Konzept durchsetzen, an das die meisten immer
noch glauben und das sie für absolut erstrebenswert halten?

Der Anthropologe George P. Murdock veröffentlichte 1949 Untersuchungen zur Sozialstruktur von 238 verschiedenen menschlichen Gemeinschaften auf der ganzen Welt. Das System der monogamen Ehe war dabei bei gerade mal 43 Gemeinschaften vorhanden.

Daraus schlussfolgerten viele, dass 80 Prozent der menschlichen Gesellschaften in offenen Beziehungen lebten. Andere Ansätze und Untersuchungen von Anthropologen ergaben, dass sich der Anteil menschlicher monogamer Gesellschaften zwischen 20 und 40 Prozent bewegte. Fakt ist, die Monogamie war klar in der Minderheit von menschlichen Gesellschaften. Und dennoch hat sich dieses Konzept durchgesetzt. Friedrich Engels ging in seinem Werk *Der Ursprung der Familie, des Privateigenthums und des Staats* davon aus, dass die ersten Menschen in der Geschichte ohne exklusive soziale oder sexuelle Bindung lebten und Kinder daher keinem Vater zugeordnet werden konnten. Engels war der festen Überzeugung, dass das Aufkommen von Privateigentum Männer dazu bewegte, die Monogamie zu etablieren. So konnten sie die Frauen sexuell kontrollieren und somit sichergehen, dass es keinen Zweifel an der Vaterschaft gab und sie ihr Vermögen auch an ihre Kinder vererbten.

In der modernen westlichen Welt wird der Begriff Monogamie mit Ehe heute nicht mehr automatisch in Verbindung gebracht. Die Bezeichnung Monogamie wird häufig einfach für die Art des Zusammenlebens lediglich zweier Menschen in einer Partnerschaft verwendet.

NICOLE: Ich bringe meine Monogamie immer noch mit der Ehe in Verbindung!

YVONNE: Toll, Nicole, eins mit Sternchen. Streber-
mädchen. Konzept voll erfüllt und glücklich?

NICOLE: Ja, natürlich, wir sind fast 20 Jahre
zusammen, welche Frau ist da nicht glücklich.

YVONNE: Hat dein Mann dich neulich nicht
mal gefragt: Schatz, woran merkst du eigentlich, dass du mich immer noch liebst?

NICOLE: Ja, genau, die Frage hat er mir gestellt.

YVONNE: Und was hat die glücklich mono-
game Ehefrau geantwortet?

NICOLE: Ich sagte ihm:»Schatz, ich merke,
dass ich dich immer noch liebe, weil ich
dich noch nicht umgebracht habe.«

YVONNE: Weißt du, da hast du einen Mann,
der so gern über Gefühle spricht und danach
fragt, und du machst so einen miesen Gag.

NICOLE: Das war kein Gag!

*Kilian (24) aus Gelsenkirchen: Was stimmt nicht mit mir? Meine
Bros sind auf 'nem echt schrägen Trip. Sie labern nur noch was
von poly und sagen, mono sei voll out. Ein Mann, eine Frau, ein
Leben lang funktioniert nicht mehr, sagen sie. Bin ich ein Träu-
mer, wenn ich das anders sehe? Ich bin voll verliebt in meine
Freundin, wir sind schon vier Jahre zusammen. Ich bin voll*

stolz auf mich und unsere Beziehung, mache gerade meinen Meister als Tischler, möchte das volle Programm, Haus, Kinder, Traumhochzeit, und ich schwöre euch, ich weiß so genau, dass sie mein Babe für immer ist. Ich will keine andere Frau, nur sie. Ich liebe unseren Sex und fühle mich nur bei ihr zu Hause. Ich würde alles für sie tun, und meine Jungs meinen, ich bin voll der Rentner, wie ich denke. Sie sind nur auf schnellen Sex mit möglichst vielen Frauen aus und wollen sich auf keinen Fall festlegen. Sorry, aber für mich ist das so ein Schwachsinn, jeder Mensch braucht doch ein Zuhause, ein Nest, die big love. Ich bin jedenfalls so und mein Babe auch. Klar, jeder kann machen, was er will, aber sollen sie mich auch lassen und mir Respekt für meine Entscheidung geben.

Hanne (89) aus Wittstock: Also, zu meiner Zeit hätte es das ja nicht gegeben. Meine Güte, reden Sie offen über Frauenthemen. Ich bewundere Ihren Mut sehr. Meine Urenkelin Emma war vor Kurzem zu Gast in meinem Hause und hat mir Ihre Sprach-sendung »Ladylike« vorgespielt. Donnerwetter, das hätte es zu meiner Zeit gebraucht. Wissen Sie, uns hat ja niemand aufge-klärt, mit Problemen waren wir meist ganz allein. Der Freundin vertraute ich mich auch nicht an, die Scham war zu groß. Die Beate Uhse war ein Teufelsweib und hat schon viel verändert, aber Sie beide legen noch mal ein ordentliches Pfund drauf. Ich bin ja immer noch sprachlos.

Ich schreibe immer noch gern E-Mails und beschäftige mich mit der neuen Welt. Die Emma sagt immer, ich sei eine Uromi mit einem Swag oder so. Ich weiß nicht, was das genau bedeu-ten soll. Ich glaube aber, dass sie damit meint, dass ich eine Uromi mit Pfiff sei. Ich höre jetzt oft Ihre Sprachsendung, und Sie haben außergewöhnlich viel Pfiff, und weil Sie immer so offen sind, will ich es nun auch zu Ihnen sein. Wissen Sie, ich bin mit meinem Helmut nun schon über 70 Jahre zusammen. Ja, wir hatten auch schlimme Zeiten, da war der Krieg, seine große Verletzung, wir haben alles verloren und neu aufgebaut. Wir haben zusammengehalten, auch als ich unser erstes Kind verlor. Wir haben immer aufrichtig über alles gesprochen. Der Helmut hat mir immer viel zugetraut, hat mir Mut gemacht und auch viel geholfen mit der Hauswirtschaft. Vier Kinder haben wir großgezogen, zusammen, das ist mir wichtig zu betonen. Ach, der Helmut hat sogar die Windeln gewechselt. Jetzt tragen wir selbst welche ... Ja, einen Spaß mache ich gern mal. Wir hatten es nicht leicht, aber immer uns, die Liebe kam wie ein Donnerschlag und ist bis heute geblieben. Es gab nie andere Liebschaften, und das macht mein Herz so froh. Wissen Sie, die jungen Leute geben heute einfach viel zu schnell auf, und das finde ich sehr schade.

Mit liebem Gruße, die Hanne

Natürlich ist es sehr verlockend, diesem Konzept der einzigen wahren, großen Liebe zu folgen, sich zu wünschen, dass es wie bei Hanne Boom macht, und da ist er oder sie und bleibt für immer. Es ist aber eine sehr romantische Vorstellung, dass der Partner oder die Partnerin einem zu jederzeit alles bietet, eine emotionale Heimat, Stabilität und die exklusive sexuelle Erfüllung. Ist das wirklich realistisch, dass ein einziger Mensch einem all das geben kann? Im Bereich sexuelle Exklusivität scheitern laut aktuellen Umfragen die Hälfte aller Männer und ein Drittel aller Frauen. Sie gaben an, in ihrer Beziehung schon mal fremdgegangen zu sein. In Kapitel 1 dieses Buches haben wir ausführlich über die sexuelle Untreue geschrieben. Einige Experten sprechen sogar davon, dass im Laufe eines ganzen Lebens 90 Prozent aller Männer fremdgehen und 75 Prozent aller Frauen. Und trotzdem glauben die meisten von uns immer noch an die eine Beziehung mit der absoluten Treue. Dabei ist es statistisch erwiesen, dass sexuelle Treue über ein ganzes Leben betrachtet nahezu unmöglich ist. Da ist ein Sechser im Lotto wahrscheinlicher.

NICOLE: Obwohl ich all das weiß und in früheren Beziehungen auch schon fremdgegangen bin, bleibe ich weiterhin Romantikerin und glaube an die eine Beziehung mit der absoluten Treue.

YVONNE: Das ist auch sehr süß von dir, und schließlich bist ja wenigstens du seit fast 20 Jahren treu.

NICOLE: Was willst du damit sagen? Geht mein Mann etwa fremd?

YVONNE: Ja genau, und zwar mit mir! Quatsch, ich glaube dein Mann hält sich an die strengen Regeln zu Hause, er weiß ja, was ihm sonst blüht.

NICOLE: Ganz genau, und du meine Liebe, hast ja auch schon immerhin 15 Jahre geschafft, oder?

YVONNE: Ja, und darauf bin ich sehr stolz. Aber für mich war es auch unheimlich wichtig, mich ordentlich auszutoben, und da waren Treueregeln einfach nix für mich.

NICOLE: Hältst du eigentlich immer noch den Vögelrekord an deiner Uni, oder hat ihn mittlerweile jemand gebrochen?

YVONNE: Nein, soviel ich weiß, habe ich tatsächlich bis heute die meisten Frauen flachgelegt. Ich habe erst kürzlich eine offizielle Auszeichnung dafür bekommen. Liebe Leser und Leserinnen, Nicole übertreibt gern, wenn es um meine sexuelle Vergangenheit geht.

NICOLE: Hör auf, dich einzuschleimen. Du hast es wirklich sehr wild getrieben.

YVONNE: Ja, aber das mit den Rekorden ist ein Mythos. Ich war halt ein attraktiver Panther, der in der Nacht um die Häuser gezogen ist und seine Beute erlegt hat.

NICOLE: Und jetzt, Achtung, ich zitiere deine Freundin, bist du der dicke Garfield, der sofort nach Hause kommt, sobald sie mit der Leckerli-Dose klappert. Du kleiner, dicker Schmusekater.

YVONNE: Du gemeine Verräterin!

Trotz unserer romantischen Veranlagung bleibt es ein unumstößlicher Fakt, dass unsere Spezies extrem sexbesessen ist. Mit unserem Appetit auf Sex verdienen Unternehmen weltweit täglich Milliarden. Dating-Apps, Partnerbörsen, Sexspielzeug, Pornografie gäbe es nicht, hätte sich das Konzept der einen romantischen Beziehung durchgesetzt. Wieso stigmatisieren wir Fremdgeherinnen und Fremdgeher, obwohl fast alle von uns schon fremdgegangen sind? Ist das strenge Dogma der Monogamie noch zeitgemäß? Ist erzwungene Treue besser als transparente Untreue?

Ali (35) aus Berlin: Monogamie ist für mich ein patriarchalisches Konzept, das Männer erfunden haben, um Frauen als Besitz zu definieren. Ich muss euch nicht erklären, dass Männer in vielen Teilen der Welt noch heute fest daran glauben, dass es richtig ist, Frauen als Eigentum zu betrachten, die nur dazu da sind, dem Mann zu dienen. Ich distanziere mich sehr klar von solchen Rollenbildern. Für mich hat Liebe auch nichts mit sexueller Treue zu tun. Liebe, und ich spreche hier von der wahren Liebe, stellt immer den Partner oder die Partnerin ins Zentrum und ist bedingungslos. Ich liebe meine Partnerin schon seit fünf Jahren bedingungslos, das heißt, ich liebe sie, weil sie ist, wie sie ist. Für meine Liebe erwarte ich aber gar nichts. Das ist das Problem vieler Männer, sie verbinden ihre Liebe zu einer Frau mit Erwartungen oder, schlimmer noch, mit Regeln. Nach dem Motto »Ich liebe dich, also bist du mir treu, also gehst du nachts nicht raus, also trägst du diese Kleidung, also schaust du keinem anderen Mann hinterher, also machst du den Haushalt« und immer so weiter. Das ist keine Liebe, Liebe ist viel größer. Liebe heißt Freiheit, Liebe heißt, ich sehe dich, Liebe heißt, ich möchte, dass du glücklich bist. Ich weiß genau, dass ich meine Frau für immer lieben werde, egal was sie tut. Und wenn sie Sex mit anderen Männern haben möchte, dann soll sie das tun, es ist ihr Leben, und meine Liebe ist an keine Bedingung geknüpft. Das verstehen viele nicht, weil sie die Liebe nicht verstanden haben, und das macht mich oft sehr traurig. Ich bin mir ganz sicher, wenn die gesamte Menschheit ihre Herzen öffnet und bedingungslos liebt, gibt es keine Kriege mehr und auch sonst keine Zerstörung. Mit der bedingungslosen Liebe verändern wir alles zum Guten. Ladys, love u.

POLYGAMIE VS. POLYAMORIE

Ist das Öffnen einer konventionellen Paarbeziehung vielleicht der Schlüssel, um die umfängliche sexuelle Erfüllung zu erlangen? Und ist es überhaupt möglich, mehrere Personen gleichzeitig zu lieben? Um diese Fragen zu beantworten, müssen wir zunächst einmal ganz klar zwischen Polygamie und Polyamorie unterscheiden. Polygamie leitet sich ab vom altgriechischen *poly*, viel, und *gámos*, Ehe, bedeutet also Vielehe oder Vielehigkeit. Im Klartext heißt das, ein Mensch ist mit mehreren Menschen verheiratet. Die Polygamie, also das Verheiratetsein mit mehr als einem Menschen, ist in Deutschland gemäß § 1306 BGB unzulässig und wird mit Freiheitsstrafe bis zu drei Jahren oder Geldstrafe geahndet. In mehr als 40 Ländern auf der Welt ist Polygamie erlaubt. Die Vereinten Nationen haben in einem Bericht von 2009 Polygamie als »Verletzung der Menschenrechte der Frauen und ihres Rechts auf Würde« bezeichnet. Hintergrund ist, dass viele Frauen häufig in Vielehen gezwungen wurden, ohne jegliches Mitspracherecht.

Die Polyamorie hingegen ist in Deutschland nicht strafbar. Das Wort wurde 1990 erfunden und setzt sich aus dem altgriechischen *poly*, viel, und dem lateinischen *amor*, Liebe, zusammen. Wer polyamor ist, liebt mehrere Menschen gleichzeitig, und das aus vollkommen freien Stücken. Diese Beziehungen schließen meistens Zärtlichkeit und Sex mit ein. Prominente Beispiele für polyamore Beziehungen sind die Schriftstellerin Virgina Woolf, der Erfinder der Wonder Woman Comics, William Moulton Marston, und das Paar Jean-Paul Sartre und Simone de Beauvoir – beide hatten immer wieder auch Beziehungen zu anderen Menschen, im Fall von Beauvoir auch homosexuelle Beziehungen, die sie niemals voreinander verheimlichten. Ehrlichkeit und totale Transparenz sind zwei der wichtigsten Merkmale von polyamoren Beziehungen. In Deutschland leben heute rund 10.000 Menschen polyamor.

Johanna (29) aus Heidelberg: Sie war meine Liebe auf den ersten Blick. Ich habe nicht mehr dran geglaubt, dass es sie wirklich gibt, und plötzlich steht sie da, die Killers mit ihrem Song »Mr. Brightside« ziehen an diesem Donnerstagabend im Club nur die Coolsten auf die Tanzfläche. Ich flippe aus, weil mich der Beat total durchströmt, ich schließe die Augen, und als ich sie öffne, steht sie vor mir. Nicola, Medizinstudentin im 5. Semester, lange blonde Haare, grüne Augen, so süße Sommersprossen und dieser Hintern – Kim Kardashian wäre verdammt neidisch. Sie kennt meinen Namen und meint, ich sei ihr schon im dritten Semester im Hörsaal aufgefallen. Mädels, ich schwöre es euch, ich bekomme keinen Ton raus. Absoluter Traumfrau-Alarm. Danach läuft alles ab wie im Rausch, Vorlesung, mittags in der Mensa, vögeln bei ihr oder vögeln bei mir, wieder Vorlesung, Bib und danach wieder vögeln. Sie weiß genau, was ich will, ich spritze zum ersten Mal ab, und sie steht drauf. Wochen vergehen, Monate vergehen, ich liebe sie, und sie liebt mich. Plötzlich Vollbremsung und das Geständnis: »Ich habe einen Freund«, mein Magen dreht sich um, ich möchte am liebsten kotzen. Alles Lüge? Sie sagt, sie liebt mich und möchte uns beide. »Ich hasse dich«, möchte ich ihr entgegenschreien, »du Egoistin.«

Das alles ist jetzt vier Jahre her, und ich bin so glücklich wie nie zuvor in meinem Leben. Wir leben seitdem in einer polyamoren Beziehung, Nicola, Ben und ich. Wir wohnen in einer gemeinsamen Wohnung und lieben uns wie eine richtige Familie. Nicola und ich haben eine sexuelle Beziehung, und Nicola und Ben haben auch eine sexuelle Beziehung, Ben und ich haben keine sexuelle Beziehung, aber wir lieben uns trotzdem auf einer familiären Ebene. Wir planen alles zusammen und haben auch unsere Finanzen zusammengelegt. Wir würden auch gern zu dritt heiraten, um uns drei in jeder Hinsicht abzusichern, doch leider ist das in Deutschland (noch) nicht möglich. Ich hätte vorher nie gedacht, dass dieses Konzept für mich funktionieren kann, aber es ist das Beste, was mir je passiert ist. Wir sind so ehrlich und aufrichtig zueinander und empfinden eine so pure Liebe füreinander, wie ich es bisher nicht kannte. Im nächsten Jahr soll ein Baby unser Glück perfekt machen.

YVONNE: Wow, ich finde es so großartig, dass unsere heutige Gesellschaft den Raum für derart vielfältige Beziehungsmodelle gibt. Alles was glücklich macht und freiwillig passiert, sollte auch möglich sein, akzeptiert, toleriert und gefördert werden.

NICOLE: Das stimmt, aber trotzdem wird deine Freundin dir nicht erlauben, noch jemanden mit in die Beziehung zu bringen.

YVONNE: Also bitte, Nicole, wer sagt denn, dass ich ...

NICOLE: Ich kenne dich, das war gerade ein netter Versuch, aber auch wenn deine Freundin das liest, bekommst du keinen Freifahrtschein.

YVONNE: Ich bin ja auch glücklich nur mit ihr allein, aber ich muss dir ehrlich sagen, wenn sie jemals den Wunsch hat, mit einem anderen Menschen zu schlafen, dann wäre ich auf jeden Fall offen für eine Diskussion, und wenn es sie doch glücklich macht, warum sollte ich dann dagegen sein? Das ist ja nicht das Ende unserer Beziehung.

NICOLE: Das sagst du nur, weil du genau weißt, dass sie das niemals tun würde, oder?

YVONNE: Nein, ich meine das wirklich vollkommen ernst, ich bin da erst mal total offen. Natürlich kann ich jetzt nicht voraussagen, was genau ich in dem Moment fühle, wenn sie mir sagt, dass sie mit anderen schlafen möchte, aber wie so oft im Leben ist die ehrliche Kommunikation der Schlüssel.

NICOLE: Ich bin ganz ehrlich, ich könnte es nicht. Mich würde es zerreißen, ich möchte für meinen Mann immer die einzige Frau sein. Er soll nur mich sexuell begehren und lieben. Allein bei der Vorstellung, dass da noch eine andere Frau ist, werde ich jetzt schon sauer auf ihn. Wenn ich mir dann noch jeden Abend anhören müsste, wie es die beiden nebenan miteinander treiben ... Also nein, da denke ich dann bestimmt nicht, na, Hauptsache mein Mann ist glücklich.

YVONNE: Okay, und andersrum? Kannst du dir vorstellen, mit mehreren Männern zusammenzuleben? Sagen wir, mit deinem Mann, einem Piloten, 'nem knackigen Feuerwehrmann und einem kleinen, behaarten, etwas rundlichen Koch?

NICOLE: Hallo, auf jeden Fall!

Kein Mensch wird polyamorös oder monogam geboren. Polyamorie ist auch nicht natürlicher als Monogamie. Die individuellen Bedürfnisse eines Menschen sind von Natur aus wirr und divers und lassen sich nicht auf universelle, feste Gesetze reduzieren. Polygamie ist auch nicht das Konzept für mehr Sicherheit und mehr Garantie. Nach dem Motto »Wenn jemand geht, ist da immer noch jemand anders«. Nein, so läuft es nicht, denn sind wir mit mehr als einer Person sexuell und emotional verbunden, multipliziert sich die Verletzlichkeit. Liebe heißt auch immer, den Schmerz in Kauf nehmen.

Maik (47) aus Potsdam: Sicherlich habt ihr diese Frage schon öfter gehört. Wie entfacht man nach 19 Jahren Ehe wieder die Libido bei ihr? Wir verstehen uns aktuell sehr gut. Aber sie scheint nach ihrem neuen Sport Zumba süchtig zu sein, und alles andere im Leben nervt mehr oder weniger. Wir sind beide erst 47, und sie meint, ich solle meine Eltern fragen, wann diese aufgehört hätten, Sex zu haben. Ich halte mich für viel zu jung, um diesen Aspekt des Lebens abzuschließen. Früher haben wir es überall und fast täglich getrieben. Sie konnte einfach nicht genug bekommen, und plötzlich ist alles aus. Nix mehr da. Das kann doch nicht sein. Was kann ich tun, um sie wieder in Stimmung zu bringen? Und zwar so, dass sie wirklich Lust hat und mich aufrichtig begehrt und nicht einfach nur stillhält, um alle acht Monate mal den Ehemann zum Schweigen zu bringen. Ist es nicht total unfair, in dieser Konstellation als treuer Ehemann gefangen zu sein? Ist das etwa indirekt die Erlaubnis zum Seitensprung? Oder sollten wir direkt eine offene Beziehung führen?

Polyamorie ist nicht die universelle Lösung für sexuelle Frustration in einer konventionellen Ehe. Wer hofft, mit Polyamorie die sexuelle Befreiung zu erlangen, ist auf dem ganz falschen Dampfer unterwegs. Liebe ist und bleibt, um erneut unsere geschätzte Evje van Dampen zu zitieren, »Arbeit, Arbeit, Arbeit«, egal in welcher Konstellation. Der einfache Weg aus sexueller Frustration ist häufig die Flucht, in eine Affäre, in einen Puff, in ein anderes Leben. Der kompliziertere und schmerzvollere Weg ist die Konfrontation mit der Partnerin oder dem Partner, allerdings ist dieser auch der weitaus effektivere. Denn sehr oft ist es doch so, dass das Nicht-mehr-miteinander-Schlafen und die daraus resultierende Frustration nur ein Symptom sind. Die eigentliche Ursache liegt meist viel tiefer und kann nur mit konsequenter Kommunikation gelöst werden. Und genau das können wir von polyamorösen Beziehungen lernen. Denn hier wird so viel transparenter und offener kommuniziert, alle Liebenden sehen sich genau und schauen auf ihre Bedürfnisse. Da ihre Liebesform noch nicht der üblichen »Norm« entspricht, müssen sie sich zwangsläufig immer wieder mit Fragen zu ihrer Lebensform auseinandersetzen und damit auch mit sich selbst.

Elias (42) aus der Nähe von Wien: Ladys, Mega-Podcast, ich liebe euch und eure offene, ehrliche und witzige Art total. Ihr sprecht die Dinge an, die sich sonst keiner anzusprechen traut, und das immer so, als wäre es die normalste Sache von der Welt. Ist es ja eigentlich alles auch, aber es gibt einfach so viele Klemmis. Ich bin keiner davon, und darum möchte ich gern schreiben, wie ich liebe und lebe. Ich wohne auf einem Bauernhof mit acht wundervollen Menschen, die sich in allen möglichen sexuellen Formen und Varianten definieren. Wir kommen aus allen Teilen der Welt und lieben uns ohne irgendwelche Grenzen oder Definitionen. Ich mag auch keine Schubladen oder vorgegebenen Muster. Wir lieben einfach frei und offen. Und wir lieben nicht nur uns mit vollem Respekt und voller Offenheit. Wir lieben auch die Natur um uns herum mit der gleichen Intention und leben in vollkommenem Einklang mit ihr und schützen sie. Wir sehen in uns jeden Tag erst mal ausschließlich das Positive und versuchen dem Negativen keinen Raum zu geben. Wir respektieren jeden in seinem persönlichen Sein und sehen die Individualität im Ganzen. Natürlich gibt es auch Konflikte, hallo, wir sind acht individuelle, starke Persönlichkeiten, aber dann ... schlafen wir einfach alle miteinander. Das war Spaß, wenn einer diesen Humor versteht, dann ihr. Bei einem Konflikt tauschen wir uns aus, geben uns den Raum und finden dann immer wieder zueinander. Natürlich sind die sexuellen Aktivitäten auch nicht auf alle acht gleichzeitig ausgerichtet, das ist fluide, und die Lust schwappt mal hierhin und mal dahin. Jeder hat sein eigenes Zimmer, und wir haben ein riesiges Kuschelwohnzimmer und vier Bäder. Mal schlafen wir zu acht im Wohnzimmer, mal jeder allein in seinem Zimmer, mal zu zweit, mal zu dritt oder zu viert. Es ergibt sich einfach und braucht manchmal keine Worte mehr. Ich habe mich früher als schwul definiert und war auch verheiratet. Es war eine sehr schmerzvolle Ehe, und ich habe sehr lange gebraucht, um mich davon zu erholen. Es hat eine ganze Weile gedauert, bis ich überhaupt wieder Vertrauen zu Menschen aufbauen konnte, und dann fand ich meine glorreichen Sieben. Sie haben mich gerettet und mir gezeigt, dass es die wahre Liebe wirklich gibt, sie zeigt sich in verschiedenen Formen und Personen, aber es gibt sie, und jeder wird sie eines Tages finden. Bleibt also offen, divers und tolerant, die Liebe ist es auch.

NICOLE: Ein schöneres Schlusswort für unser erstes Buch kann es doch gar nicht geben. Das war schon eine tolle literarische Reise mit euch, unserer Community und dir.

YVONNE: Ach, an mich denkst du auch noch, wie lieb.

NICOLE: Yvonne, ich bitte dich, du wirst doch wohl jetzt am Ende des Buches nicht noch zur Zicke. Die ganze Zeit hast du dich ganz brav, na ja außer ein paar Mal, aber insgesamt ganz gut benommen.

YVONNE: Oh, aus deinem Mund war das ja fast schon ein Kompliment. Danke, hat mir auch sehr viel Spaß mit dir gemacht. Und, wollen wir noch ein weiteres Buch schreiben?

NICOLE: Ja, sehr gern, aber dann zu meinen Bedingungen und nicht zu deinen!

YVONNE: Wieso, was hat dir denn daran nicht gefallen?

NICOLE: Ehrlich, als du sagtest, wir müssen in dem Buch die Hosen runterlassen, bin ich davon ausgegangen, dass das als Metapher gemeint war. Also im Sinne von alles ganz transparent rauslassen, einen Seelenstriptease hinlegen. Doch du meintest es tatsächlich wörtlich.

YVONNE: Ja, aber nur, wenn du es außen tust, kannst du es auch innerlich zulassen, das ist ein transformatorischer Prozess, und es hat dem Buch sehr gutgetan.

NICOLE: Das müssen andere beurteilen. Tatsache ist, liebe Leserinnen und Leser, Yvonne hat darauf bestanden, dass wir einige Kapitel dieses Buches nackt schreiben, und ich hoffe sehr, dass niemand merkt, welche es waren. Ich laufe jetzt schon an vor Schamesröte.

> **YVONNE:** Ich weiß es aber sehr zu schätzen, dass du diesem besonderen Schaffensprozess sehr offen gegenübergestanden hast, denn in diesem Buch ging es ja auch darum, sich neuen Dingen gegenüber zu öffnen, sich selbst so zu nehmen, wie man ist, sich zu sehen, zu spüren und sich selbst zu genießen. Und ich empfinde deine Offenheit als absoluten Liebesbeweis, vielen Dank. Und ja, nächstes Mal darfst du entscheiden, wie und wo wir schreiben.

NICOLE: Gut, dann möchte ich, dass du mich zum Schreiben auf die Malediven einlädst. Weißt schon, eins werden mit der Natur, sich öffnen. Und bitte bedenke, dass wir umweltfreundlich dorthin reisen müssen. Du ruderst mich also dorthin, und du kannst dabei tragen, was immer du möchtest. Hab dich lieb.

> **YVONNE:** Ich dich auch, und wie – Augenroll!!!

Das war's. Wir lesen uns im nächsten Buch.

UNSER DANKESCHÖN
AN EUCH

Wir sind so unendlich stolz auf unsere Community. Ihr habt erstens den Mut und hoffentlich auch die Freude, jeden Freitag die neueste Folge unseres Podcasts »Ladylike« zu hören, aber zweitens, und das ist noch viel wichtiger, habt ihr auch den Mut, eure intimsten Geschichten mit uns zu teilen. Ihr seid so wahnsinnig offen und einzigartig, dass uns bei jeder Geschichte, die ihr mit uns teilt, die Tränen in die Augen steigen. Ihr habt dieses Buch zu etwas ganz Besonderem gemacht, denn mit euren realen Geschichten hebt ihr das Thema Sex endlich aus der Tabu-Ecke. Durch eure Transparenz und Authentizität kann jeder lesen, wie Deutschland und viele andere Länder auf der Welt wirklich fühlen, spüren und lieben. Wir haben mit gelacht, geweint und gestaunt. Ihr habt uns mit auf eure Dates genommen, eure Schlafzimmertüren geöffnet und uns teilhaben lassen, was euch im Bett gefällt und was nicht. Ihr habt eure geheimen Sextoy-Fantasien mit uns geteilt, uns mit auf die Krankenhausstation genommen, wenn beim Gebrauch diverser Naturspielzeuge mal was schiefgelaufen ist – aua! Wir durften sogar Pornos mit euch schauen und stellten erstaunt fest, dass Gaypornos auch bei Frauen sehr gut ankommen. Ja, auch beim Thema Orgasmus habt ihr kein Blatt vor den Mund genommen und uns genau hinschauen und hinhören lassen, was ihr dabei fühlt und dass es auch vollkommen in Ordnung ist, zu früh zu kommen. Ihr habt mit uns geteilt, für wen eure Herzen schlagen und warum. Ihr habt uns in eure sexuellen Welten eintauchen lassen und uns gezeigt, weshalb sich anders zu fühlen das Normalste von der ganzen Welt ist. Wir haben zusammen geblutet, dabei die Periode gefeiert und festgestellt, dass wir alle Superheldinnen sind. Ihr habt uns gezeigt, wie facettenreich die Liebe sein kann und dass es keine Grenzen für die Liebe gibt. Vielen, vielen Dank für eure Offenheit und euer Vertrauen!

Danke auch an unsere wunderbaren Familien, die uns nächtelang mit Nahrung versorgt haben, wenn wir mal wieder nicht aufhören konnten zu schreiben. Die Schokolade, die Gummibärchen, der Kuchen und die vielen Riegel zwischendurch waren einfach nur toll, wir haben jetzt schon die perfekte Winterfigur. Ihr habt uns den Raum und die Zeit für dieses einzigartige Buchprojekt geben, und ihr habt auch nicht einmal gejault, wenn ihr zu Protagonisten dieses Buches geworden seid. Wir lieben euch sehr!

Danke an unsere Lektorin Beatrice Lampe, die von der allerersten Sekunde an immer an uns und dieses besondere Buchprojekt geglaubt hat. Liebe Beatrice, du hast uns unglaublich viel Raum und Mitspracherecht eingeräumt, du hast uns angefeuert, motiviert und warst einfach die perfekte Begleiterin für diesen kreativen Prozess. Wir danken dir und dem Verlag sehr.

Liebe Leserinnen und Leser, vielen Dank auch an euch, dass ihr dieses Buch gekauft und tatsächlich bis zum Ende gelesen habt. Und hey, wer weiß, vielleicht steht eure Geschichte in unserem nächsten Buch und macht anderen Leserinnen und Lesern Mut oder bestätigt sie einfach nur darin, auf welche Art und Weise sie lieben. Teilt eure Geschichten gern mit uns und schreibt uns über unsere Website ladylike.show oder direkt über Instagram, da findet ihr uns auch unter ladylike.show. Diskretion ist dabei für uns selbstverständlich. Vielen Dank!

YVONNE: Haben wir noch jemanden vergessen?

NICOLE: Ja, uns!

YVONNE: Du hast recht. Ich kann gar nicht glauben, dass es jetzt schon vorbei ist. Es hat so viel Spaß gemacht, und du bist wirklich die einzige Person auf der Welt, mit der so ein großes Buchprojekt möglich war. Wie gut das mit uns beiden geklappt hat, oder?

NICOLE: Das hat es, und ich werde es sehr vermissen, mir am Wochenende nicht mehr die Nächte mit dir um die Ohren zu schreiben. Ich werde unsere langen Telefonate vermissen, unsere Diskussionen um jedes Detail in diesem Buch. Es war eine unglaublich tolle und inspirierende Zeit mit dir.

YVONNE: Diese Komplimente kann ich nur zurückgeben, du bist eine fantastische Autorin. Vielen Dank! Und jetzt ein Bierchen?

NICOLE: Oh ja, auf uns und die vielen anderen starken Frauen da draußen. Prooooost!

GLOSSAR

Analbleaching Aufhellen der dunkler pigmentierten Haut in der Analgegend mittels Cremes aus kosmetischen Gründen.

Anus/ After/ Analkanal Letzter Abschnitt des Verdauungstrakts. Unteres Ende des Mastdarms (Rektum), das dann ins Poloch und damit nach außen mündet.

Appetenzstörung Sexuelle Funktionsstörung. Andauernder Mangel an sexuellem Verlangen.

Asexualität Asexuelle Menschen haben keinen natürlichen Trieb und kein Verlangen nach Sex.

BDSM BDSM ist eine Sammelbezeichnung für eine Gruppe von Sexpraktiken, die auch als Sadomasochismus oder Sado-Maso bezeichnet werden. Die Abkürzung wird gebildet aus den Anfangsbuchstaben der englischen Bezeichnungen Bondage & Discipline, Dominance & Submission, Sadism & Masochism.

Beads Eigentlich Perlenschnur, eine Kette mit mehreren Kugeln, die vaginal oder anal eingeführt wird.

Bisexuell Ein sowohl auf Personen des anderen als auch auf Personen des gleichen Geschlechts gerichtetes Sexualempfinden.

Brazilian Waxing Unter diesem Begriff werden in den Studios mehrere Enthaarungsmethoden zusammengefasst. Haarentfernung mit Warmwachs oder Zuckerlösungen.

Community Gemeinschaft von Menschen mit ähnlichen Zielen oder Vorlieben.

Demisexualität *Demi* ist Französisch für »halb«. Ein demisexueller Mensch kann nur Sex haben, wenn zum Partner eine tiefe Verbindung besteht.

Doggy-Style Sexstellung, in der der Penetrierende hinten ist und der Penetrierte vor ihm/ihr kniet. Wie es die Hunde tun. *Dog* = Hund.

Dopamin Nervenbotenstoff. Vermittelt positive Gefühle.

Free bleeding Bezeichnet das freie Bluten während der Menstruation ohne jedes Hygieneprodukt.

Gayporno Porno, in dem vor allem Männer miteinander Sex haben.

Grindr Dating-App für schwule, bisexuelle und transsexuelle Männer, die Gleichgesinnte in der Umgebung anzeigt.

Homosexuell In seinem/ihrem sexuellen Empfinden und Verhalten zum eigenen Geschlecht hinneigend.

Hypoactive Sexual Desire Disorder (HSDD) Abnahme von oder Mangel an sexuellem Verlangen.

Kinky Versaut, unanständig. Spezielle sexuelle Vorlieben im Bett ausleben, wie Fesseln, Beißen, Schlagen etc.

Klitoris Weibliches Geschlechtsorgan am oberen Ende der Schamlippen, dass sich bei Erregung aufrichtet. Verantwortlich für den klitoralen Orgasmus.

Menstruationstasse Ein meist kelchähnliches Produkt, das zum Auffangen des Menstruationssekrets in die Vagina eingeführt wird.

Monogamie Einehe oder Partnerschaft, die aus zwei und keinen weiteren Menschen besteht. Bei Tieren eine lebenslange exklusive Fortpflanzungsgemeinschaft.

Oxytocin Nervenbotenstoff. Vermittelt positive Gefühle, wird auch Kuschelhormon genannt.

Pansexuell Sexuelle Orientierung, bei der Personen in ihrem Begehren keine Vorauswahl nach Geschlecht oder Geschlechtsidentität treffen.

Plug Stecker, oft aus Silikon oder Edelstahl, der von Männern und Frauen anal getragen wird.

Polyamorie Bezeichnet eine Form des Liebeslebens, bei der eine Person mehrere Partner gleichzeitig liebt, wobei diese Tatsache allen Beteiligten bekannt ist und einvernehmlich gelebt wird.

Polygamie Vielehe/Mehrehe. In Deutschland strafbar. Wird fälschlicherweise oft als Synonym für gleichzeitige eheähnliche Beziehungen verwendet.

Rektum Auch Mastdarm; ist der letzte Abschnitt des Dickdarms und mündet in den After und damit nach außen (Poloch).

Shibari Japanische Fesselkunst, im Original mittels Hanfseil.

Soft-Tampon Fadenloser Schwamm aus Schaumstoff oder Naturschwamm, der zum Auffangen der Regelblutung dient.

Stalking Nachstellen, Terrorisieren, Bedrohen einer Person. Stalking ist strafbar.

Sugaring Haarentfernung mittels Zuckerlösung.

Vagina Von der Gebärmutter nach außen führender Teil des weiblichen Geschlechtsorgans.

Ventro-ventrale Kopulation Gesicht-zu-Gesicht-Paarung.

Vulva Gesamtheit der äußeren weiblichen Geschlechtsorgane.

YouPorn YouPorn ist ein Videoportal, über das sowohl professionelle Anbieter als auch Amateure pornografische Videos verbreiten können.

QUELLEN- UND
LITERATURVERZEICHNIS

KAPITEL 1

AktivistA – Verein zur Sichtbarmachung des asexuellen Spektrums; https://aktivista.net/ [24.01.2022]

Schmidt, Matthias: »Das passiert in deutschen Betten«, in: YouGov v. 21.06.2016; https://yougov.de/news/2016/06/21/das-passiert-deutschen-betten/ [24.01.2022]

Haversath, J., Gärttner, K. M., Kliem, S., Vasterling, I., Strauss, B., Kröger, C.: »Sexual Behavior in Germany – Results of a Representative Survey«, in: Deutsches Ärzteblatt Int. 2017/114:545-550; https://www.aerzteblatt.de/int/archive/article/193180 [24.01.2022]

Buss, David M.: Wo warst Du? Der Sinn der Eifersucht. Hamburg 2003, Seite 43 ff.

Goldenberg, Rina: »Gewalt gegen Frauen. Mehr Femizide in Deutschland«, in: Deutsche Welle v. 25.11.2020; https://p.dw.com/p/3l8T7 [24.01.2022]

Statista: »Benutzt du zurzeit Sextoys?«; in: de.statista.com v. 05.10.2021; https://de.statista.com/statistik/daten/studie/1025779/umfrage/umfrage-in-deutschland-zur-nutzung-von-sextoys-nach-geschlecht/ [24.01.2022]

KAPITEL 2

Statista: »Welche dieser Online.Dating-Anbieter haben Sie in den letzten 12 Monaten kostenpflichtig genutzt?«, in: de.statista.com v. 29.09.2021; https://de.statista.com/prognosen/999868/deutschland-beliebteste-online-dating-anbieter [30.01.2022]

Flynn, Hillary, Cousins, Keith, und Naismith Picciani, Elizabeth: »Tinder Lets Known Sex Offenders Use the App. It's Not the Only One«, in: BuzzFeed.News v. 02.12.2019; https://www.buzzfeednews.com/article/hillaryflynn/tinder-lets-known-sex-offenders-use-the-app-its-not-the [30.01.2022]

Pressemitteilung 2008/251 der Universität Leipzig v. 18.11.2008: »Körperhaarentfernung bei immer mehr jungen Erwachsenen im Trend«; https://www.uni-leipzig.de/newsdetail/artikel/koerperhaarentfernung-bei-immer-mehr-jungen-erwachsenen-im-trend-2008-11-18/ [30.01.2022]

Kilmer, Martin: »Genital phobia and depilation«, in: The Journal of Hellenic Studies. Band 102, 1982, S. 104–112; https://doi.org/10.2307/631129 [30.01.2022]

Madea, Burkhard, und Musshoff, Frank (Hg.): Haaranalytik: Technik und Interpretation in Medizin und Strafrecht. Köln 2004, S. 37

Toerien, Merran, Wilkinson, Sue, und Choi, Precilla Y.L.: »Body Hair Removal: The Mundane Production of Normative Femininity«, in: Sex Roles 52, 2005, S.399–406; https://doi.org/10.1007/s11199-005-2682-5 [30.01.2022]

»Schamhaare biologisch nicht nötig – Evolutionär sinnvoll?«, in: fem.com vom 24. April 2014; https://www.fem.com/beauty-lifestyle/schamhaare-biologisch-nicht-noetig-evolutionaer-sinnvoll [30.01.2022]

Repräsentative Online-Umfrage (05/2015) von Ipsos Operations GmbH im Auftrag von Philips, siehe: https://www.philips.com/consumerfiles/newscenter/main/shared/assets/de/Downloadablefile/press/elektro_hausgeraete/20150811_Philips_Umfrage_Haarenfernung_Maenner.pdf [30.01.2022]

»14 der häufigsten Rasiermythen aufgedeckt«, in: gillettevenus.de o.J.; https://www.gillettevenus.de/de-de/damenrasieranleitung/rasiermythen/fakten-und-mythen-uber-das-rasieren/ [30.01.2022]

KAPITEL 3

Statista: »Geschlechterverteilung der Pornhub-Nutzer weltweit im Jahr 2019«, in: de.statista.com v. 27.08.2021; https://de.statista.com/statistik/daten/studie/869661/umfrage/pornhub-nutzer-nach-geschlecht-weltweit/ [30.01.2022]

KAPITEL 4

Drechsel, Markus, Dreyer, Michael, Farr, Christian, Freiman, Thomas, und Grabe, Stefan: Fokus Biologie 8. Jahrgangsstufe – Gymnasium Bayern. Berlin 2020

Helen O'Connell et al.: »Anatomy of the clitoris«, in: The Journal of Urology, Oct. 2005, 174(4 Pt 1):1189-95; https://pubmed.ncbi.nlm.nih.gov/16145367/ [30.01.2022]

Statista: »Über die Hälfte der Frauen nutzt Sextoys«, in: de.statista.com
v. 05.10.2021; https://de.statista.com/statistik/kategorien/kategorie/13/
themen/910/branche/sexualitaet/#statistic3 und https://de.statista.
com/statistik/daten/studie/1025779/umfrage/umfrage-in-deutschland-
zur-nutzung-von-sextoys-nach-geschlecht/ [30.01.2022]
Statista: »Aus welchen Gründen masturbieren Sie?«, in: de.statista.com
v. 05.10.2021; https://de.statista.com/statistik/daten/studie/1177179/
umfrage/die-haeufigsten-gruende-fuer-masturbation-nach-geschlecht/
[30.01.2022]
Briken, Peer, et al.: »Prävalenzschätzungen sexueller Dysfunktio-
nen anhand der neuen ICD-11-Leitlinien«, in: Deutsches Ärzteblatt Int. 2020, 117; https://www.aerzteblatt.de/archiv/215853/
Praevalenzschaetzungen-sexueller-Dysfunktionen-anhand-der-neuen-
ICD-11-Leitlinien [30.01.2022]

KAPITEL 5

P!nk: »All I Know So Far«, Dokumentarfilm auf Amazon Prime,
21.05.2021
Antidiskriminierungsstelle des Bundes: »Sexuelle Identität«, in: antidis-
kriminierungsstelle.de o. J.; https://www.antidiskriminierungsstelle.
de/DE/ueber-diskriminierung/diskriminierungsmerkmale/sexuelle-
identitaet/sexuelle-identitaet-node.html [30.01.2022]
Bundeszentrale für gesundheitliche Aufklärung: »Blut- und Plas-
maspende«, in: bzga.de o. J.; https://www.bzga.de/was-wir-tun/
blutspende [30.01.2022]
»Wonder Woman«, Comicverfilmung v. 02.06.2017, Warner Bros.
Pictures, USA
Statista: »Mitgliederzahl des Deutschen Fußball Bundes (DFB) von 1950
bis 2021«, in: de.statista.com v. 21.01.2022; https://de.statista.com/
statistik/daten/studie/215107/umfrage/mitgliederzahl-deutscher-
fussball-bund [30.01.2022]
11Freunde: Eine noch nie da gewesene Aktion! Pressestimmen zu
#ihrkönntaufunszählen, in: 11freunde.de v. 18.02.2021;
https://11freunde.de/artikel/eine-noch-nie-dagewesene-aktion/3337861
[30.01.2022]
Queer Lexikon: Stichwort »Bisexualität«; https://queer-lexikon.net/
uebersichtsseiten/bisexualitaet/ [30.01.2022]
Online Lexikon für Psychologie und Pädagogik: Stichwort: Katego-

risierung – Kategorienbildung; https://lexikon.stangl.eu/7003/
kategorisierung-kategorienbildung [30.01.2022]

ZEIT ONLINE: »›Stonewall Inn‹: Obama erklärt Homosexuellen-
Bar zum Nationaldenkmal«, in: zeit.de v. 24.06.2016; https://
www.zeit.de/politik/ausland/2016-06/stonewall-inn-barack-obama-
nationaldenkmal [30.01.2022]

Statista: »Wie ist Ihre sexuelle Orientierung?«, in: de.statista.com v.
25.06.2021; https://de.statista.com/statistik/daten/studie/1177268/
umfrage/umfrage-in-deutschland-zu-sexueller-orientierung/
[30.01.2022]

Gala: »Pansexualität – Was ist das eigentlich?«, in: gala.de v. 17.06.2021;
https://www.gala.de/lifestyle/liebe/pansexuell–was-die-sexuelle-
orientierung-von-cara-delevingne-bedeutet-22461622.html [30.01.2022]

Thorbecke, Catherine: »Bella Thorne says she is pansexual and
opens up about overcoming abuse, bullying and more«, in: GMA v.
22.07.2019; https://www.goodmorningamerica.com/culture/story/
bella-thorne-pansexual-opens-overcoming-abuse-bullying-64472878
[30.01.2022]

Gala: »Starporträt: Sia«, in: gala.de o.J.; Quelle: https://www.gala.de/
stars/starportraets/sia-21394580.html [30.01.2022]

MTV: »›Panic! at the Disco‹-Frontman Brendon Urie outet sich als
pansexuell«, in: mtv.de v. 08.07.2018; http://www.mtv.de/news/
rhhqoq/brendon-urie_pansexuell [30.01.2022]

Bundeszentrale für politische Bildung: LSBTIQ-Lexikon, Stichwort Pansexualität/pansexuell; https://www.bpb.de/gesellschaft/
gender/geschlechtliche-vielfalt-trans/245426/lsbtiq-lexikon?p=44
[30.01.2022]

KAPITEL 6

Aron, Elaine N.: The Highly Sensitive Person. How to Thrive When the
World Overwhelmes You. New York 1996, 1998, 2016

KAPITEL 7

Ausserer, Caroline: Menstruation und weibliche Initiationsriten. Frankfurt am Main 2003, Seite 24

Wikipedia: »Kulturgeschichte der Menstruation«, in: de.wikipedia.org;
https://de.wikipedia.org/wiki/Kulturgeschichte_der_Menstruation
[30.01.2022]

Schlehe, Judith: Das Blut der fremden Frauen. Frankfurt am Main/New York 1987, Seite 14, 23, 24 ff.

Hohage, Kristina: Menstruation: eine explorative Studie zur Geschichte und Bedeutung eines Tabus. Hamburg 1998, S. 100

Bibelzitat 3. Mose 15, Deutsche Bibelgesellschaft, Lutherbibel 2017; https://www.die-bibel.de/bibeln/online-bibeln/lesen/LU17/ LEV.15/3.-Mose-15 [30.01.2022]

Laudien,Yvonne: »3 Mythen und 3 Fakten über die Menstruation«, in: unicef.de v. 28.05.2020; https://www.unicef.de/informieren/ aktuelles/blog/menstruation-maedchen-und-frauen-drei-mythen-und-fakten/193120 [30.01.2022]

Oky: »For girls. By girls. Period – The period tracker app«, in: okyapp. info; https://okyapp.info/ [30.01.2022]

(Quelle: https://www.personalwirtschaft.de/fuehrung/ mitarbeiterbindung/artikel/menstruationsurlaub.html) [30.01.2022]

https://www.bund-naturschutz.de/fileadmin/_migrated/content_uploads/ Hormonaktive_Substanzen_im_Wasser.pdf

Redaktion Personalwirtschaft: »Menstruationsurlaub: Nur eine nette Idee oder wirklich umsetzbar?«, in: personalwirtschaft. de v. 22.03.2021; https://www.personalwirtschaft.de/fuehrung/ mitarbeiterbindung/artikel/menstruationsurlaub.html [30.01.2022]

Cooney, Kathlyn: »Ägyptens Königinnen: Als Pharao eine Frau war«, in: National Geographic v. 01.09.2020; https://www.nationalgeographic. de/geschichte-und-kultur/2020/08/aegyptens-koeniginnen-als-pharao-eine-frau-war [30.01.2022]

»Die Geschichte der Menstruationstasse«, in: menstruationstasse.de o. J.; http://www.menstruationstasse.de/menstruation/geschichte-monatshygiene) [30.01.2022]

Wikipedia: »Monatshygiene«, in: de.wikipedia.org; https://de.wikipedia. org/wiki/Monatshygiene) [30.01.2022]

The Museum of Menstruation and Women's Health: »Menstrual pads made of sphagnum moss and gauze«, in: mum.org o. J.; http://www. mum.org/sfagnak.htm [30.01.2022]

The Museum of Menstruation and Women's Health: »›Hoosier‹ Ladies' Sanitary Belt«, in: mum.org o. J.; http://www.mum.org/hoosier.htm [30.01.2022]

Statista: »Wichtigste Hygieneprodukte für Frauen während der Menstruation in Deutschland in den Jahren 2014 bis 2018«, in: de.statista.com v. 01.11.2021; https://de.statista.com/statistik/

daten/studie/181257/umfrage/verwendete-produkte-waehrend-der-menstruation/) [30. 01. 2022]

Fetters, Ashley: »The Tampon: A History«, in: The Atlantik v. 01. 06. 2015; https://www.theatlantic.com/health/archive/2015/06/history-of-the-tampon/394334/ [30. 01. 2022]

Eul, Alexandra: »Die Scham ist vorbei«, in: Emma v. 14. 09. 2016; https://www.emma.de/artikel/die-scham-ist-vorbei-333265 [30. 01. 2022]

KAPITEL 8

Duden – die deutsche Rechtschreibung, Stichwort: Liebe, in: duden.de, 28. Aufl. 2020; https://www.duden.de/rechtschreibung/Liebe

Deutsche Welle: »Monogamie ist nur eine Erfindung«, in: dw.com o. J.; https://www.dw.com/de/monogamie-ist-nur-eine-erfindung/a-44417630 [30. 01. 2022]

Murdock, George Peter: Social Structure. London 1965

Engels, Friedrich: Der Ursprung der Familie, des Privateigenthums und des Staats. Stuttgart 1886², Seite 16/17; https://archive.org/details/derursprungderfooenge/page/16/mode/2up?view=theater [30. 01. 2022]

Terre des Femmes: »Positionspapier – Menschenrechte für die Frau e. V. zu Polygamie in der Bundesrepublik Deutschland«, in: frauenrechte.de v. 15. 02. 2019; https://www.frauenrechte.de/ueberuns/dokumente/tdf-positionen/3669-positionspapier-von-terre-des-femmes-menschenrechte-fuer-die-frau-e-v-zu-polygamie-in-der-bundesrepublik-deutschland [30. 01. 2022]

BILDNACHWEIS

Der Bestseller, der ganz Deutschland erregt ...

256 Seiten. ISBN 978-3-7341-0323-0

Henriette Hell liebt Sex und ist äußerst experimentier-
freudig. Dass sie beim normalen Rein-Raus keinen Orgasmus
bekommt, ist für sie kein Drama. Für ihre Sexualpartner
aber offenbar schon ... Die sind gekränkt, wenn es nicht
klappt, und machen Stress. Das ist Henriette irgendwann
zu blöd. Sie räumt ihr Konto leer und begibt sich auf
eine Reise rund um die Welt. Der Plan: In jedem Land
mit einem Einheimischen schlafen, um herauszufinden:
Kommt man in anderen Ländern entspannter? Und ist der
Orgasmusstress am Ende ein rein deutsches Problem?

Lesen Sie mehr unter: **www.blanvalet.de**

> »Am Ende geht es doch nur
> darum, dass die Pflaumen reif
> und die Eier im Angebot sind.«
>
> *Max König*

240 Seiten. ISBN 978-3-7645-0578-3

Welcher Mann sagt schon die nackte Wahrheit,
wenn die Liebste ihn fragt: Merkst du eigentlich, wenn ich
dir einen Orgasmus vorspiele? Oder: Soll ich es dir sagen,
wenn ich fremdgegangen bin? Ist der Sex nach dem
ersten Kind schlechter? Genau: keiner! Denn wenn Frauen
wüssten, was Männer denken, würde im Bett ja nie
mehr was laufen. Aber Max König traut sich und haut
raus, was Frauen wirklich interessiert. Auch wenn's
wehtut ... Ein Must-have für jede Frau, die's wissen will.

Lesen Sie mehr unter: **www.blanvalet.de**

Was Männer lernen müssen, um in unserer Welt noch eine Rolle zu spielen – und was Frauen tun können, um ihnen dabei zu helfen.

DASA SZEKELY

DAS SCHWEIGEN DER MÄNNER

Warum der Mann in der größten Krise seines Bestehens ist und wie er wieder herauskommt

blanvalet

288 Seiten. ISBN 978-3-7645-0552-3

Deutschland diskutiert über die Frauenquote, dabei haben das eigentliche Problem in unserer Gesellschaft die Männer! Der Mann steckt in der größten Identitätskrise seit Menschengedenken. Er schweigt, verdrängt und sitzt Probleme aus, statt sie anzugehen. Kurz: Er weigert sich, erwachsen zu werden und Verantwortung zu übernehmen. Das hat schlimme Folgen, denn: Heerscharen solcher »Scheinerwachsener« sitzen noch immer in allen signifikanten Schlüsselpositionen, bremsen notwendige Entwicklungen – und kosten die Gesellschaft nicht nur Nerven, sondern auch Geld. Burnout ist nur ein Beispiel dafür.

Dasa Szekely will die emotionalen, wirtschaftlichen und gesellschaftlichen Verluste nicht länger hinnehmen. Sie fordert: Männer, bewegt euch endlich!

Lesen Sie mehr unter: **www.blanvalet.de**

Liebe Leserinnen und Leser,

ihr liebt Bücher und verbringt eure Freizeit am liebsten zwischen den Seiten? Wir auch! Wir zeigen euch unsere liebsten Neuerscheinungen, führen euch hinter die Verlagskulissen und geben euch ganz besondere Einblicke bei unseren AutorInnen zu Hause. Lasst euch inspirieren, wir freuen uns auf euch.

Euer

Blanvalet Verlag

blanvalet.de

@blanvalet.verlag

/blanvalet